Rome in Summer
A Photobook

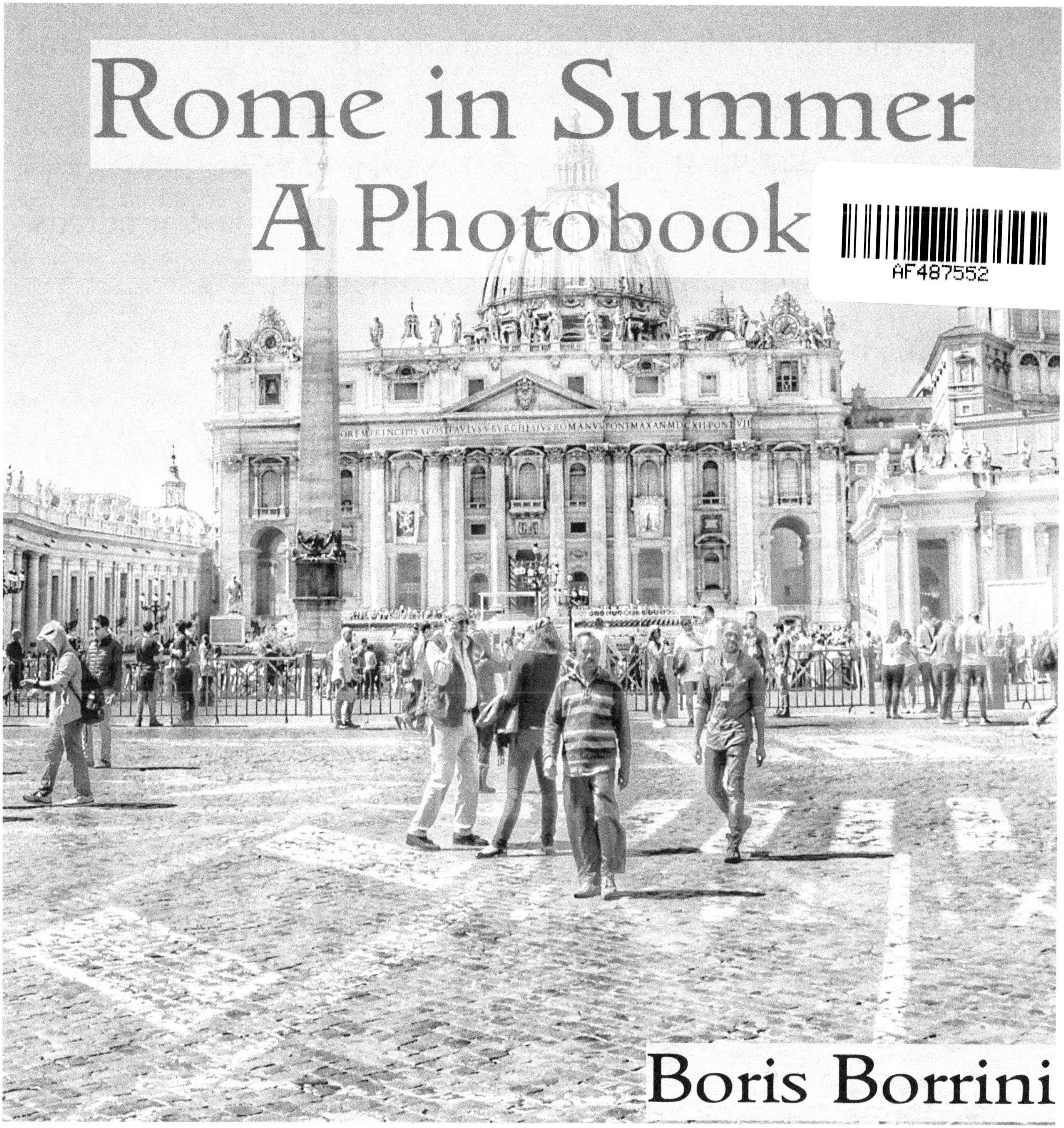

Boris Borrini

Rome. Roma, Italy, Italia. Walk around and drink in the drama and history of the eternal city.

The colours are subdued but the city is timeless and yet always changing. Images that could have been taken in the last hundreds of years or images that are the essence of life in 2017.

That is this book.

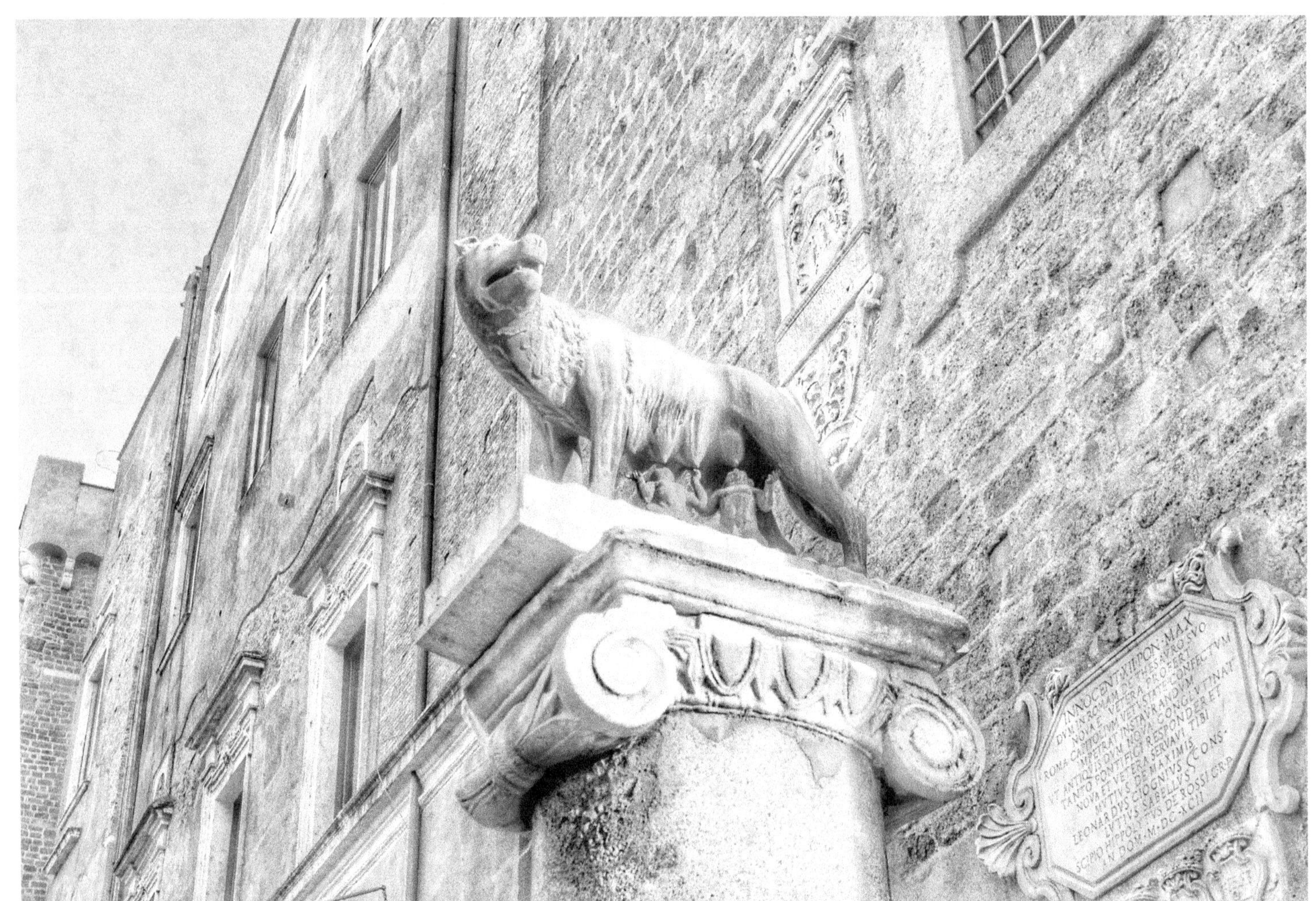

Rome in Summer
A Photobook

Boris Borrini

Published by :

Paul Mc Namara

Länsisatamankatu 26

Helsinki, Finland

ISBN/SKU:9789527278000

ISBN Complete:978-952-7278-00-0

First published in 2018

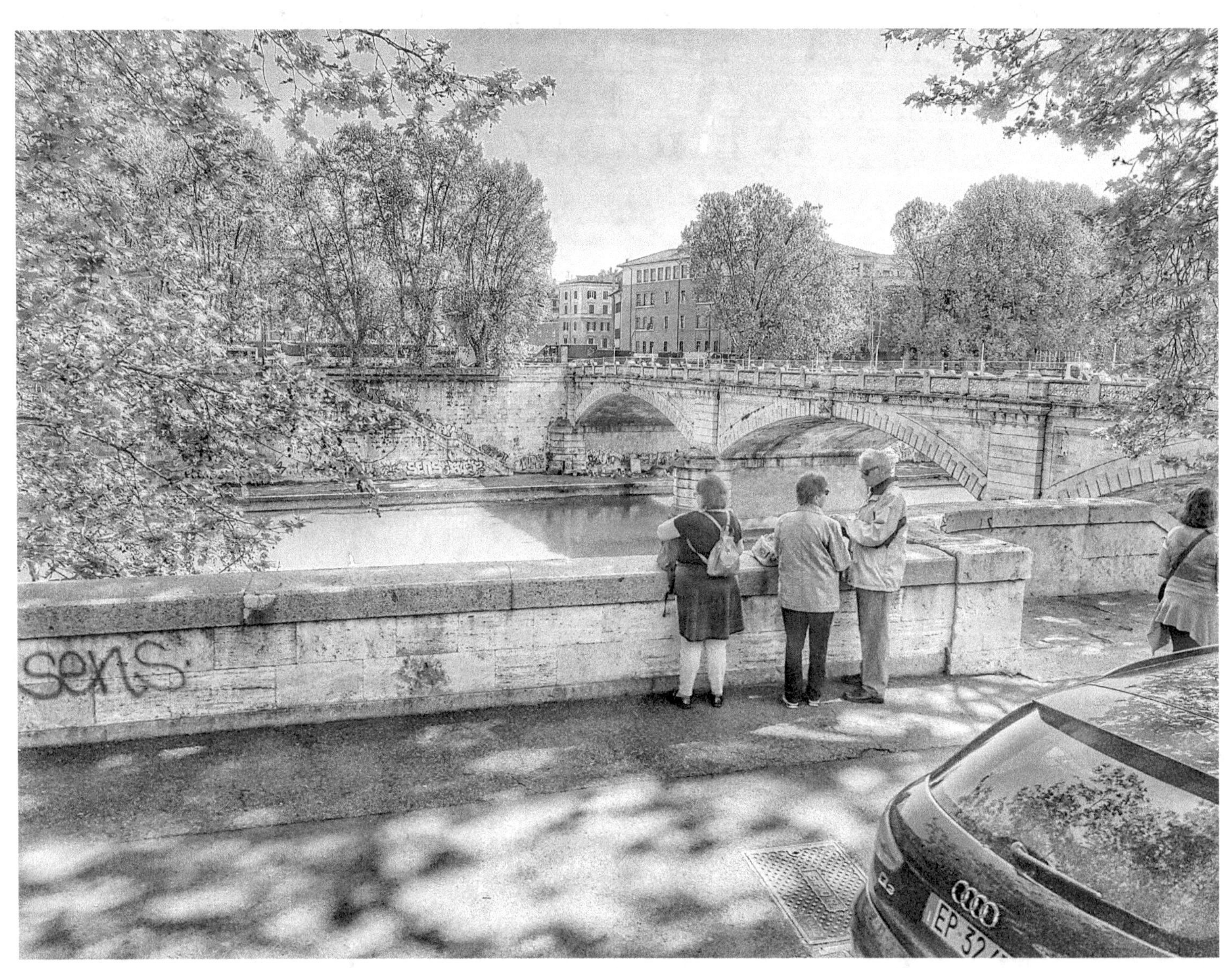

01

Ponte Giuseppe Mazzini

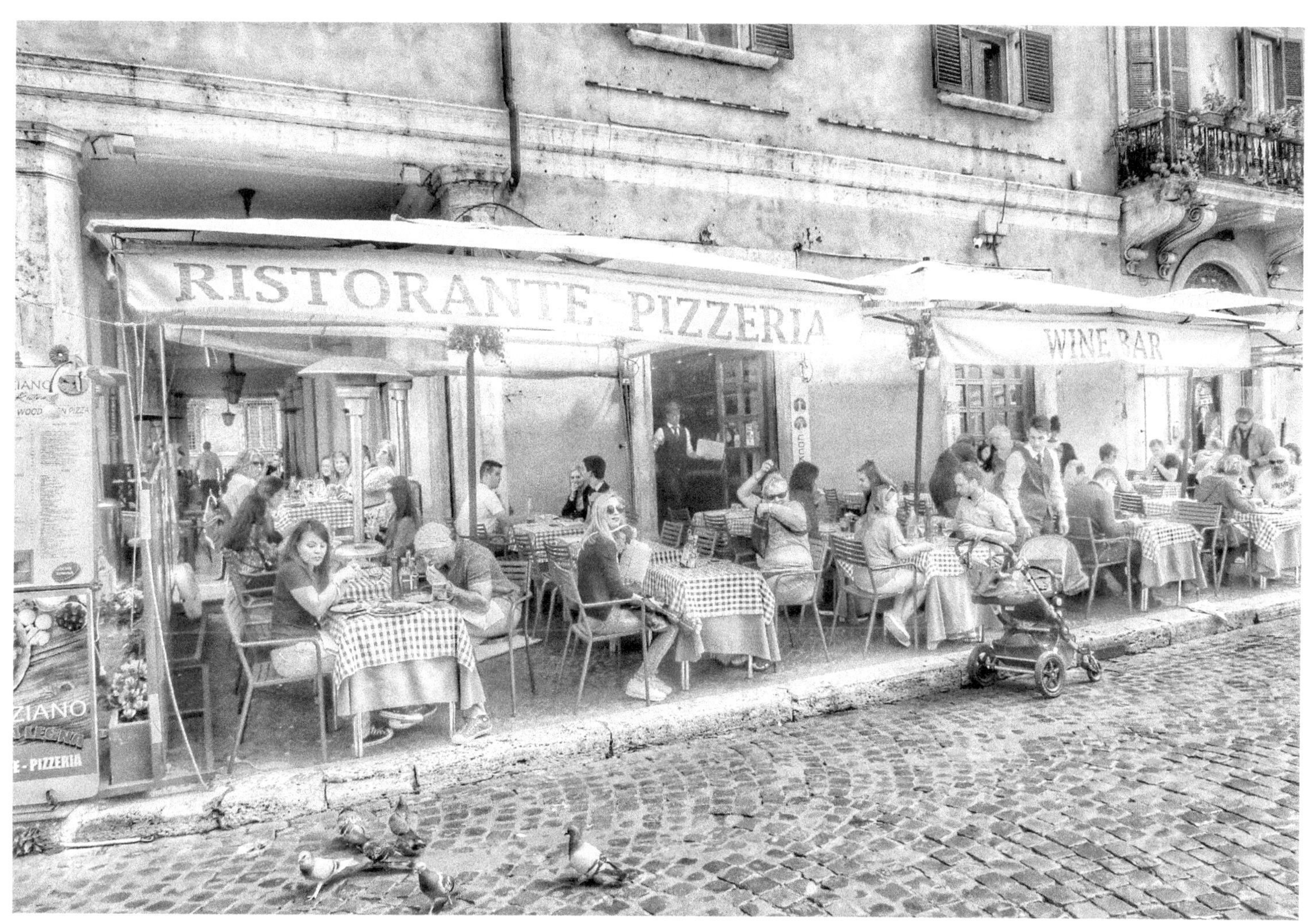

Piazza Navona

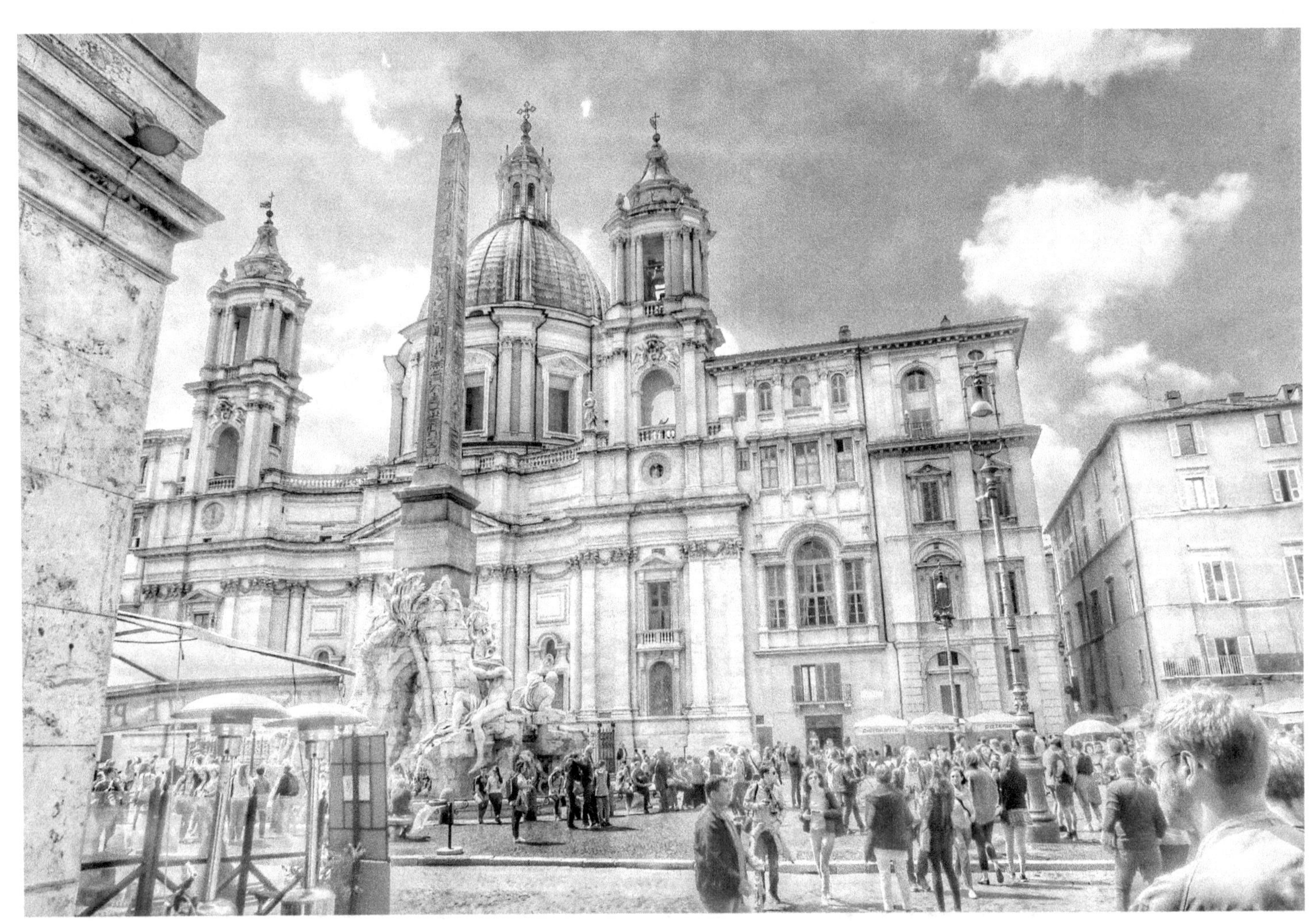

Piazza Navona

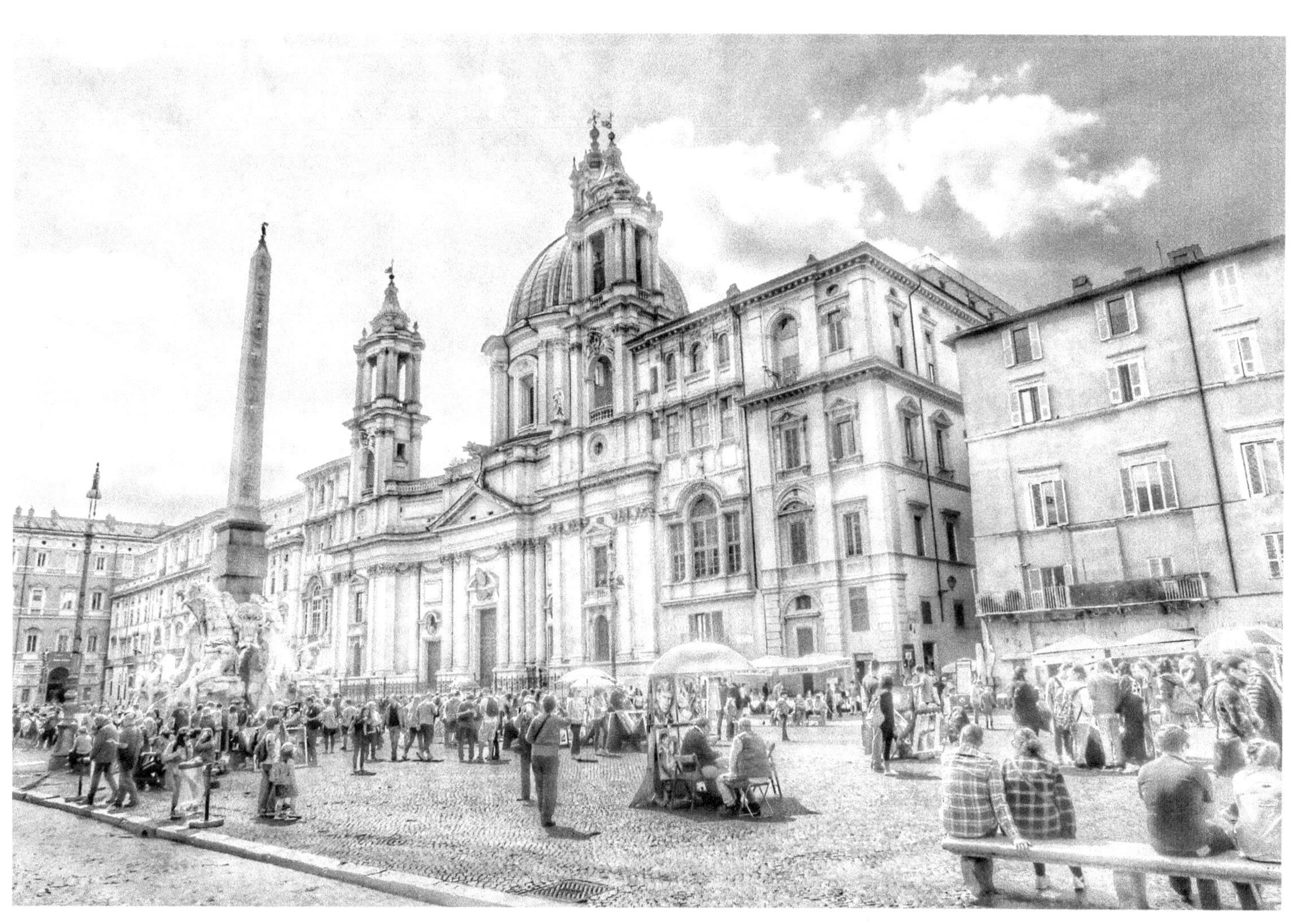

Piazza Navona

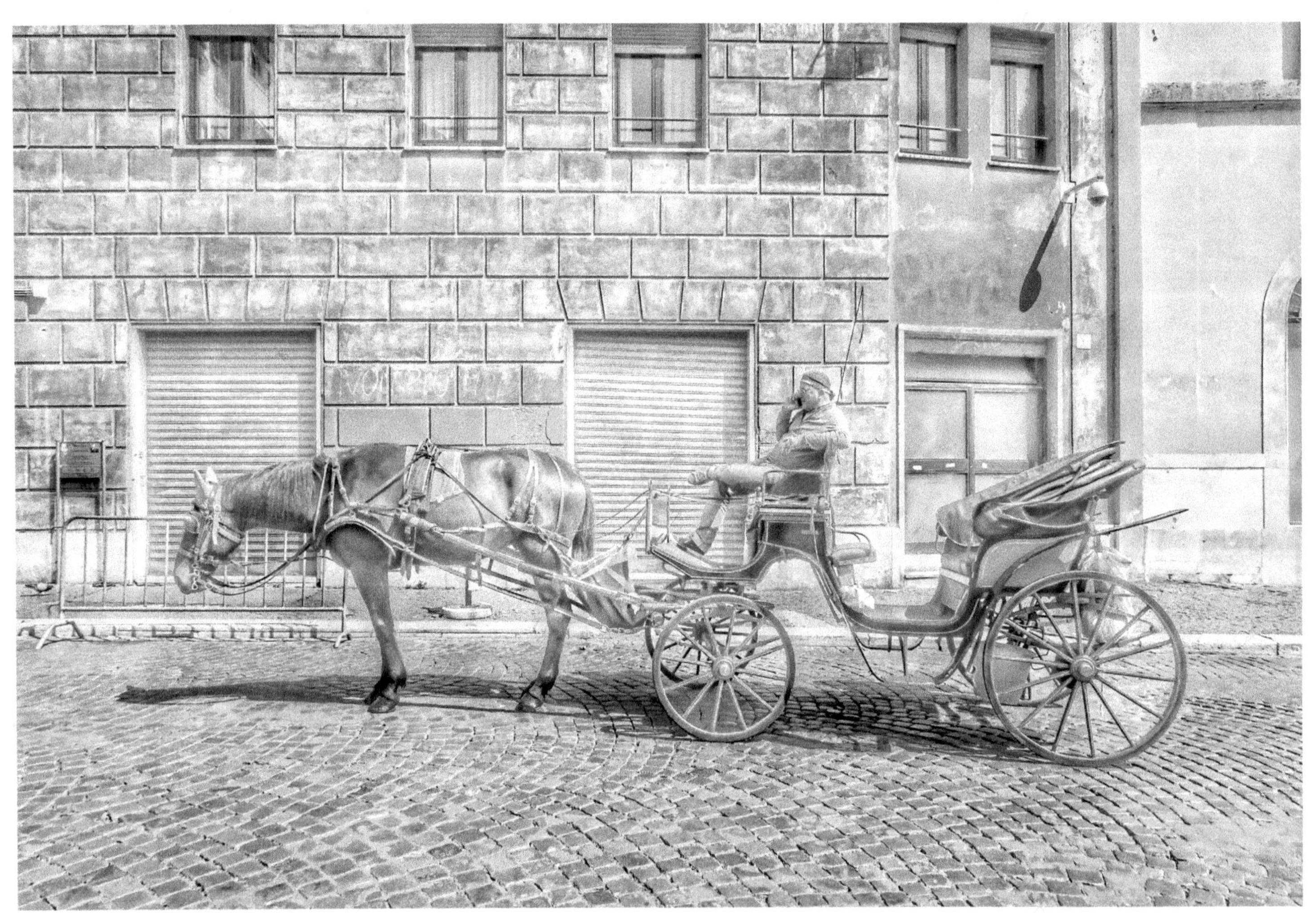

Piazza Navona

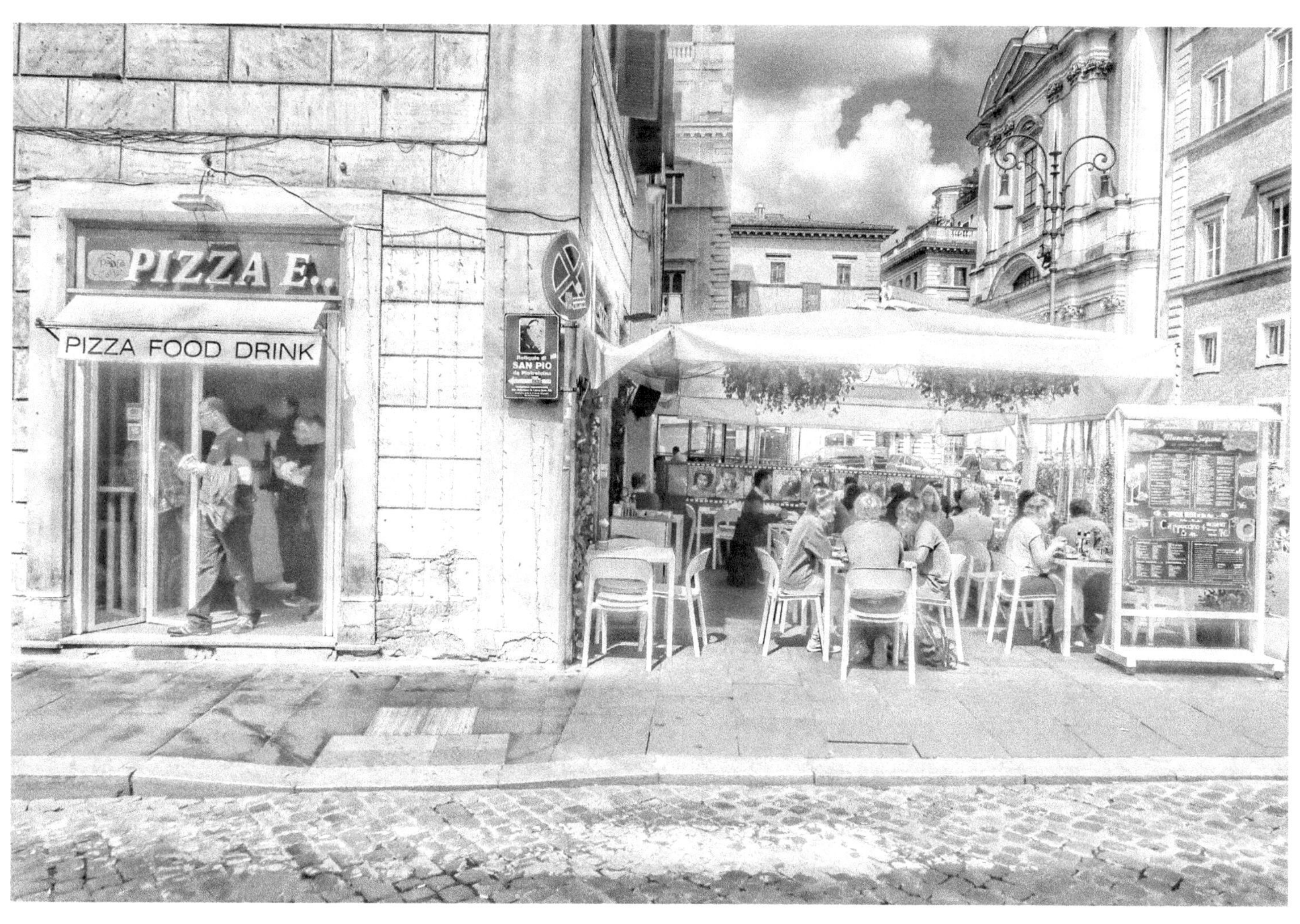

Piazza di Tor Sanguigna

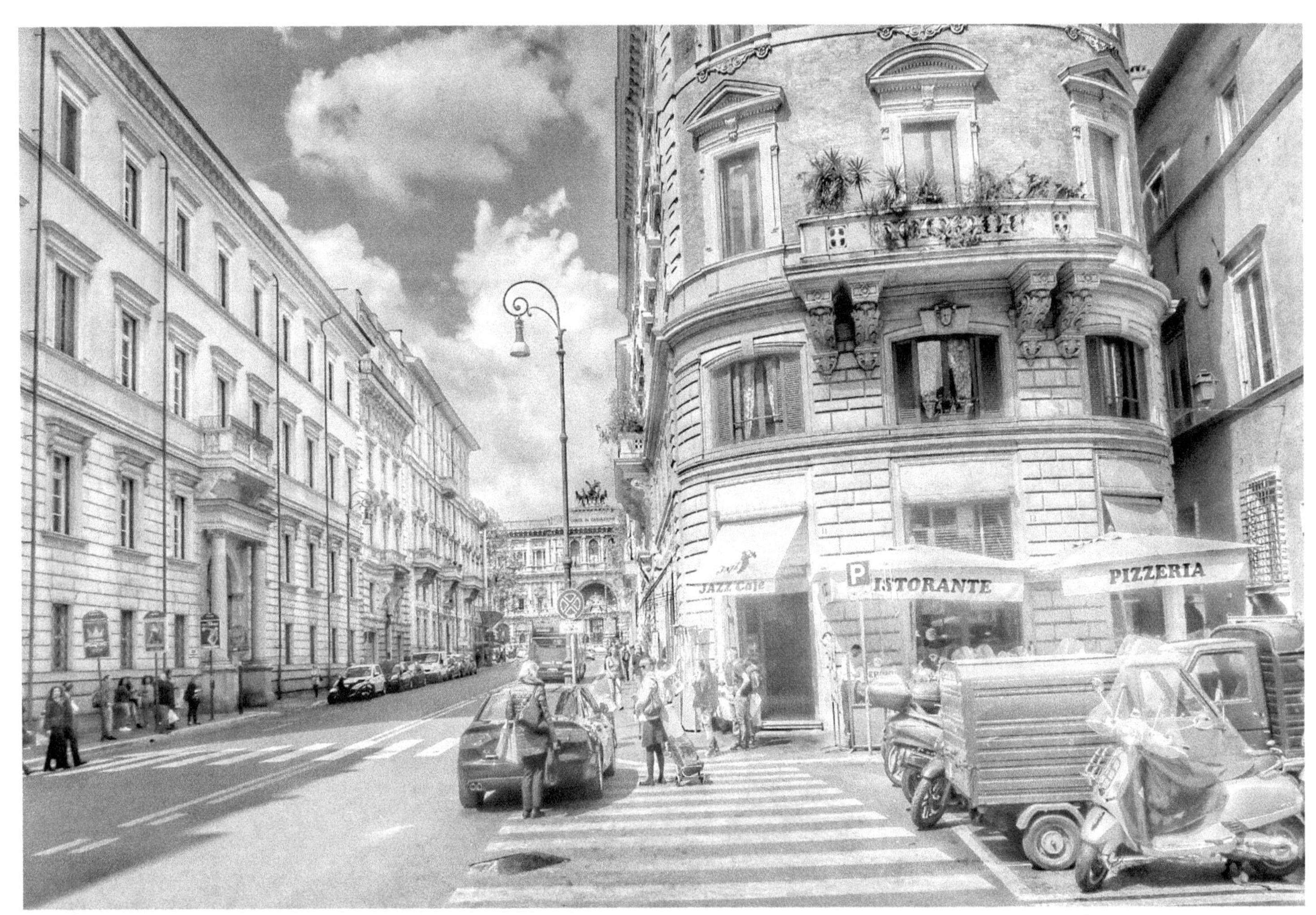

Via Giuseppe Zanardelli

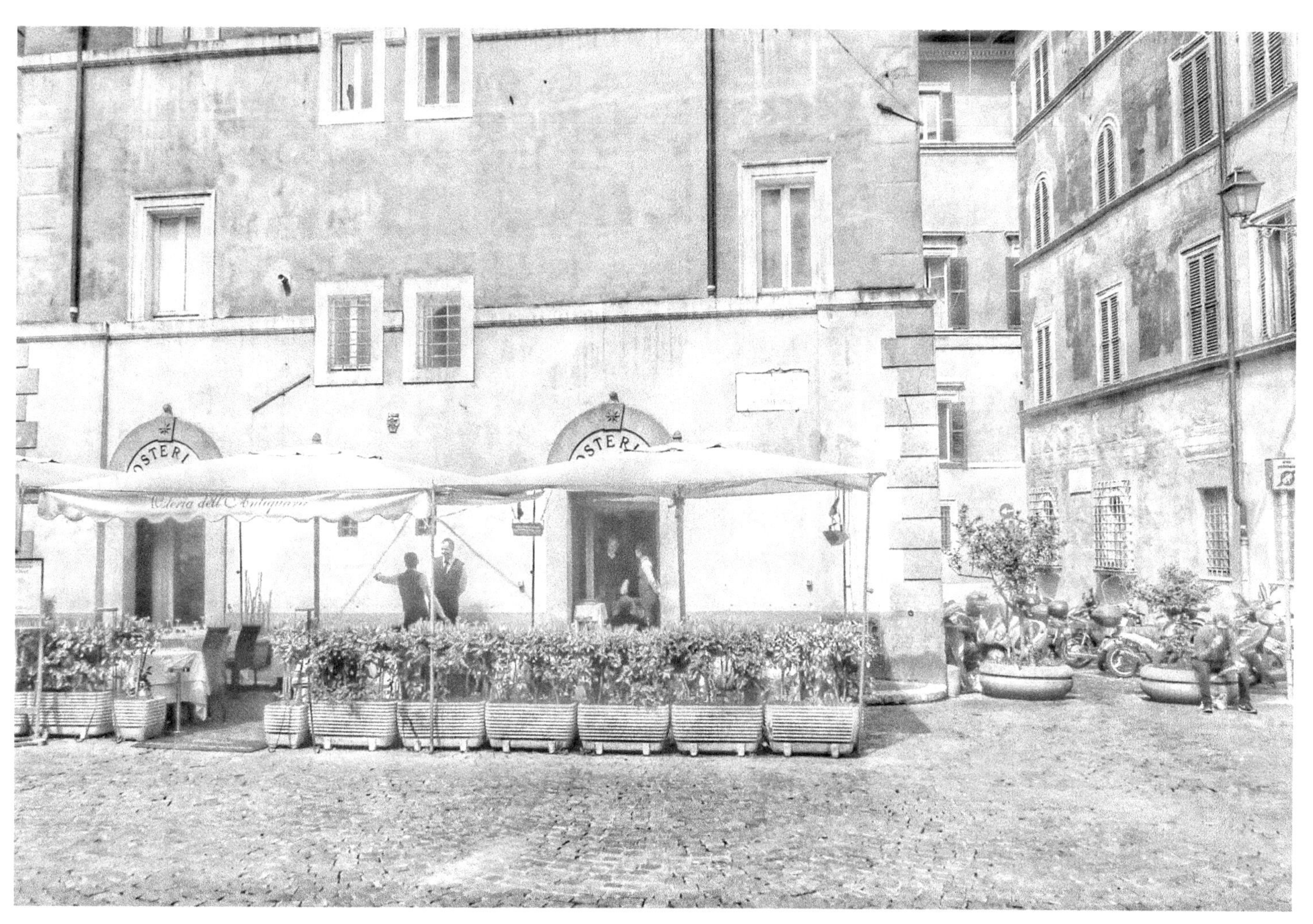

Piazzetta di S. Simeone

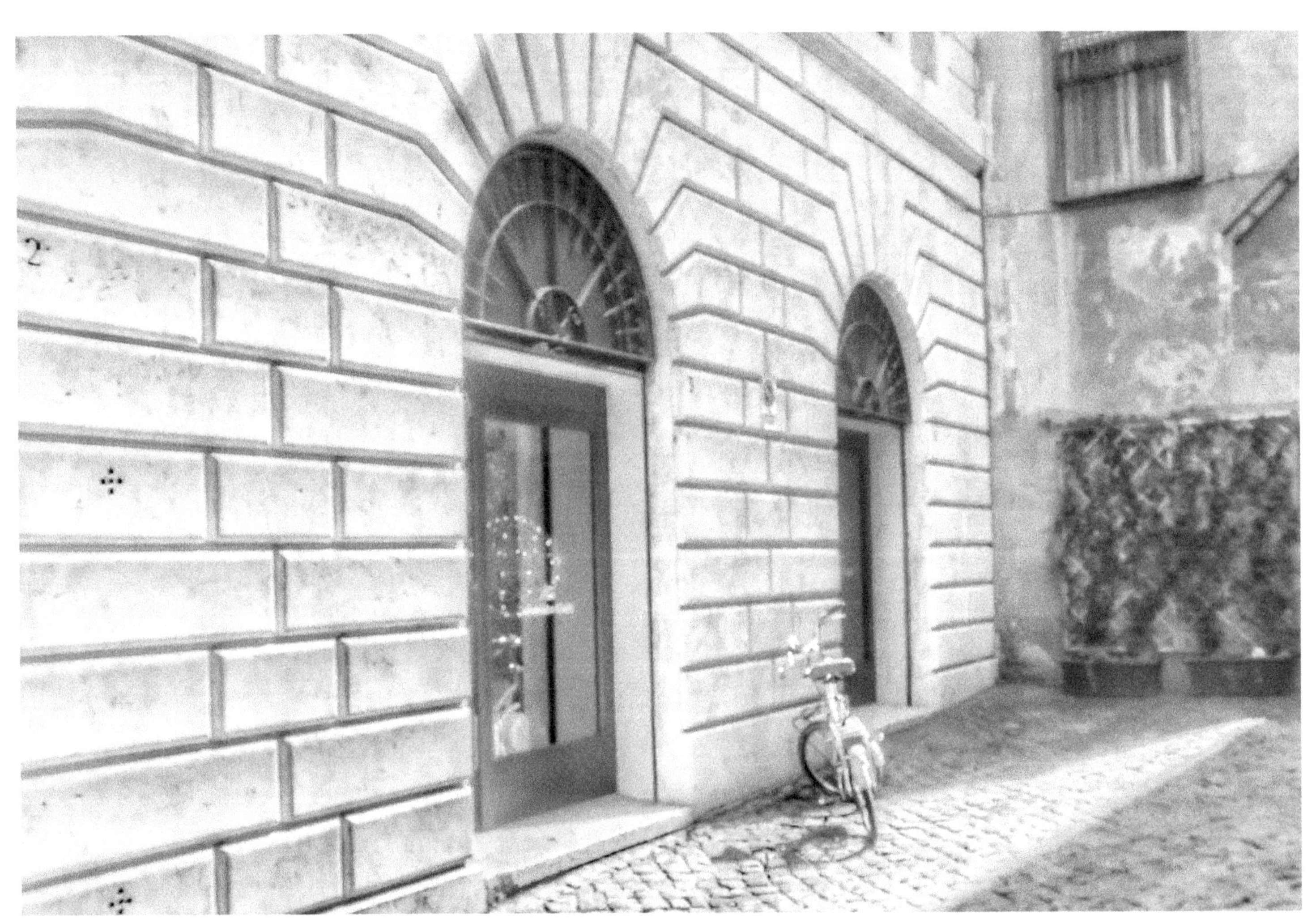

Via della Vetrina

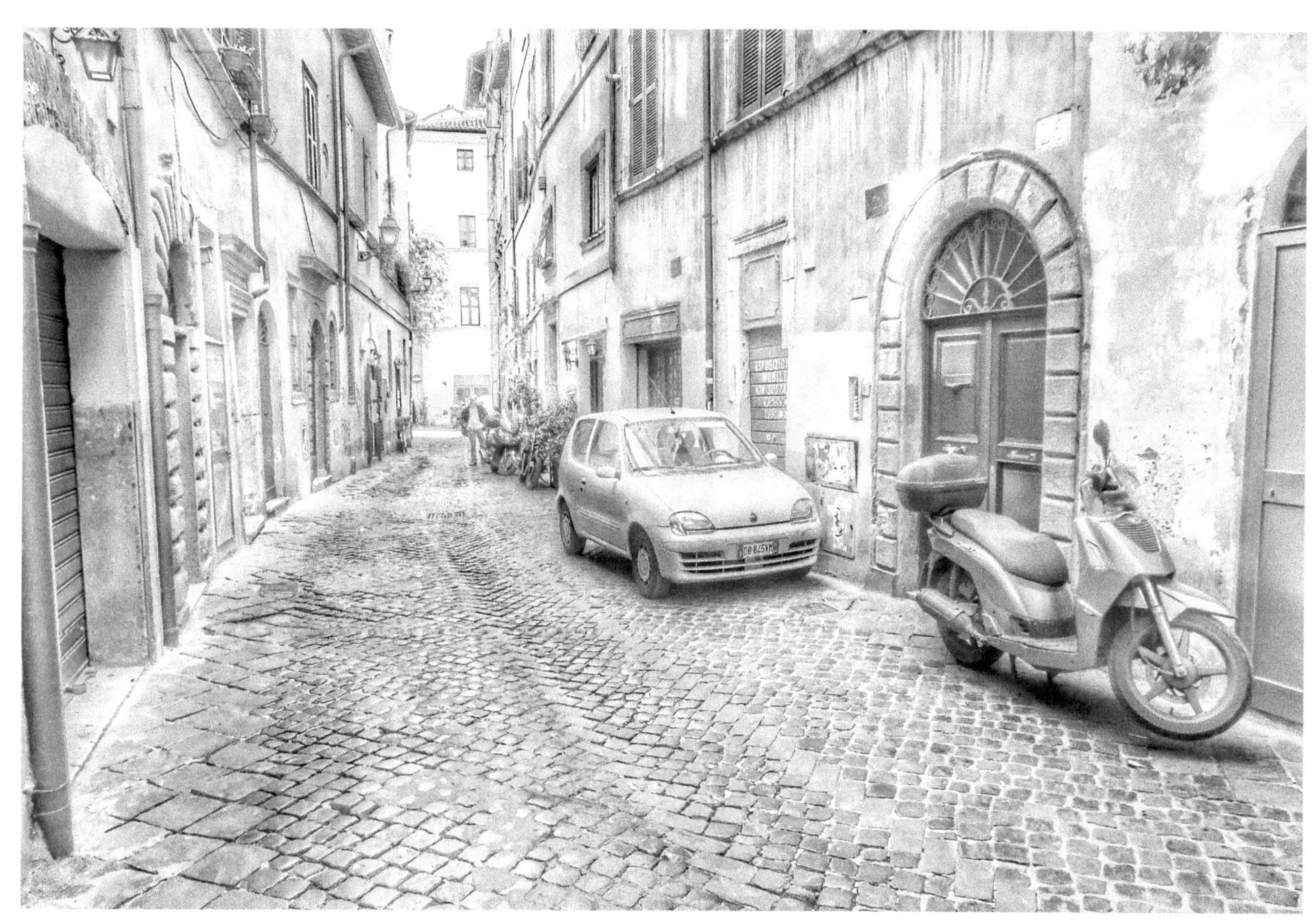

Vicolo delle Vacche

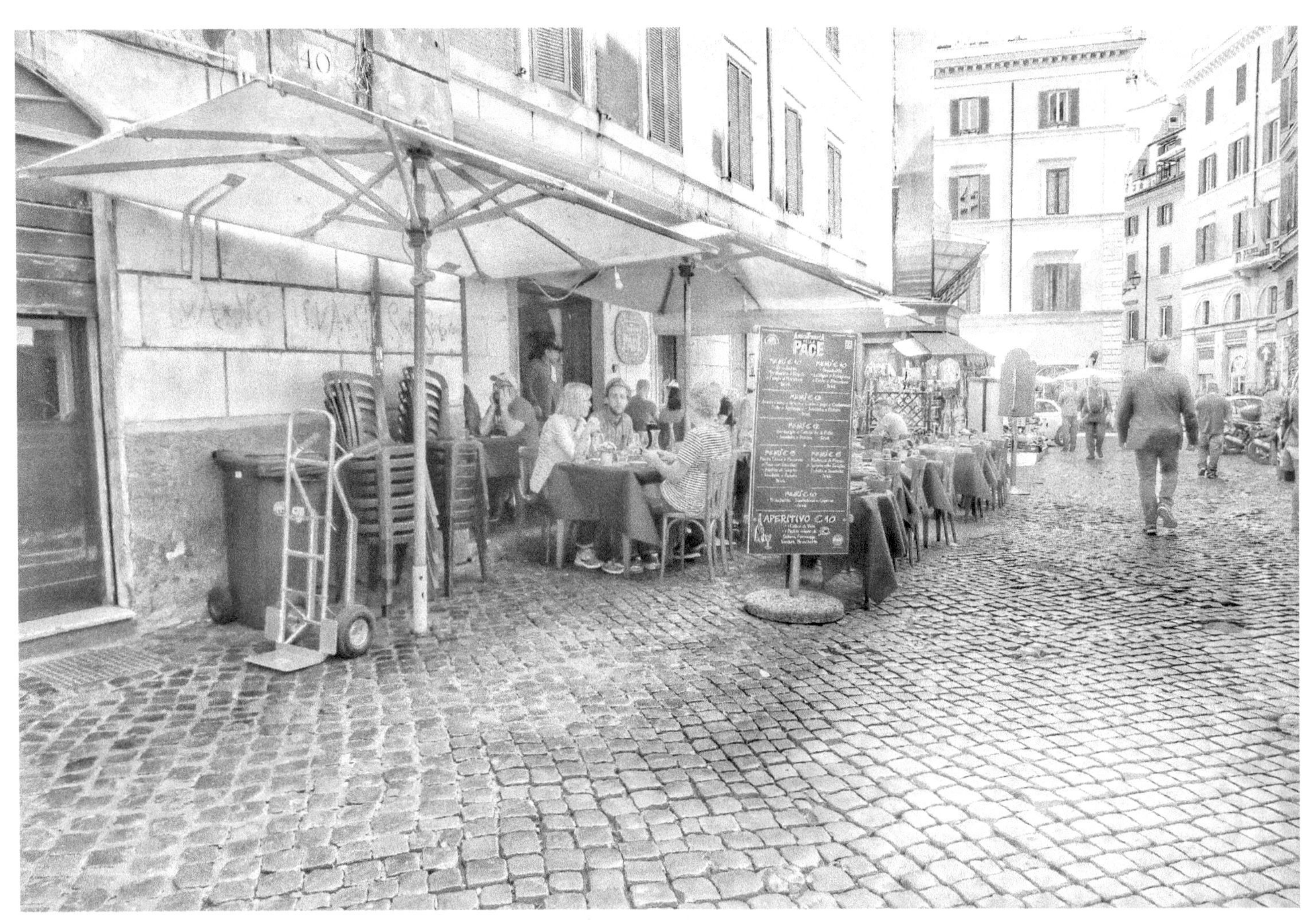

Via della Fossa

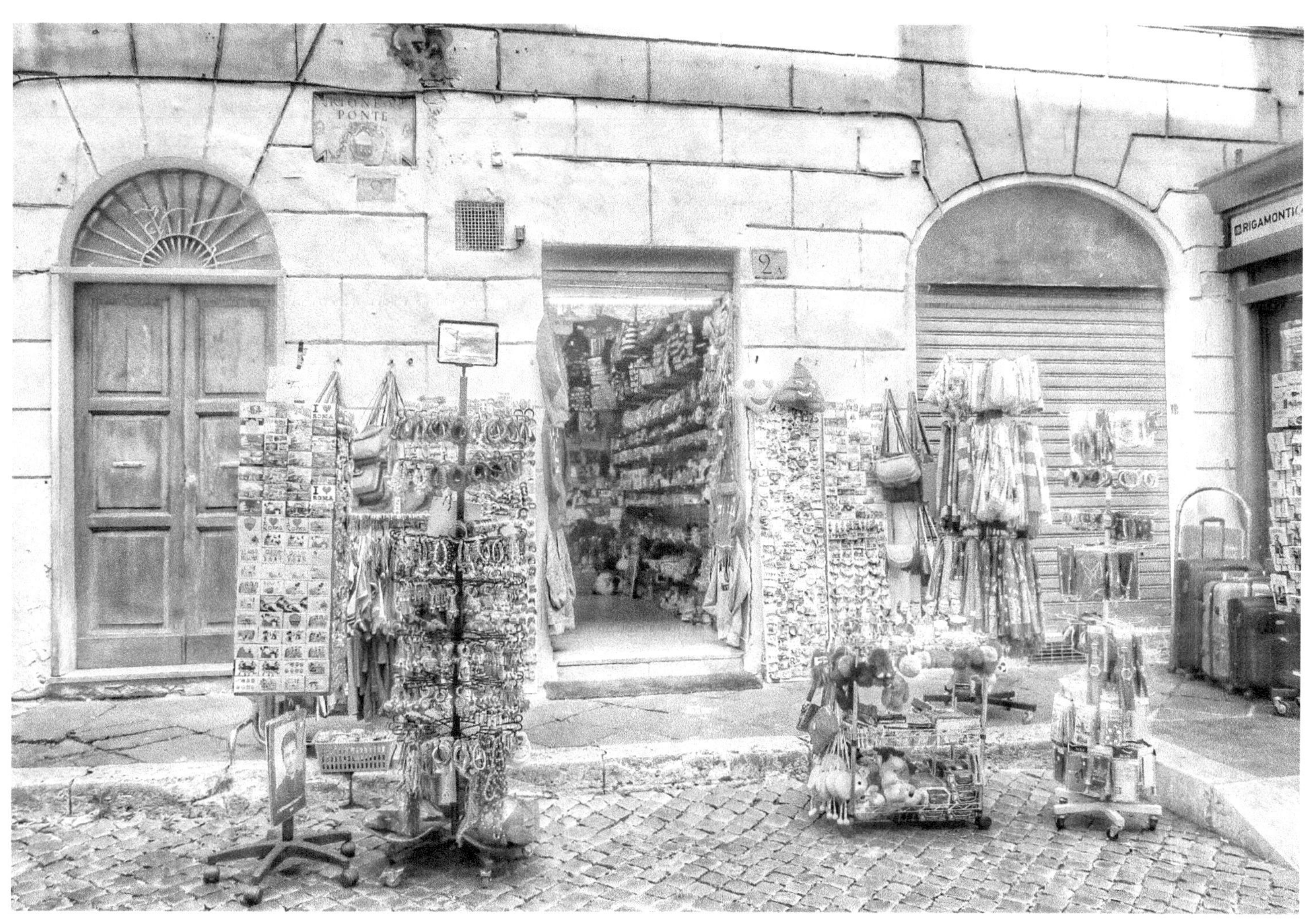

Via della Fossa

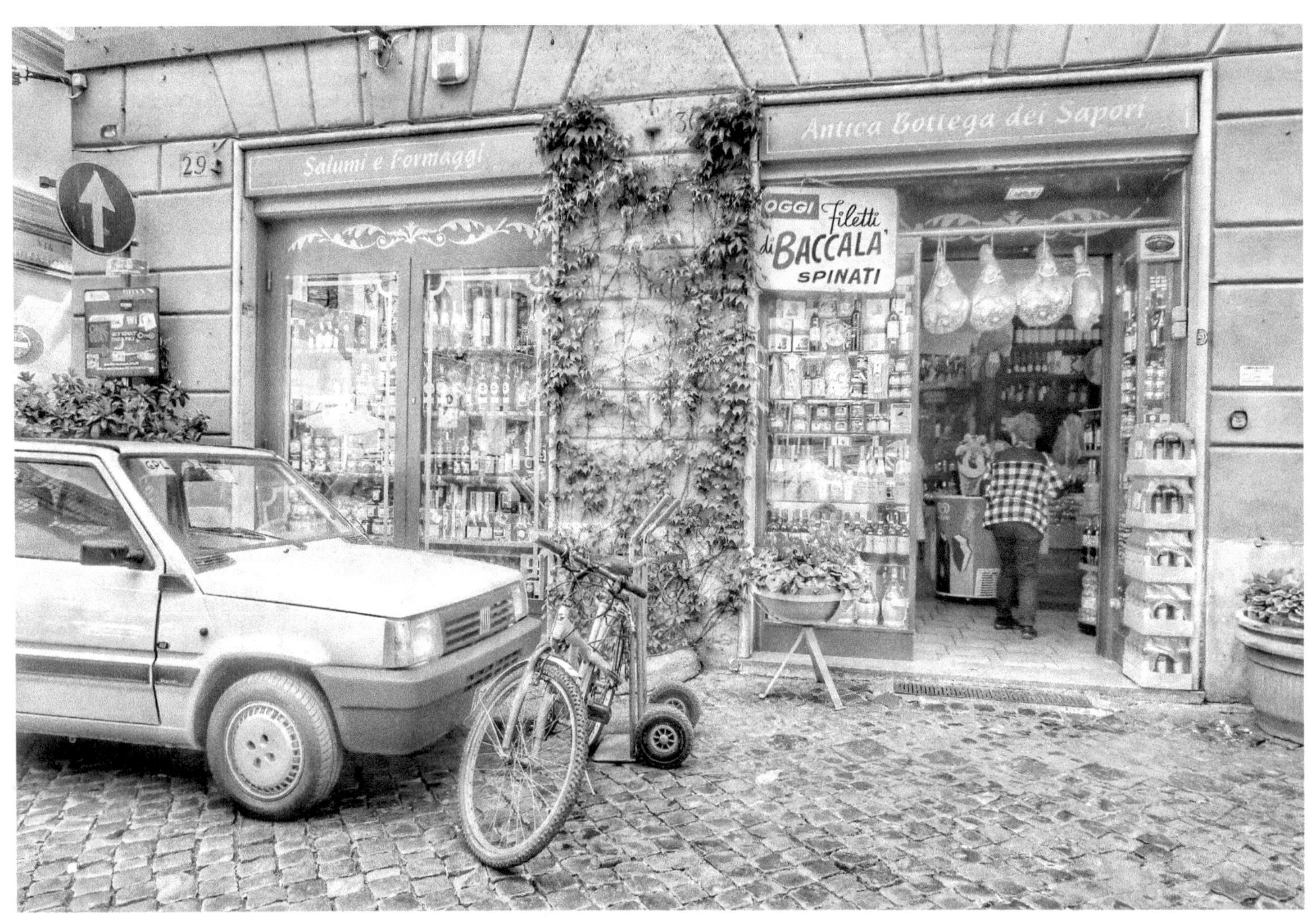

Via di Parione

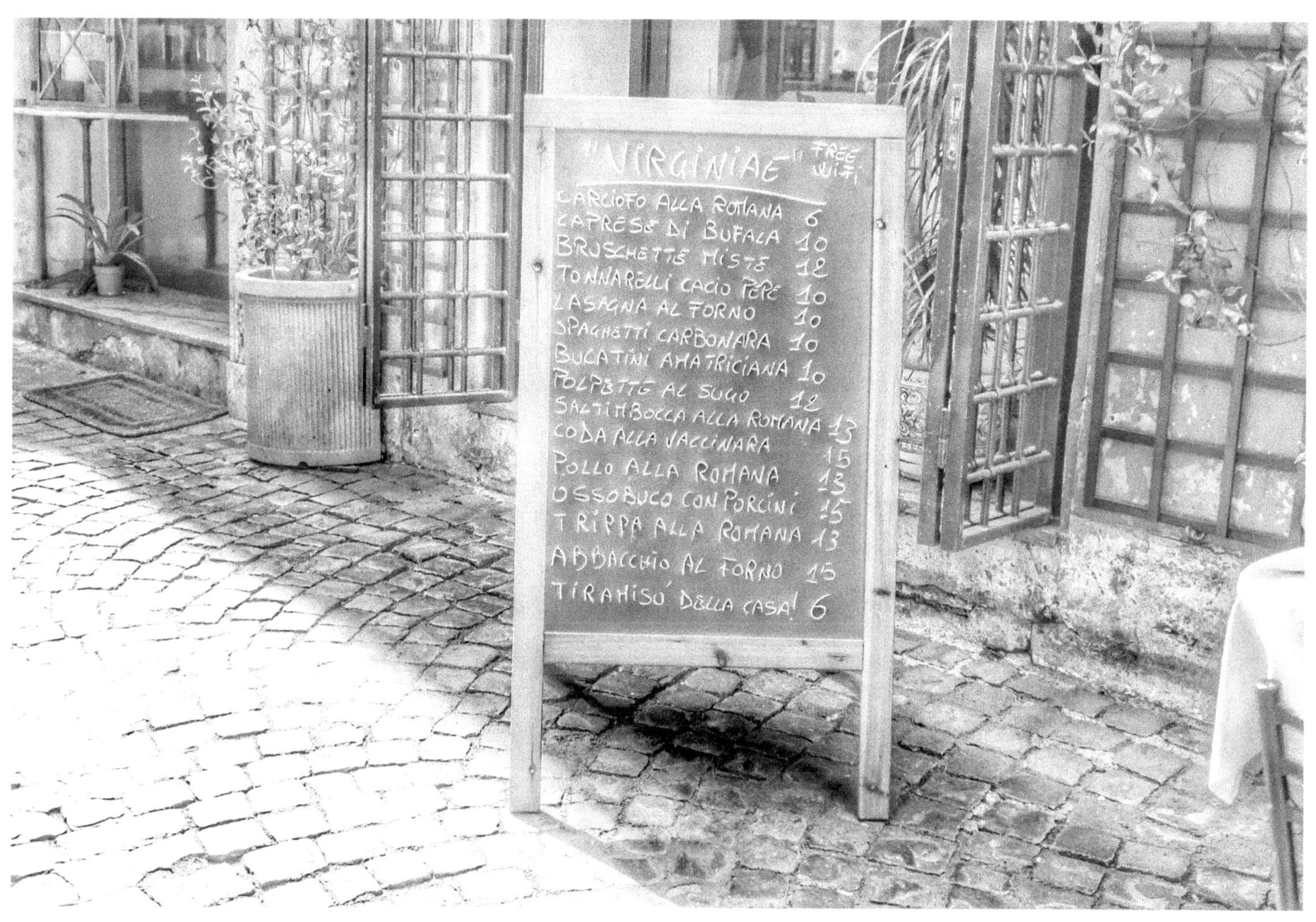
"VIRGINIAE" FREE WIFI
CARCIOFO ALLA ROMANA 6
CAPRESE DI BUFALA 10
BRUSCHETTE MISTE 12
TONNARELLI CACIO PEPE 10
LASAGNA AL FORNO 10
SPAGHETTI CARBONARA 10
BUCATINI AMATRICIANA 10
POLPETTE AL SUGO 12
SALTIMBOCCA ALLA ROMANA 13
CODA ALLA VACCINARA 15
POLLO ALLA ROMANA 13
OSSOBUCO CON PORCINI 15
TRIPPA ALLA ROMANA 13
ABBACCHIO AL FORNO 15
TIRAMISÚ DELLA CASA! 6

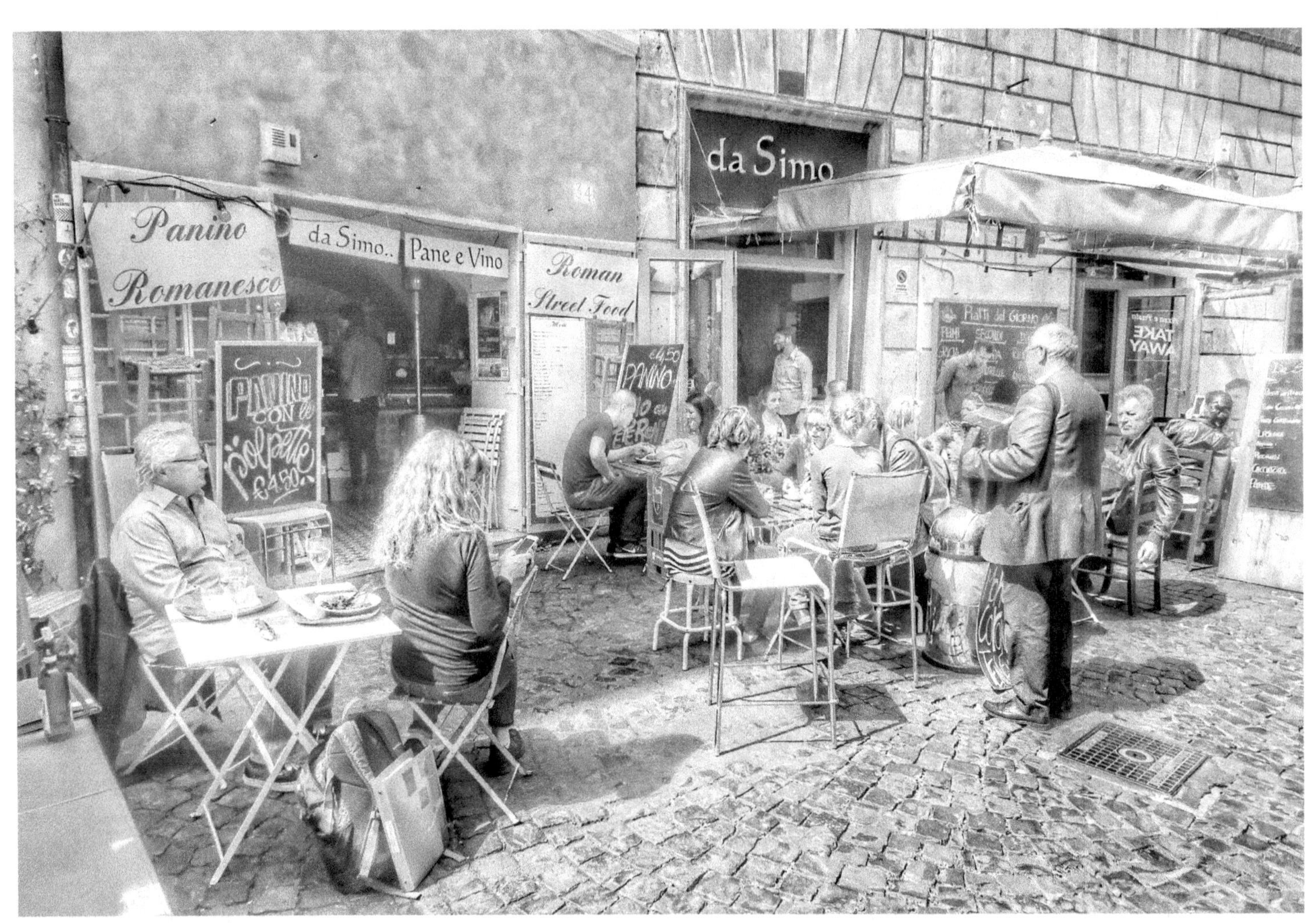

Panino Romanesco
da Simo.. Pane e Vino
Roman Street Food
da Simo
PANINO CON le polpette €4.50
€4.50 PANINO
Piatti del Giorno
TAKE AWAY

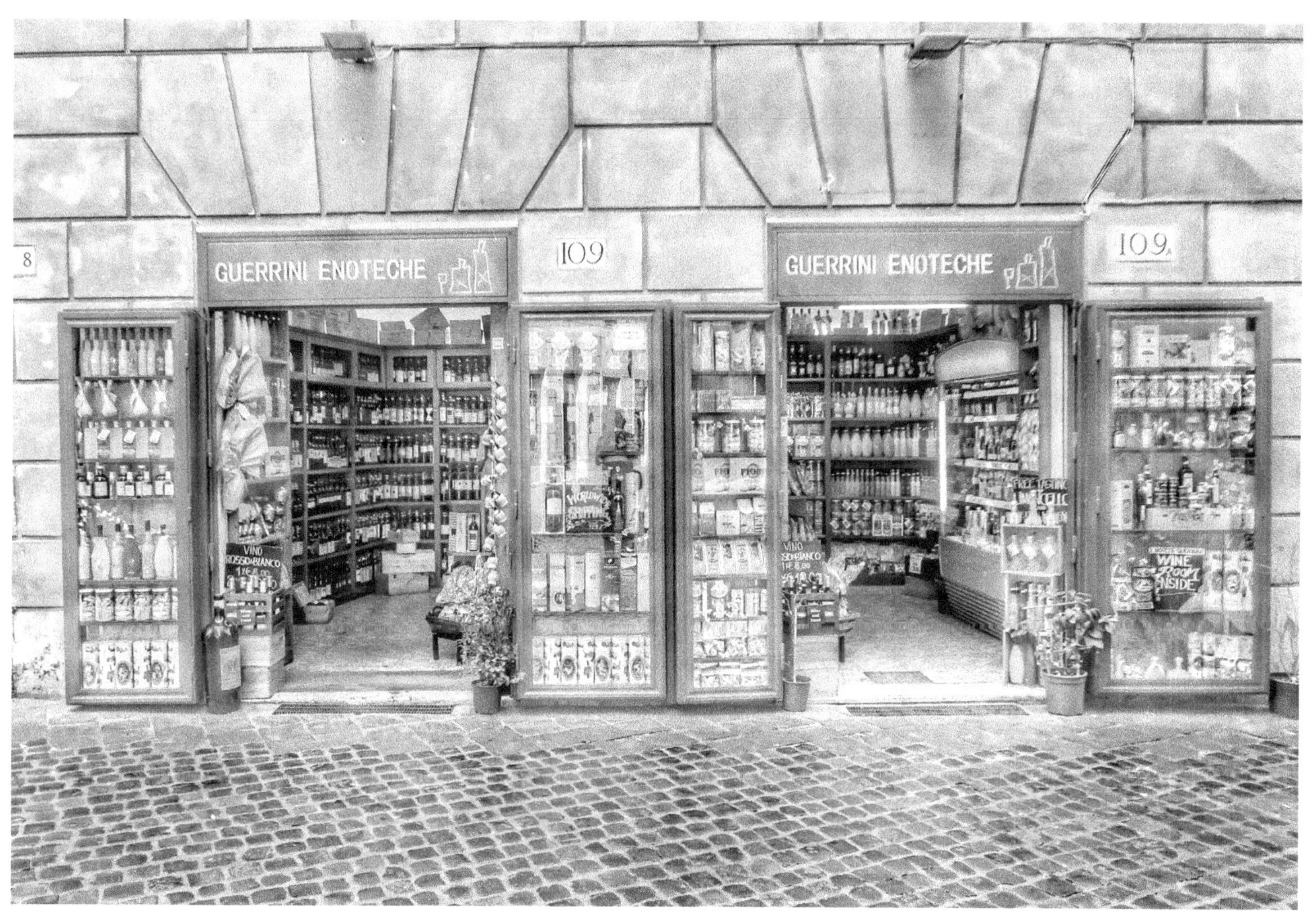

Via di Parione

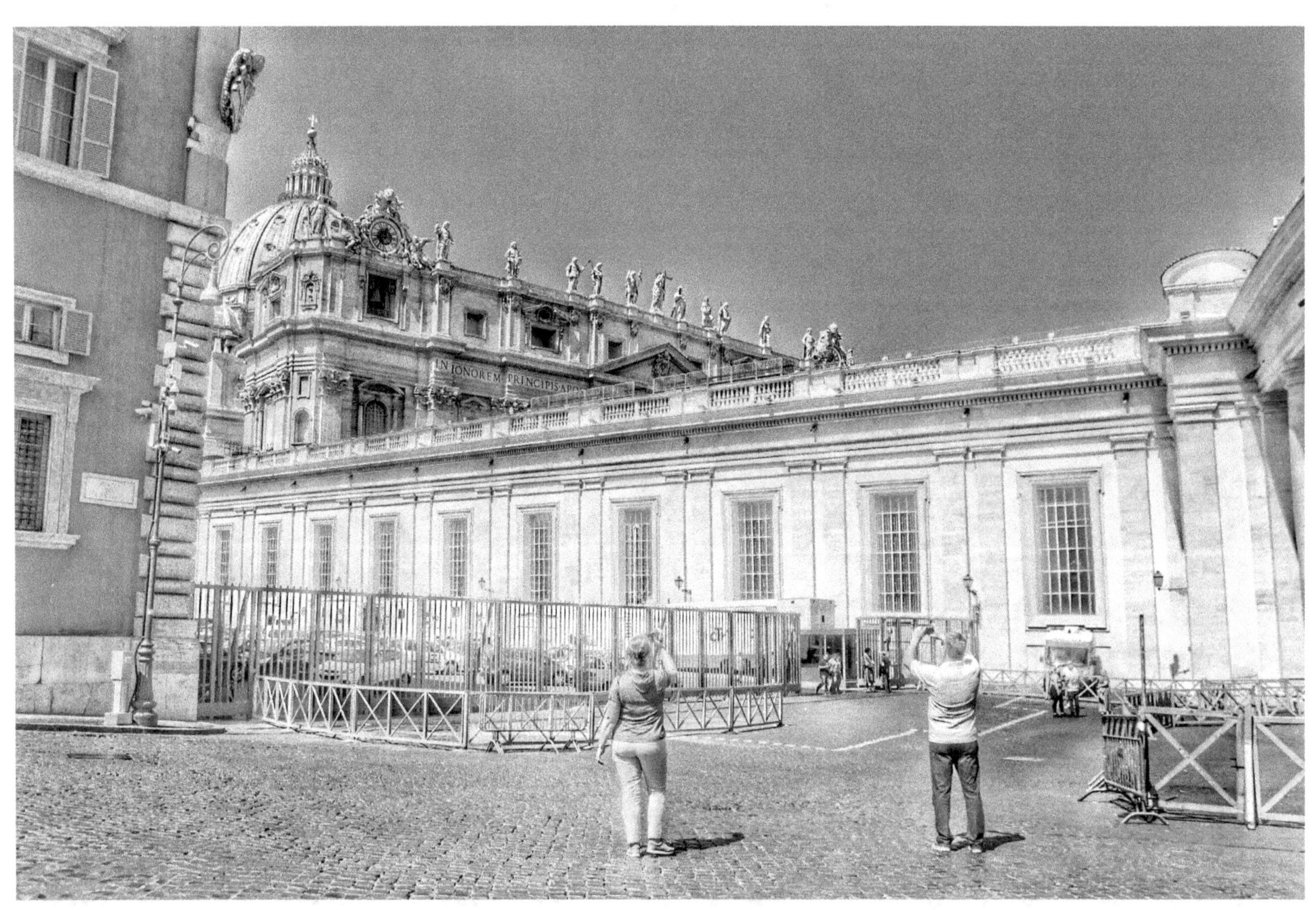

Via di Porta Cavalleggeri

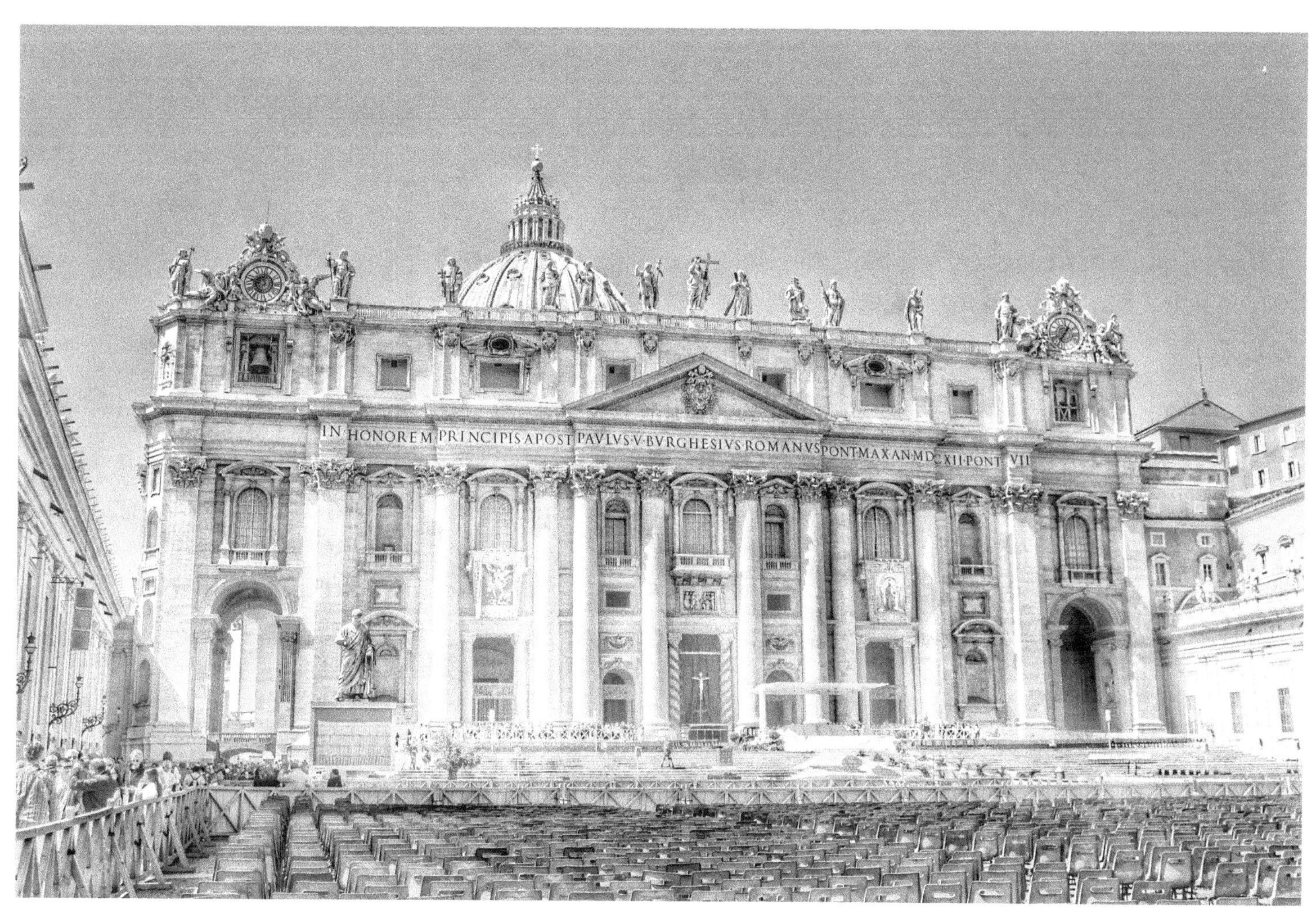

Piazza San Pietro

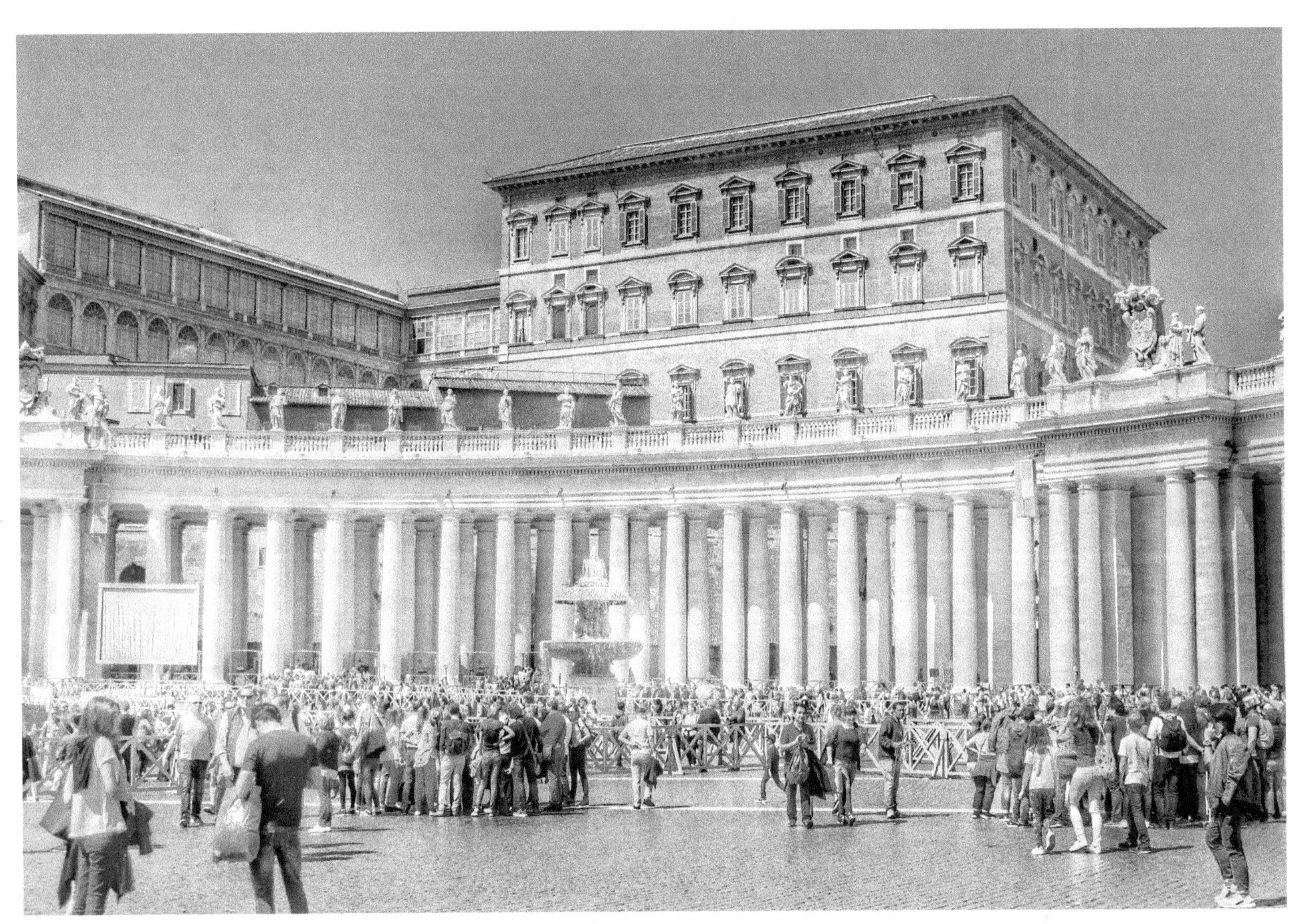

Piazza San Pietro

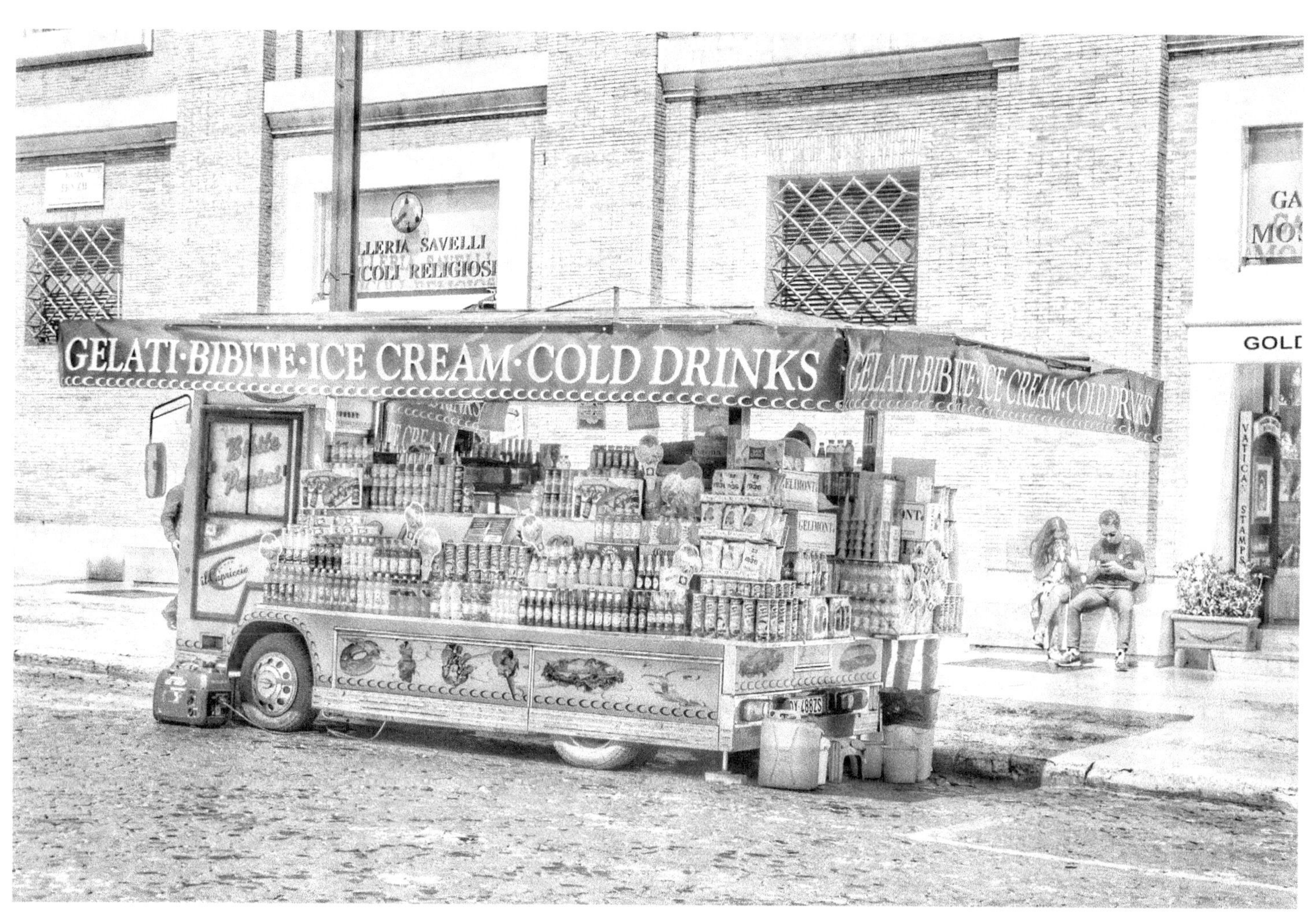

Piazza Papa Pio XI

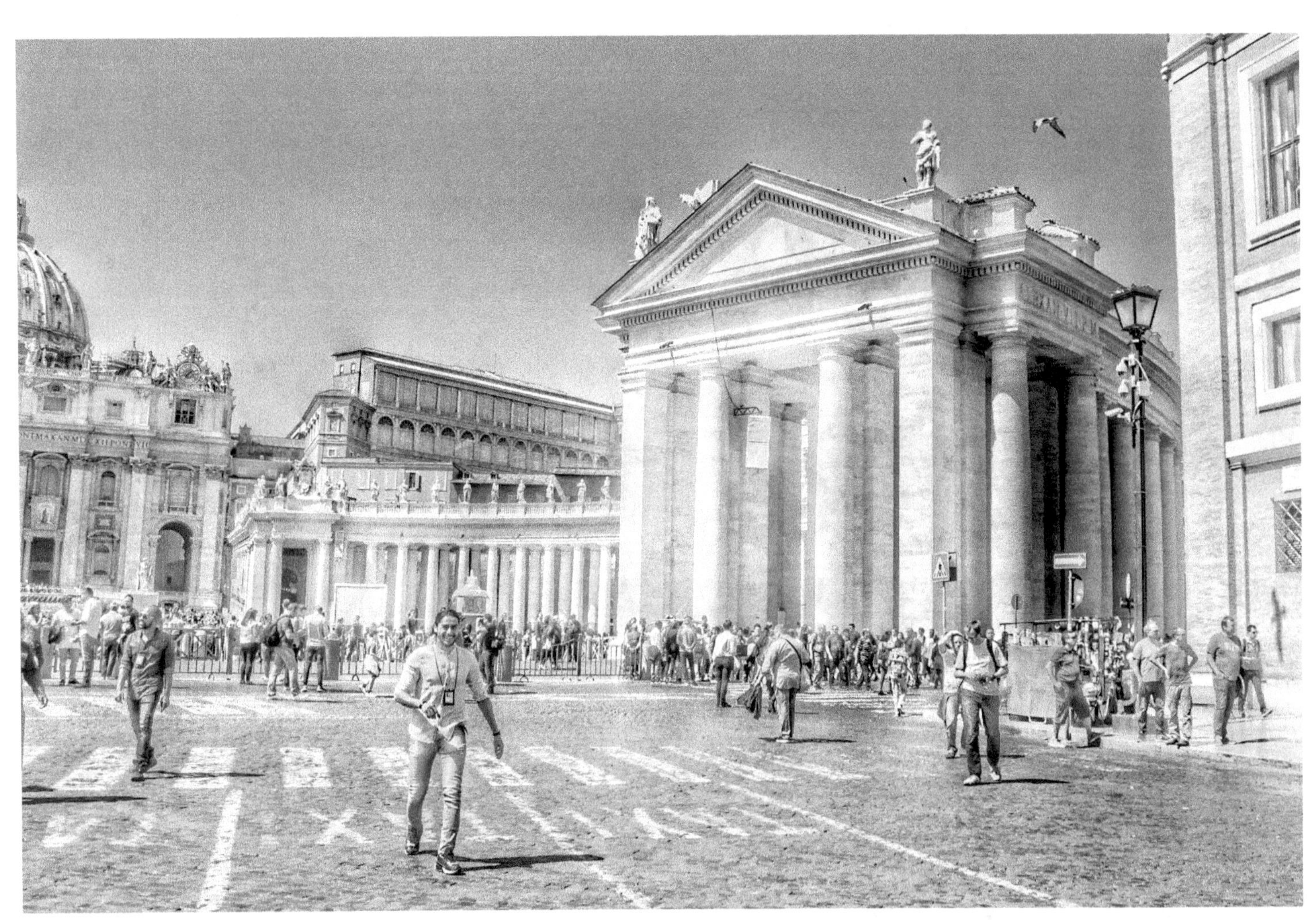

Piazza Papa Pio XI

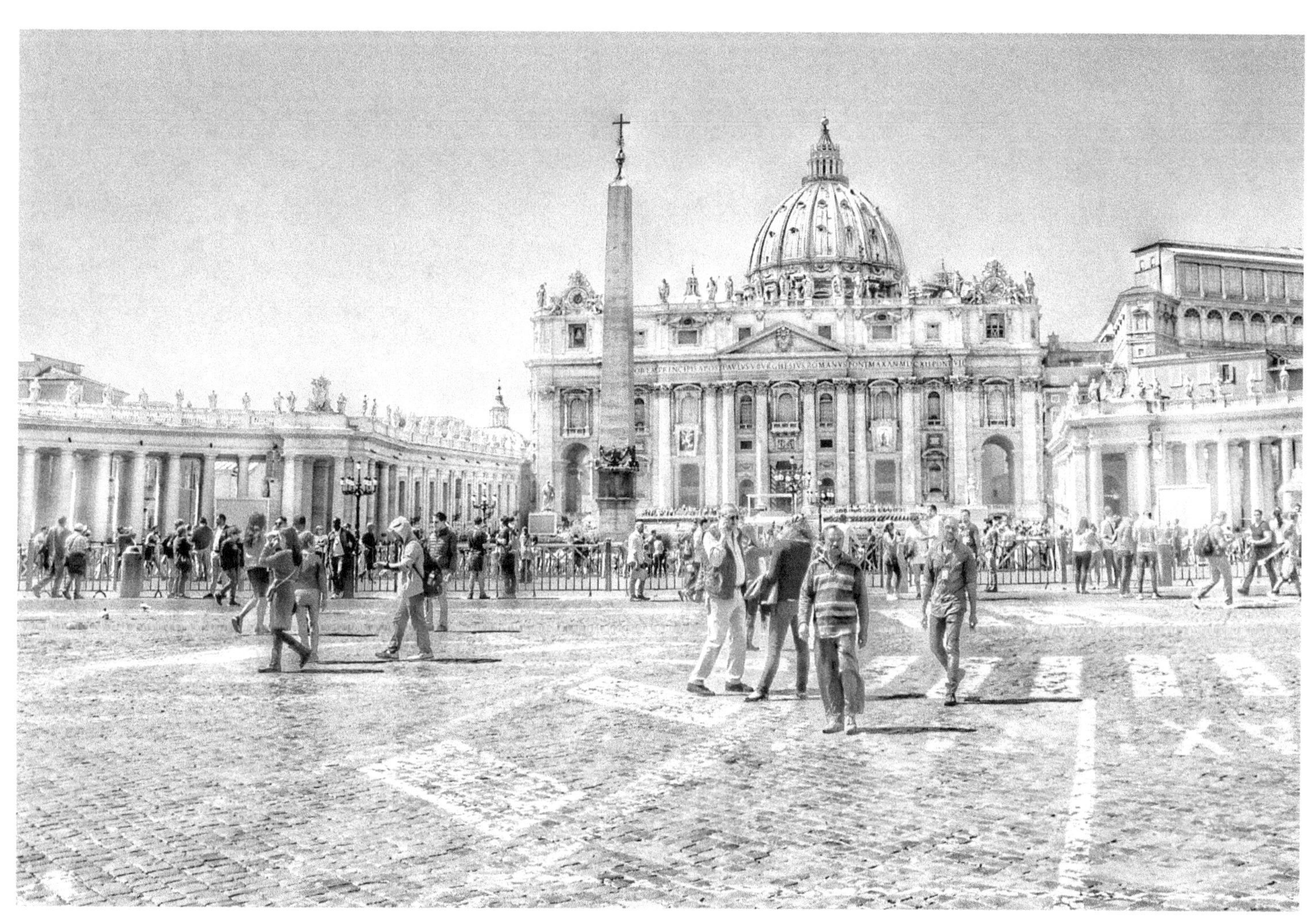

Piazza Papa Pio XI

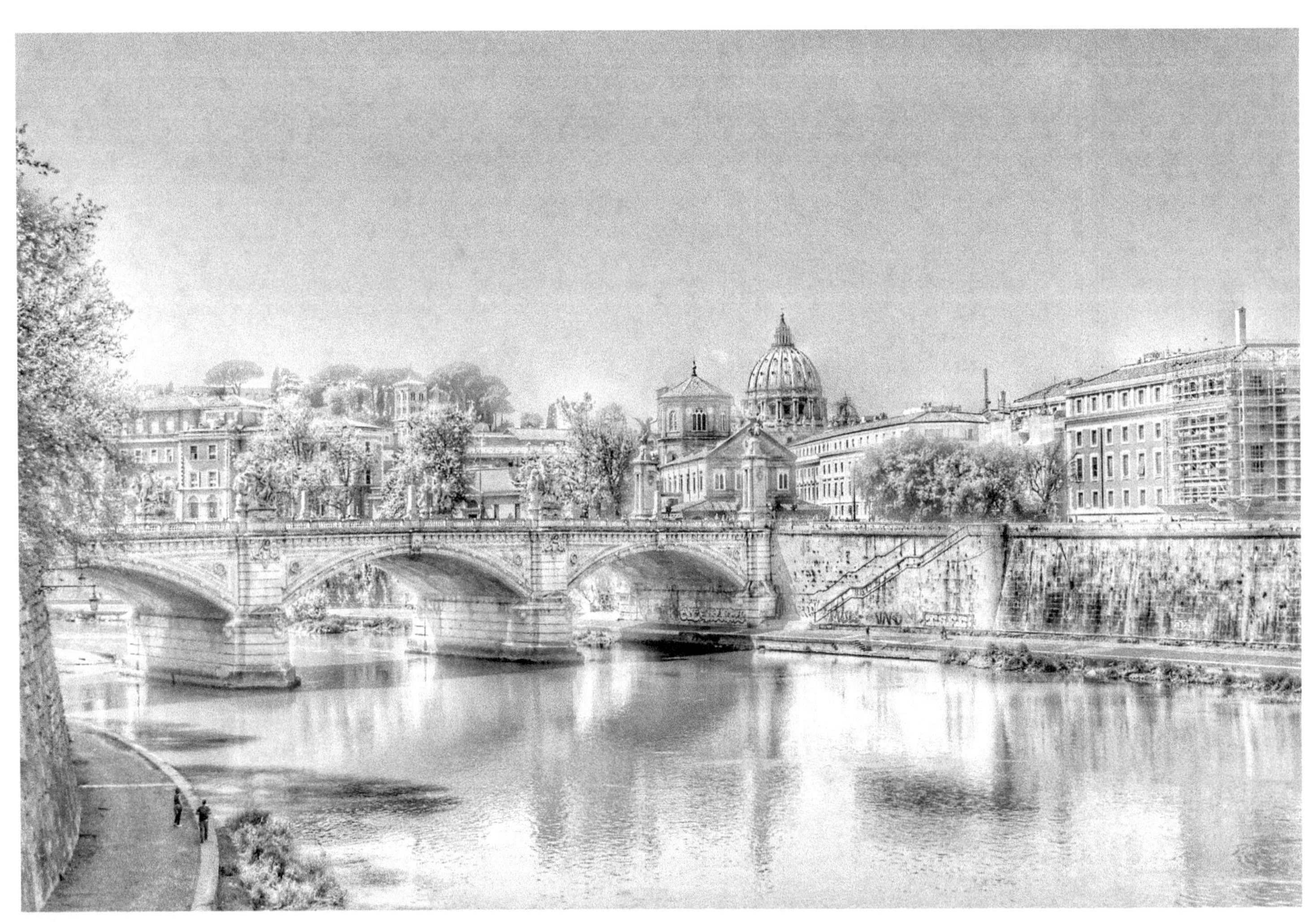

Ponte Principe Amedeo Savoia Aosta

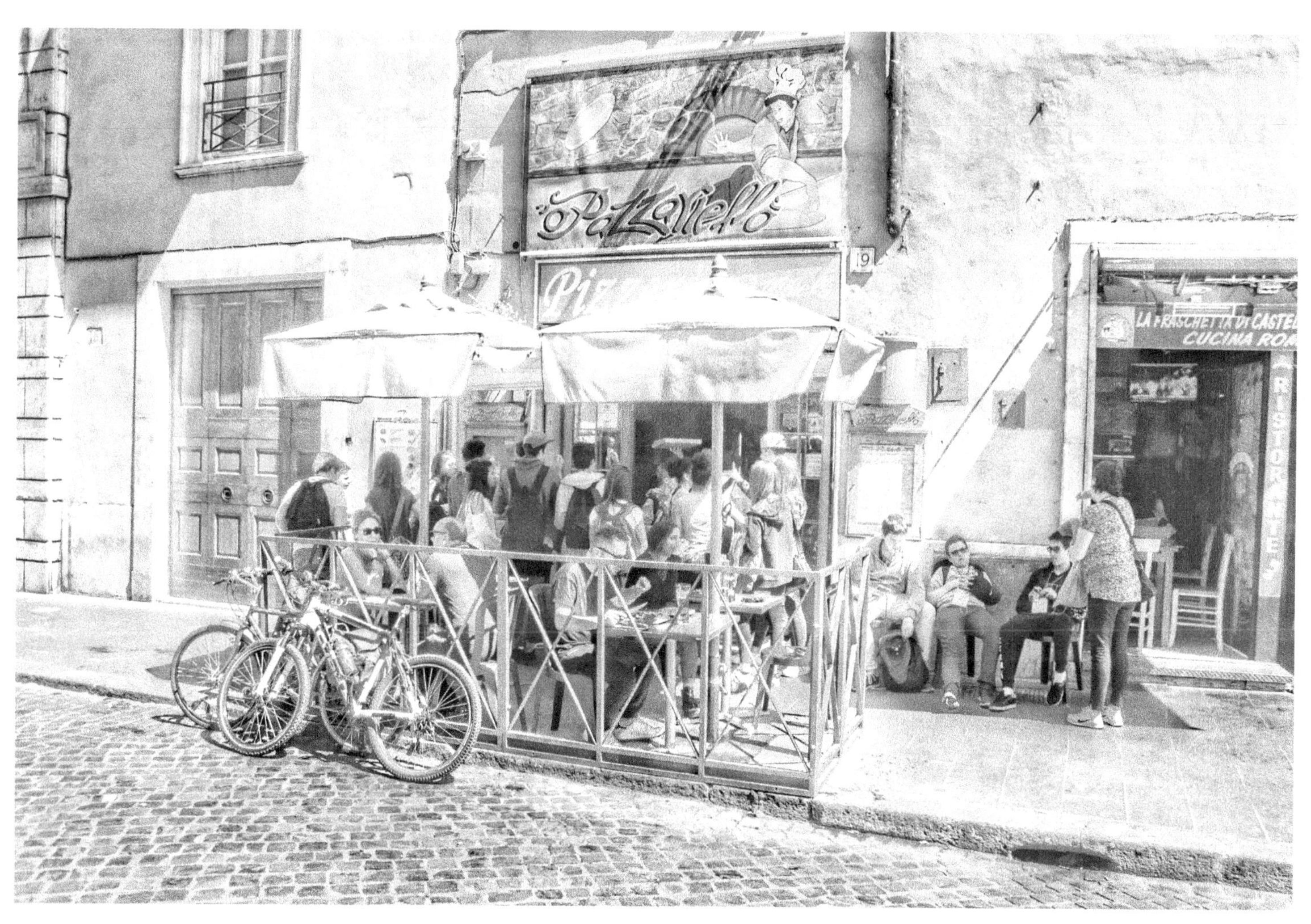

Via del Banco di Santo Spirito

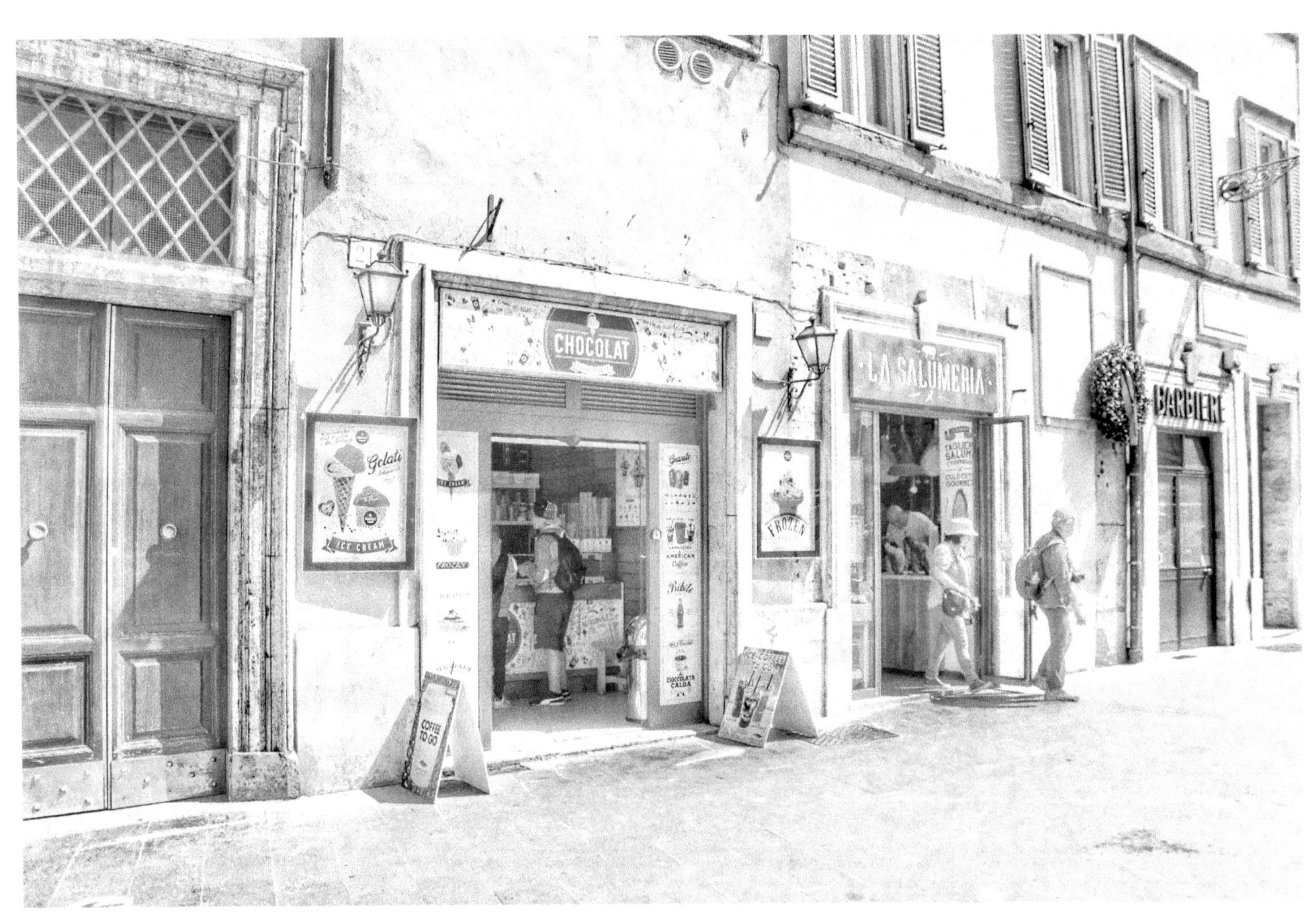

Via del Banco di Santo Spirito

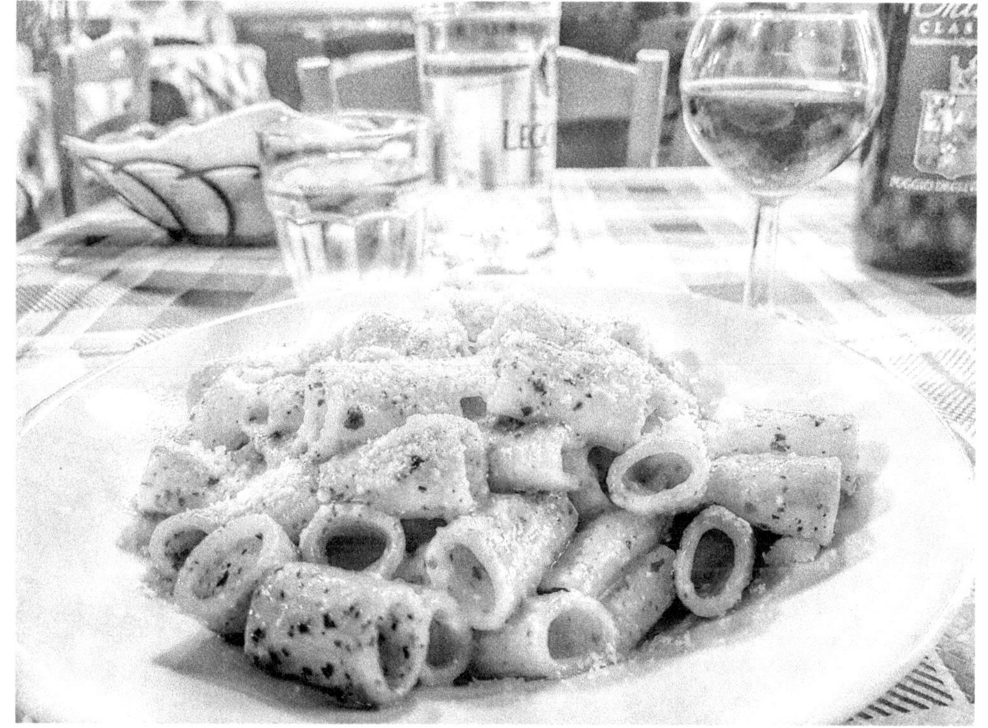

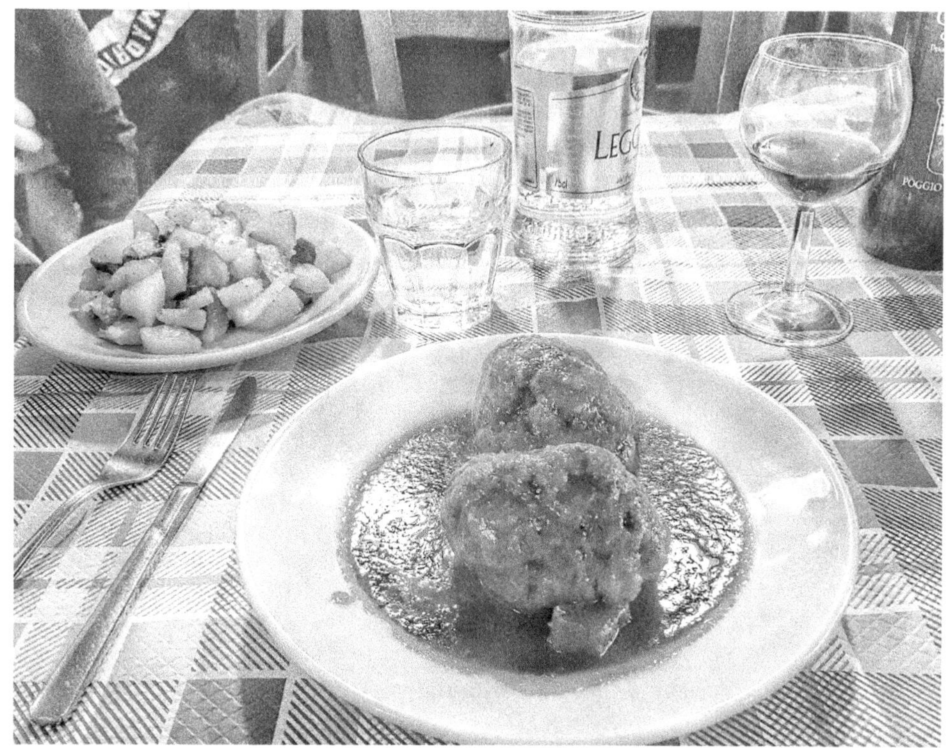

Da Tonino

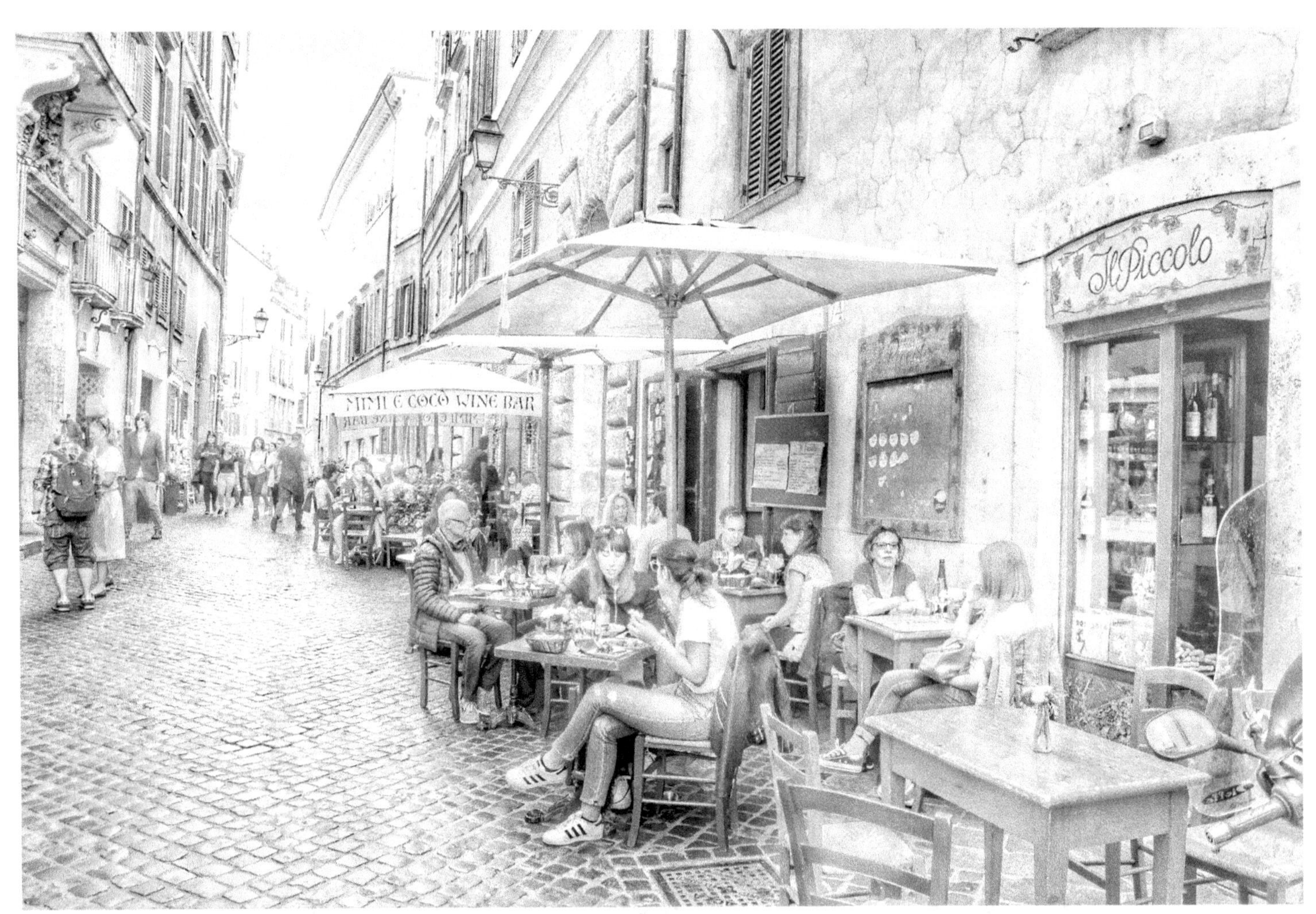

Via del Governo Vecchio

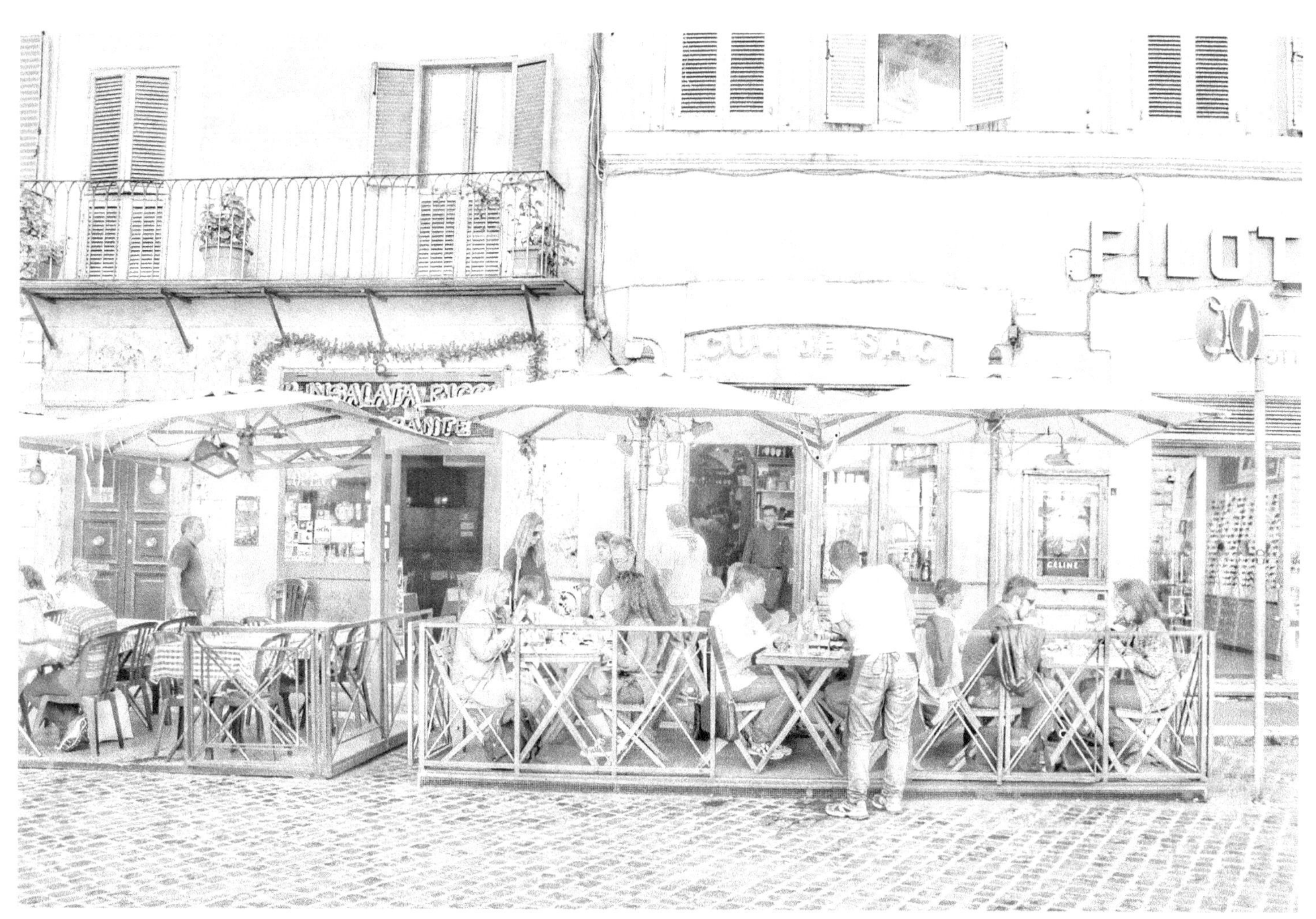

Via del Governo Vecchio

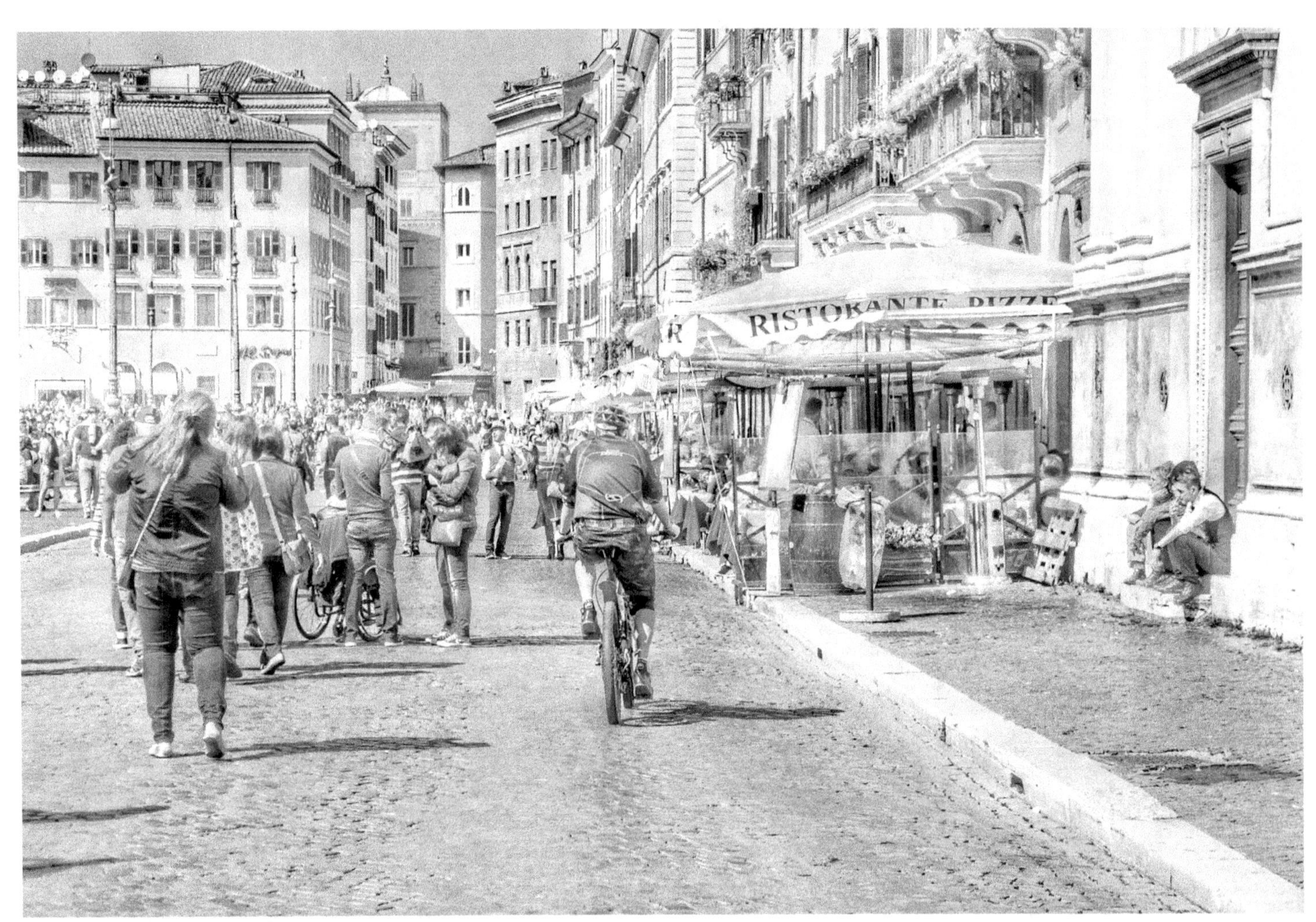

Piazza Navona

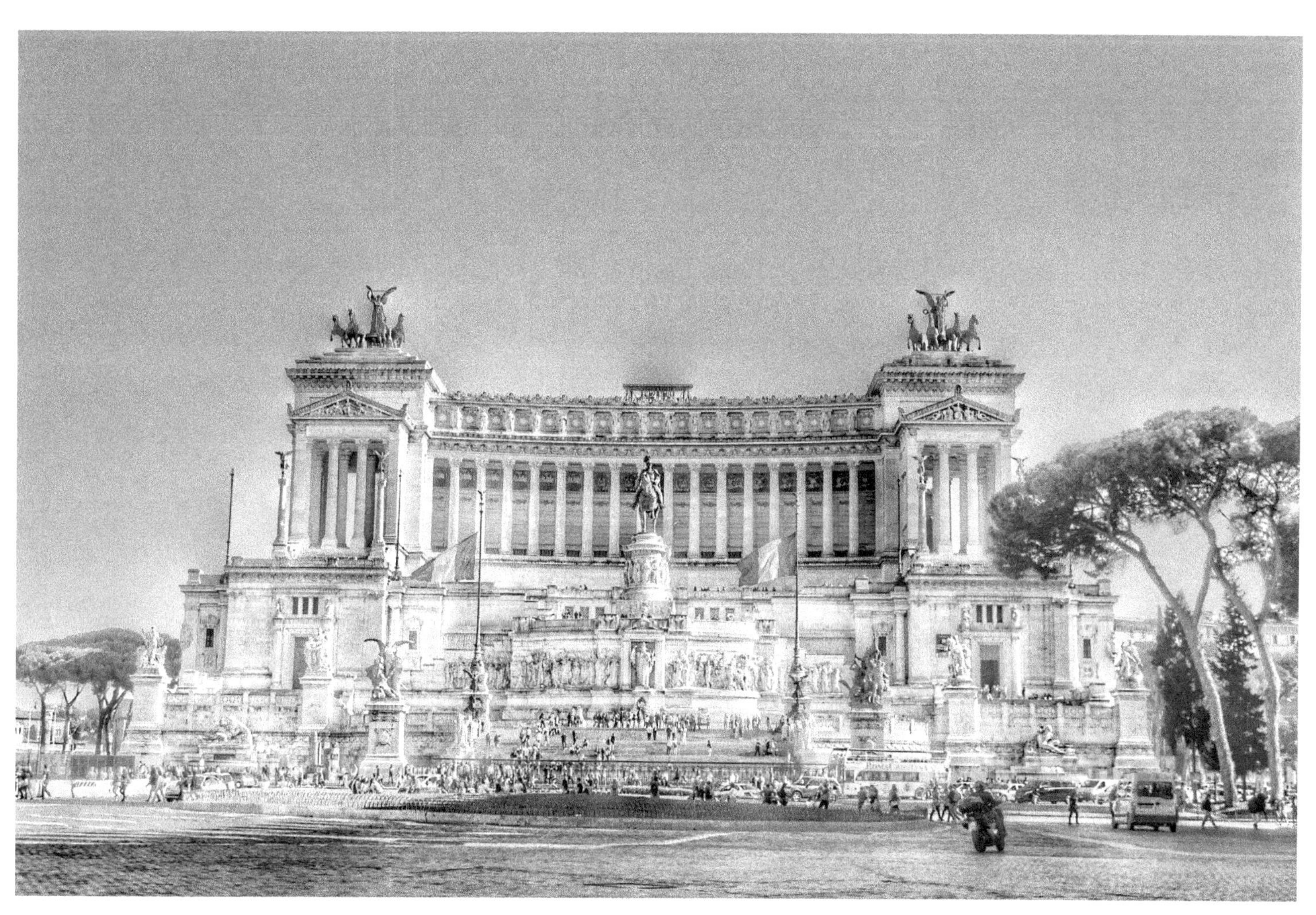

Piazza Venezia

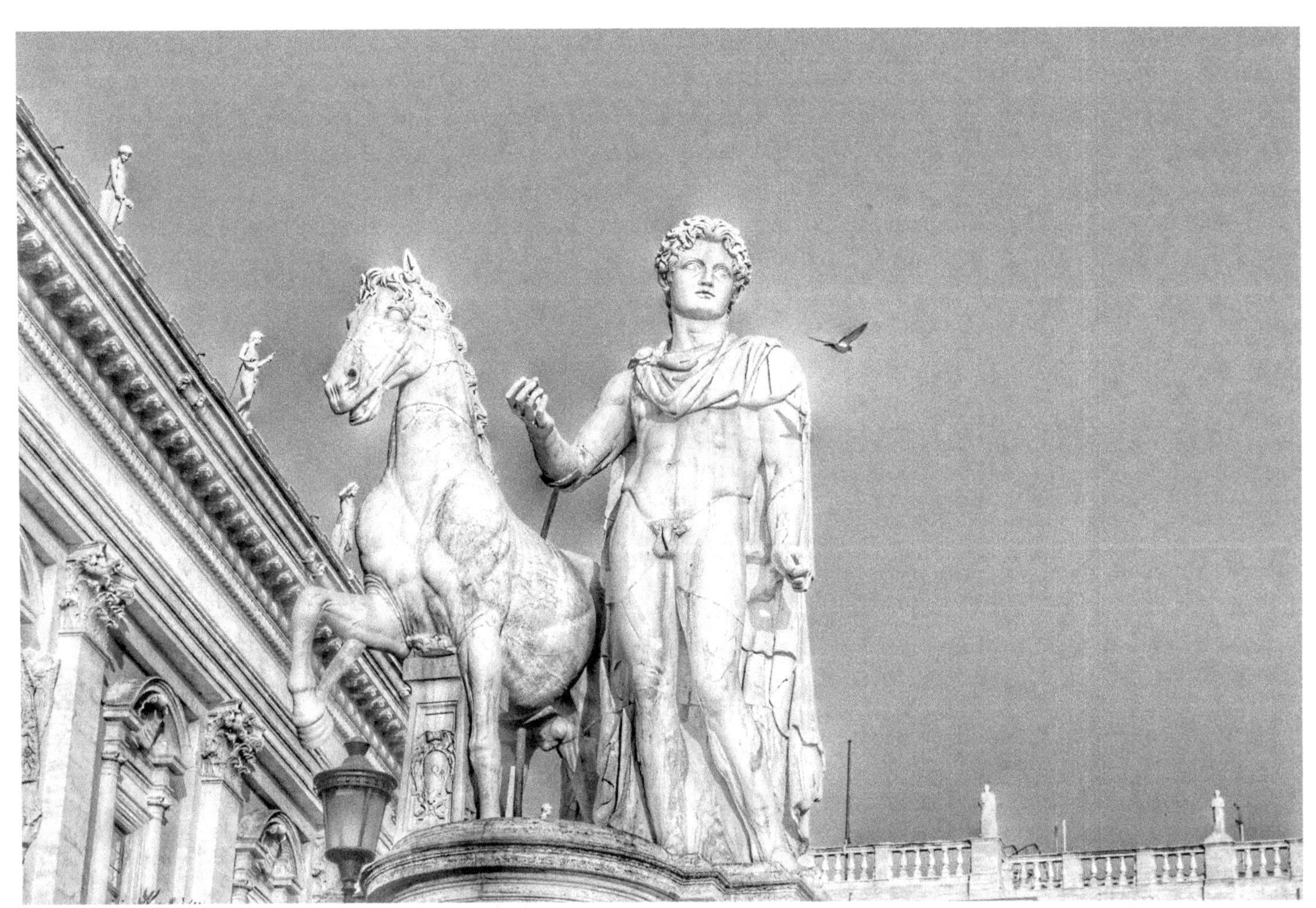

Campidoglio

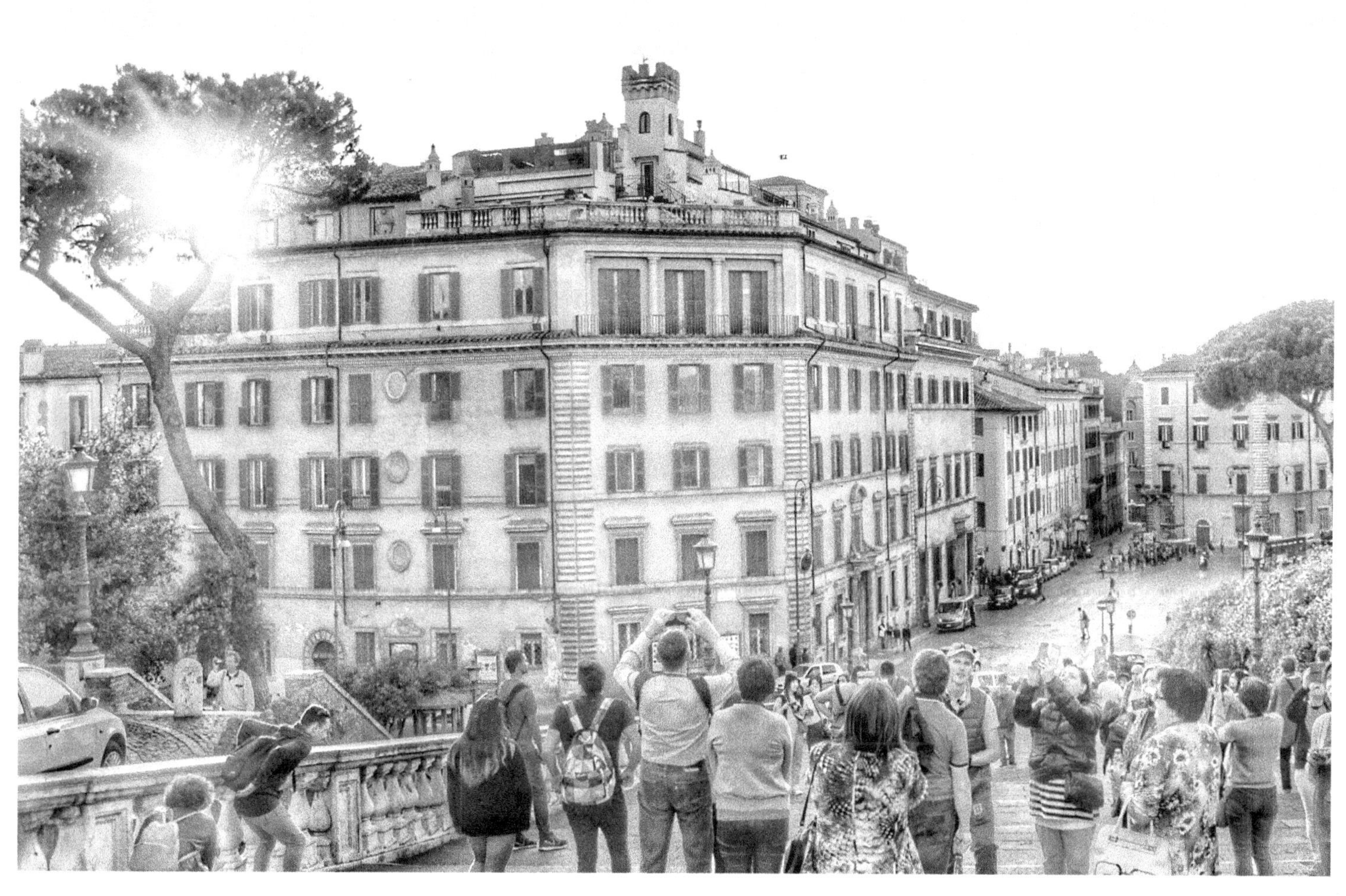

Piazza D'Aracoeli

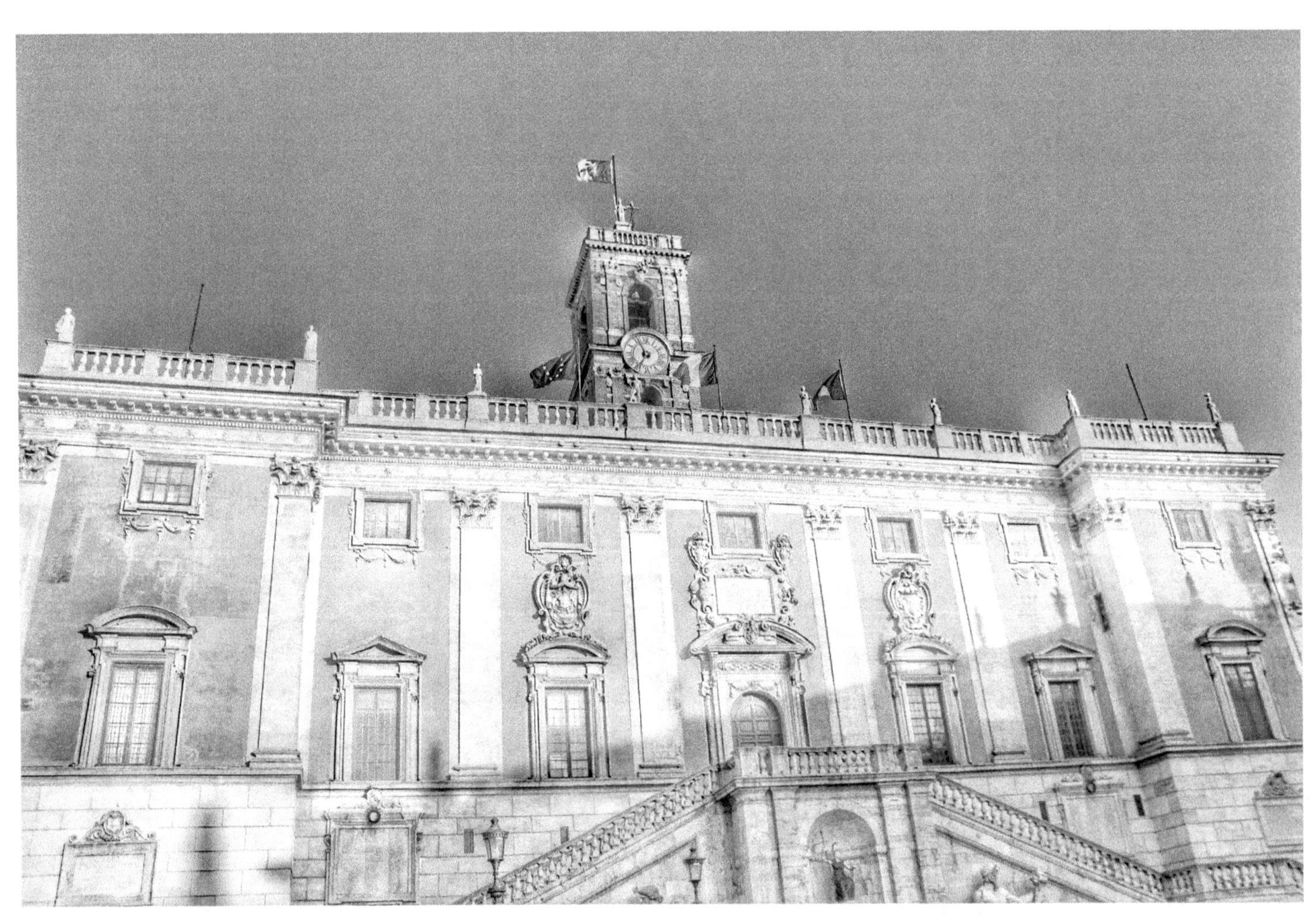

Piazza del Campidoglio

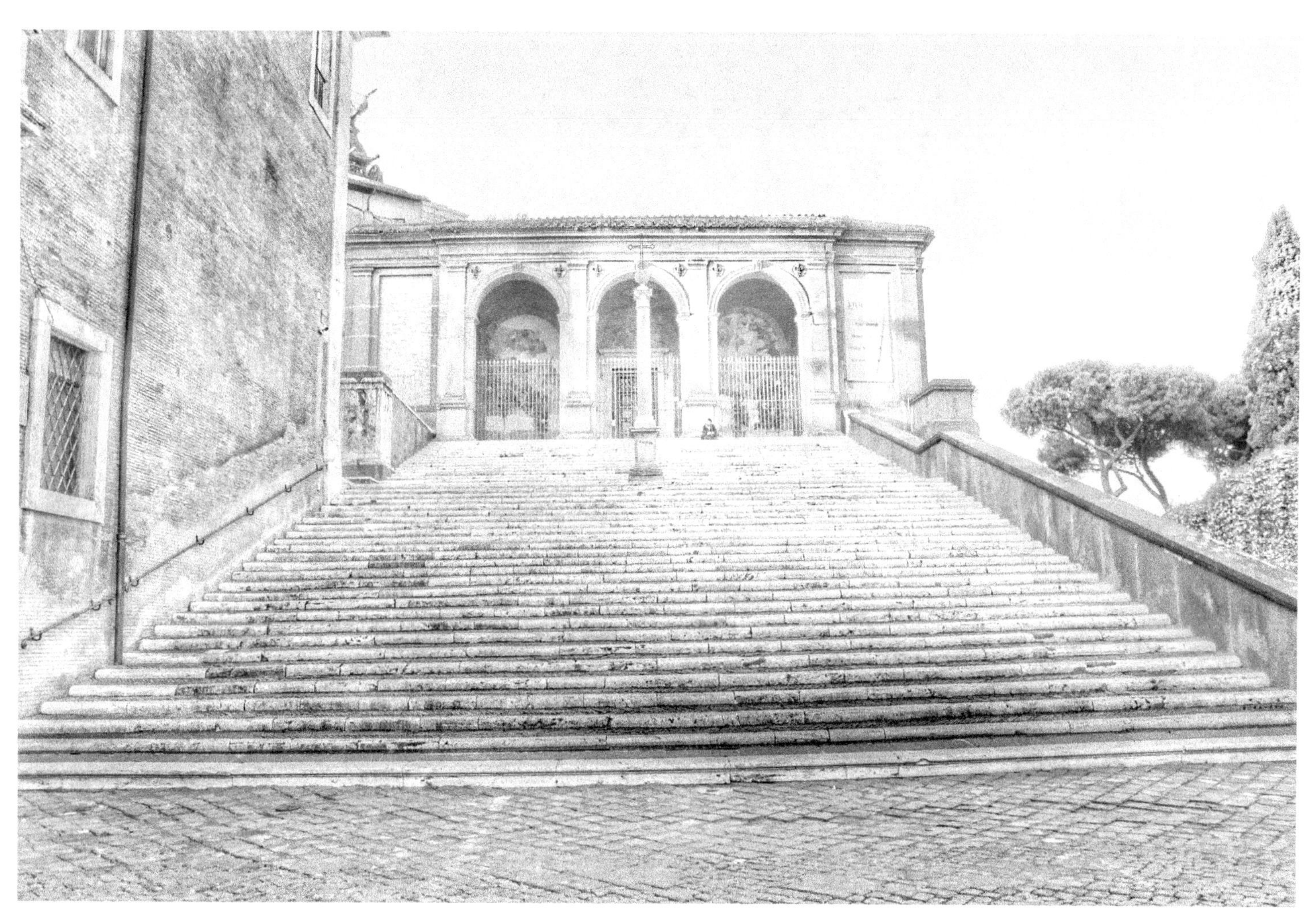

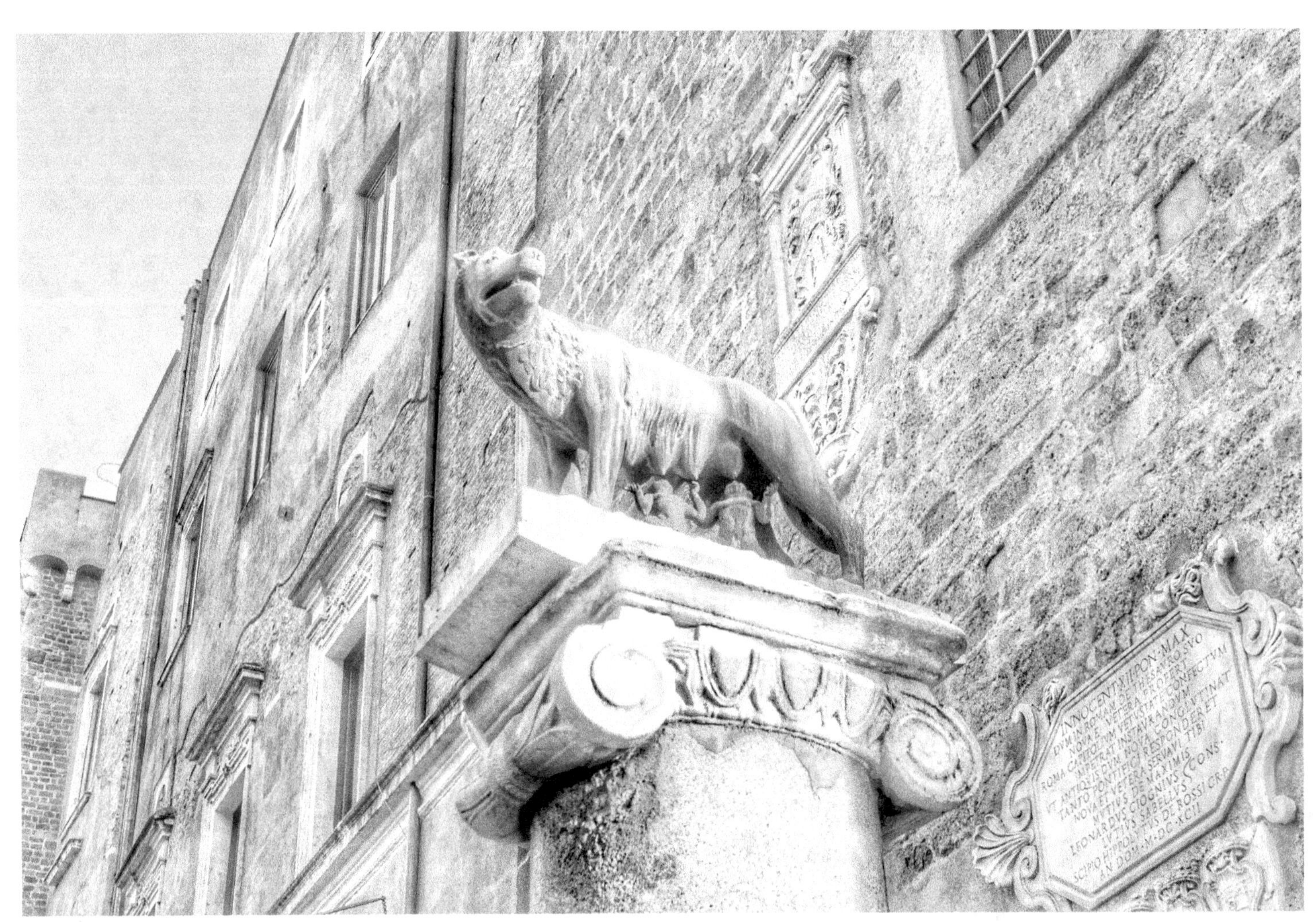

Lupa Capitolina

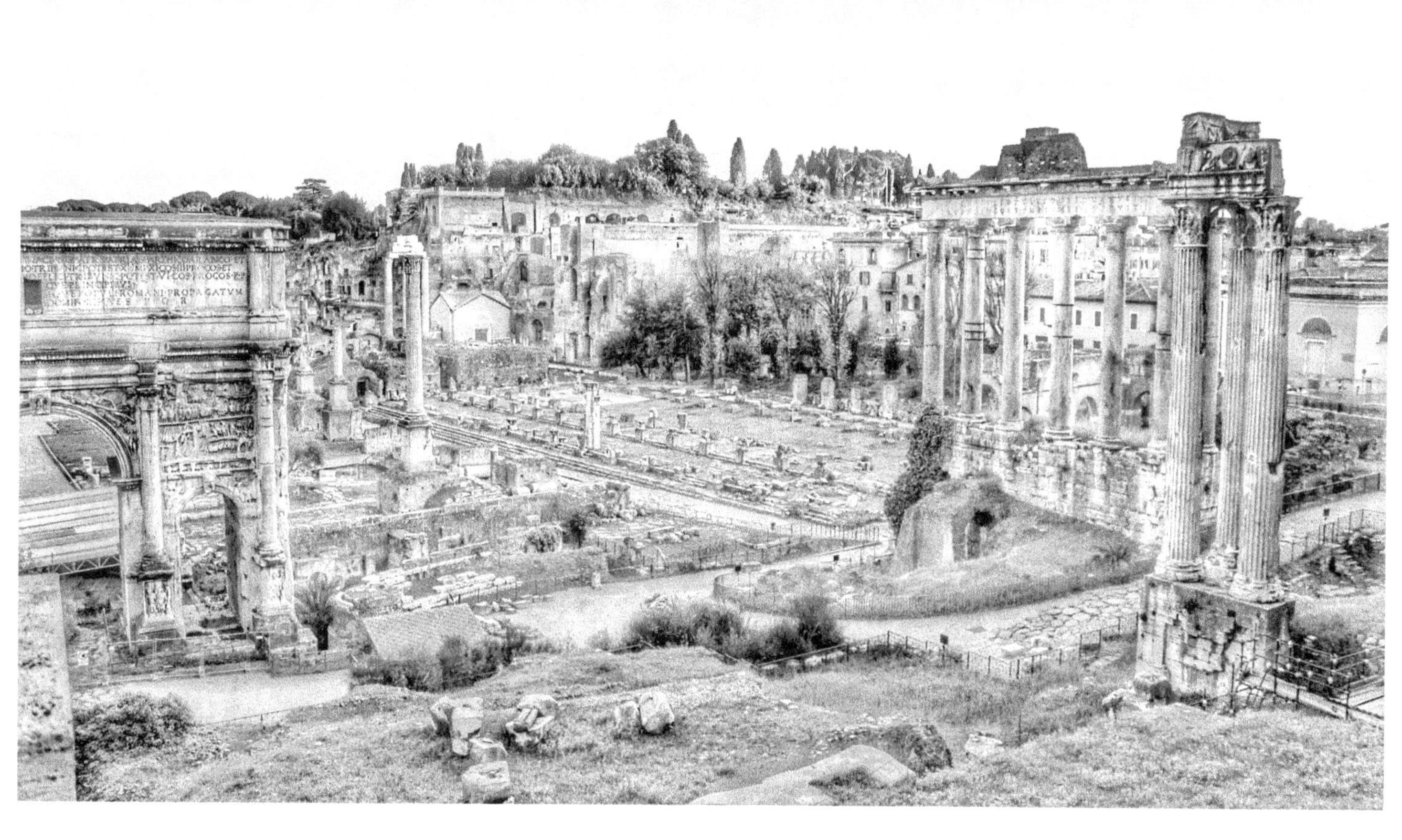

Carcere Mamertino

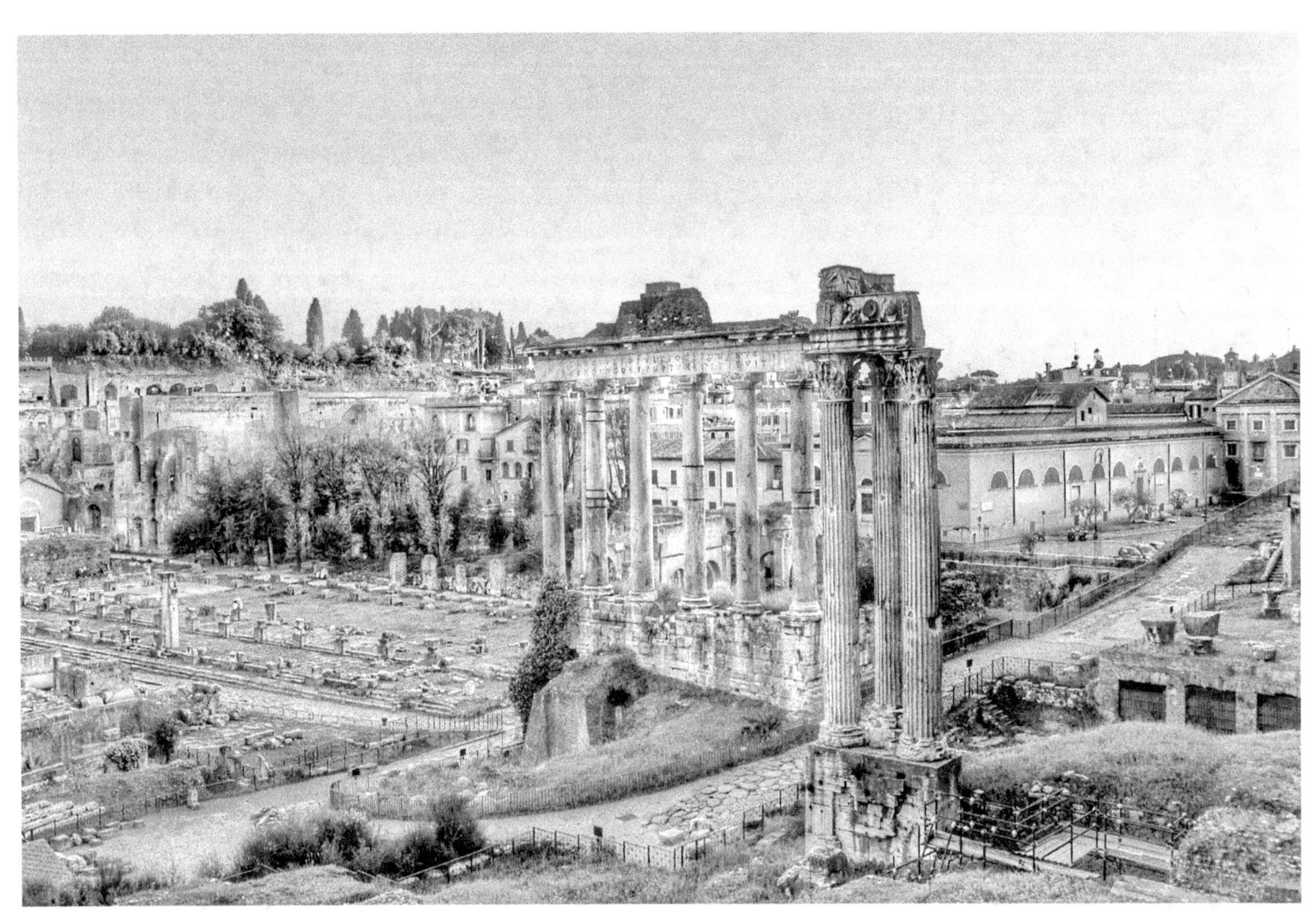

Carcere Mamertino

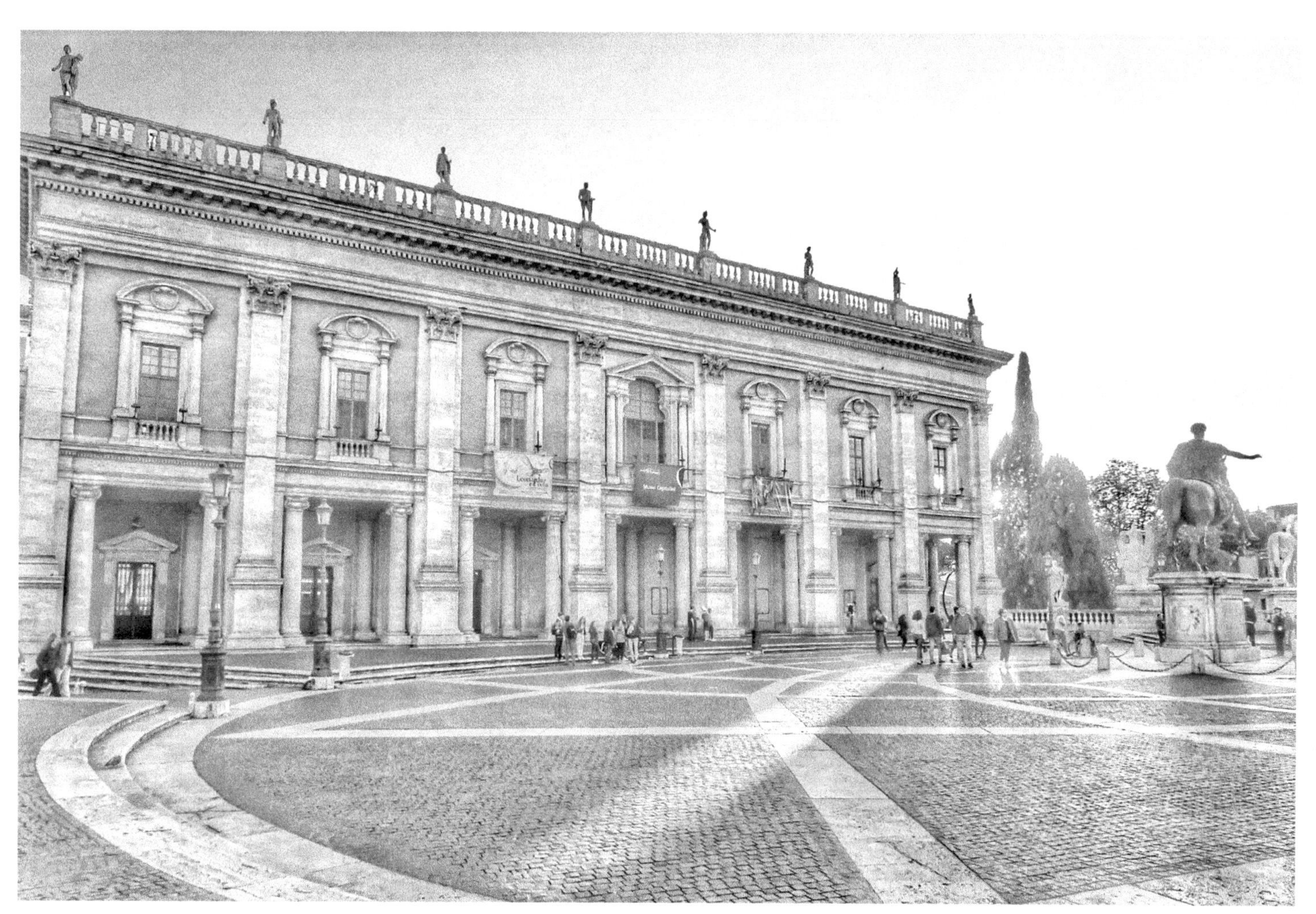

Piazza del Campidoglio

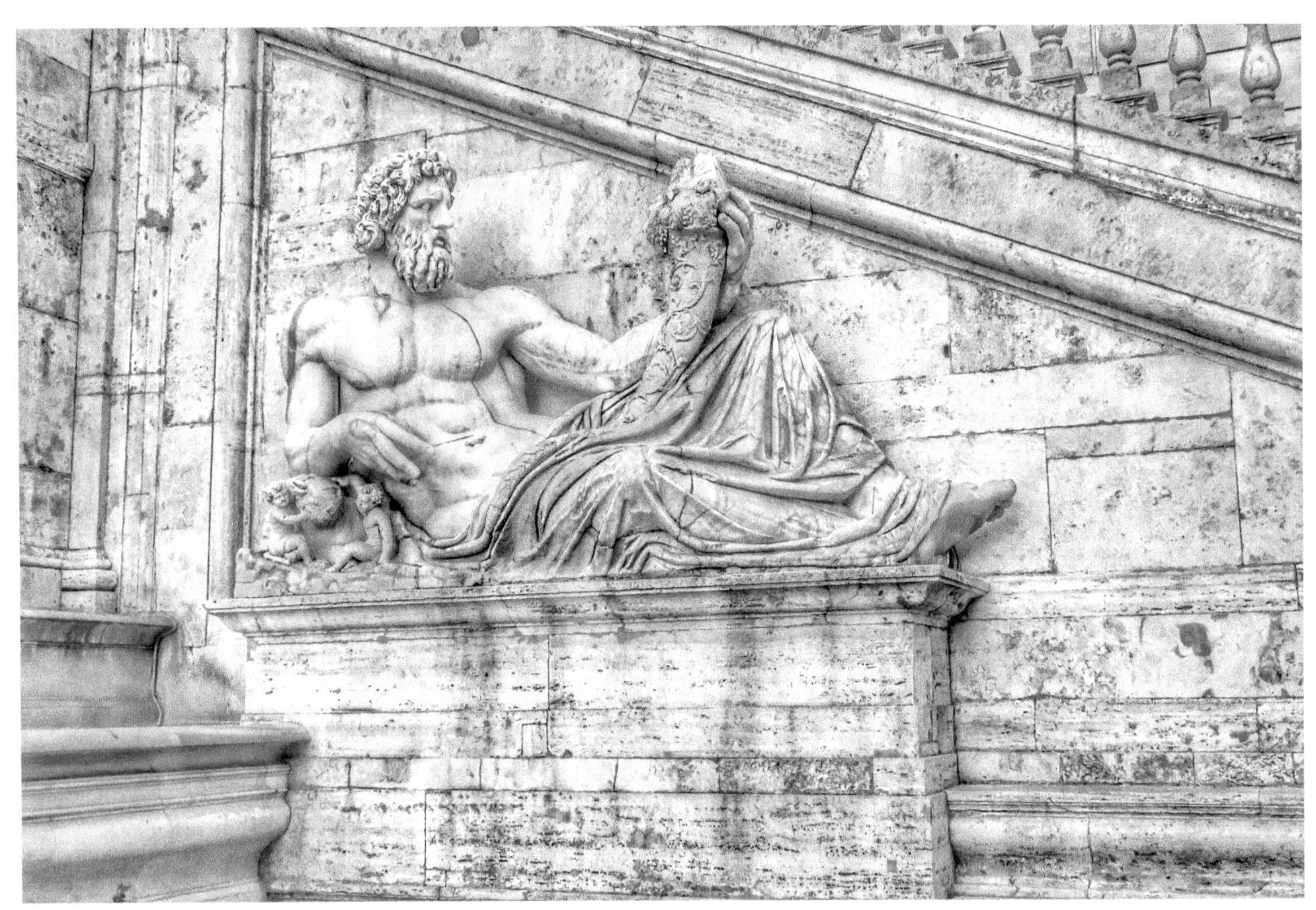

Piazza del Campidoglio

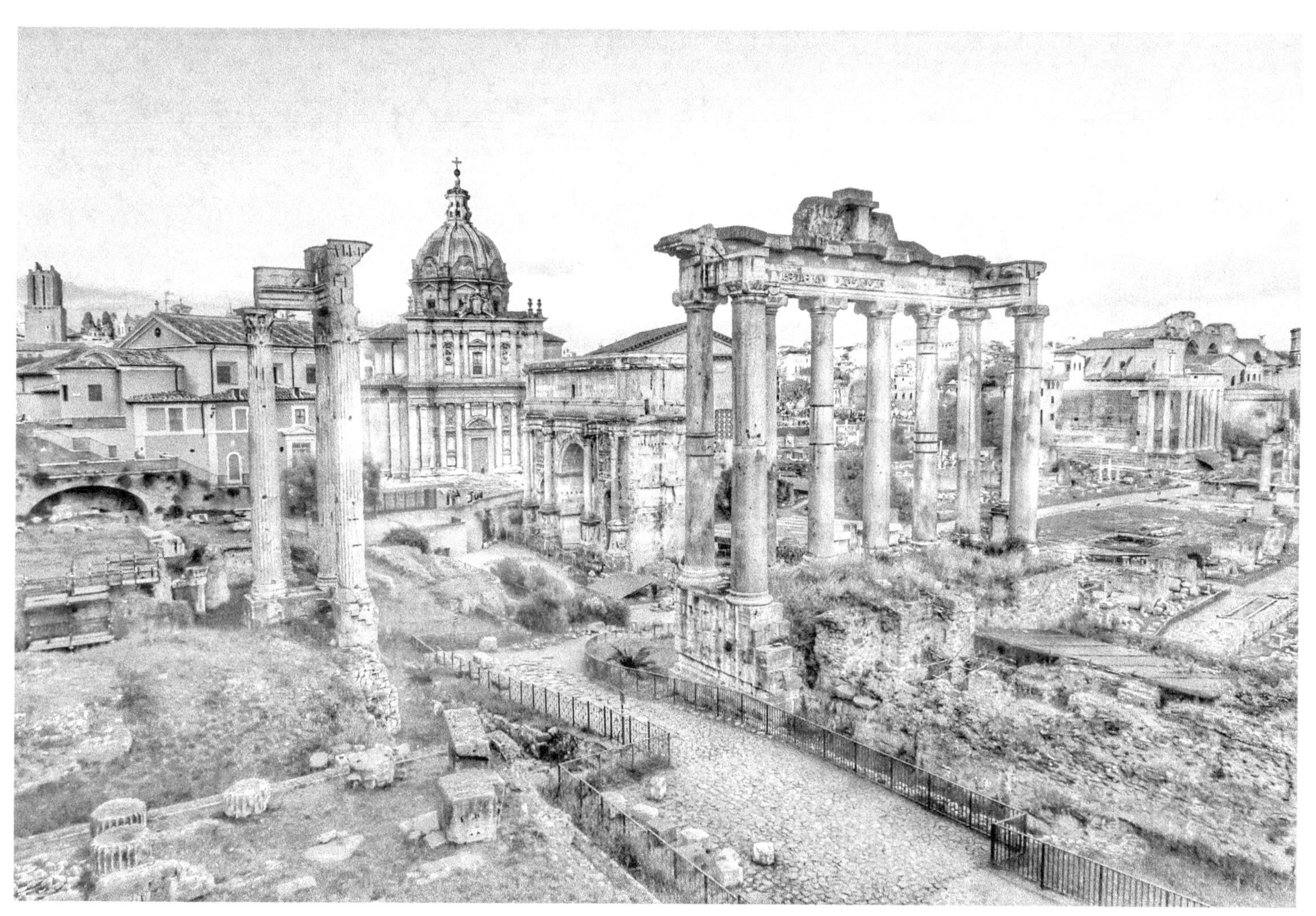

Foro Romano

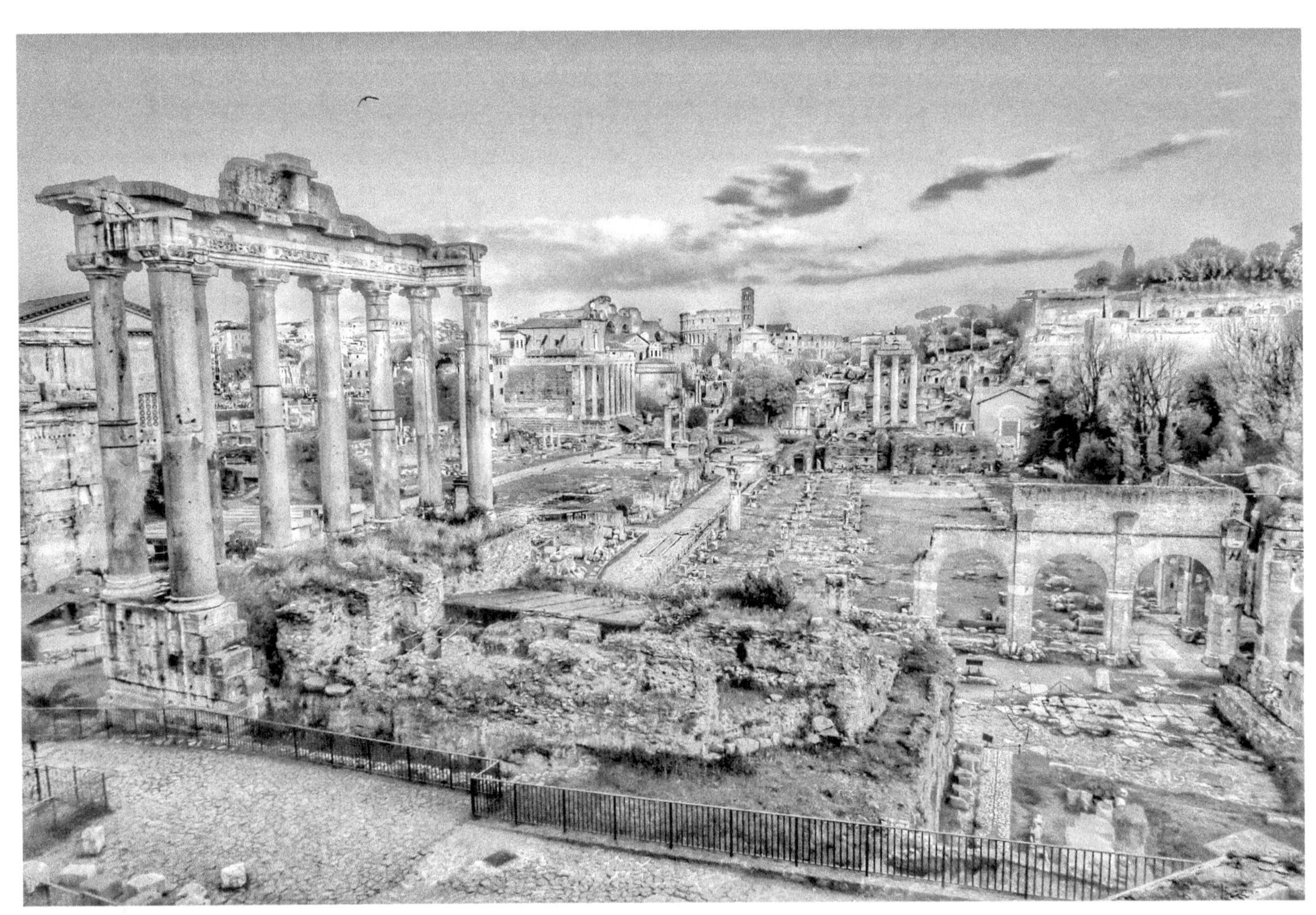

41   Foro Romano

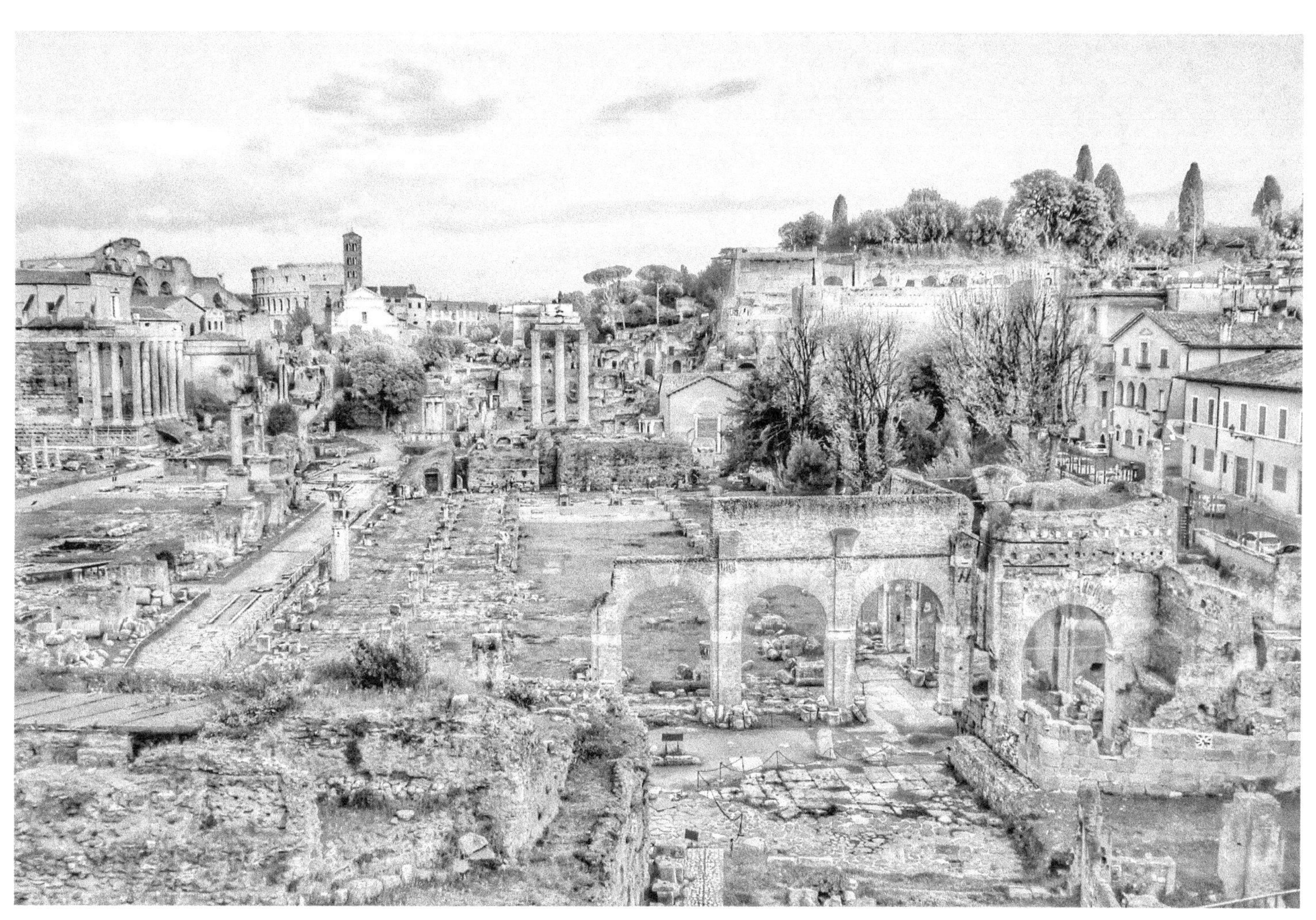

Foro Romano

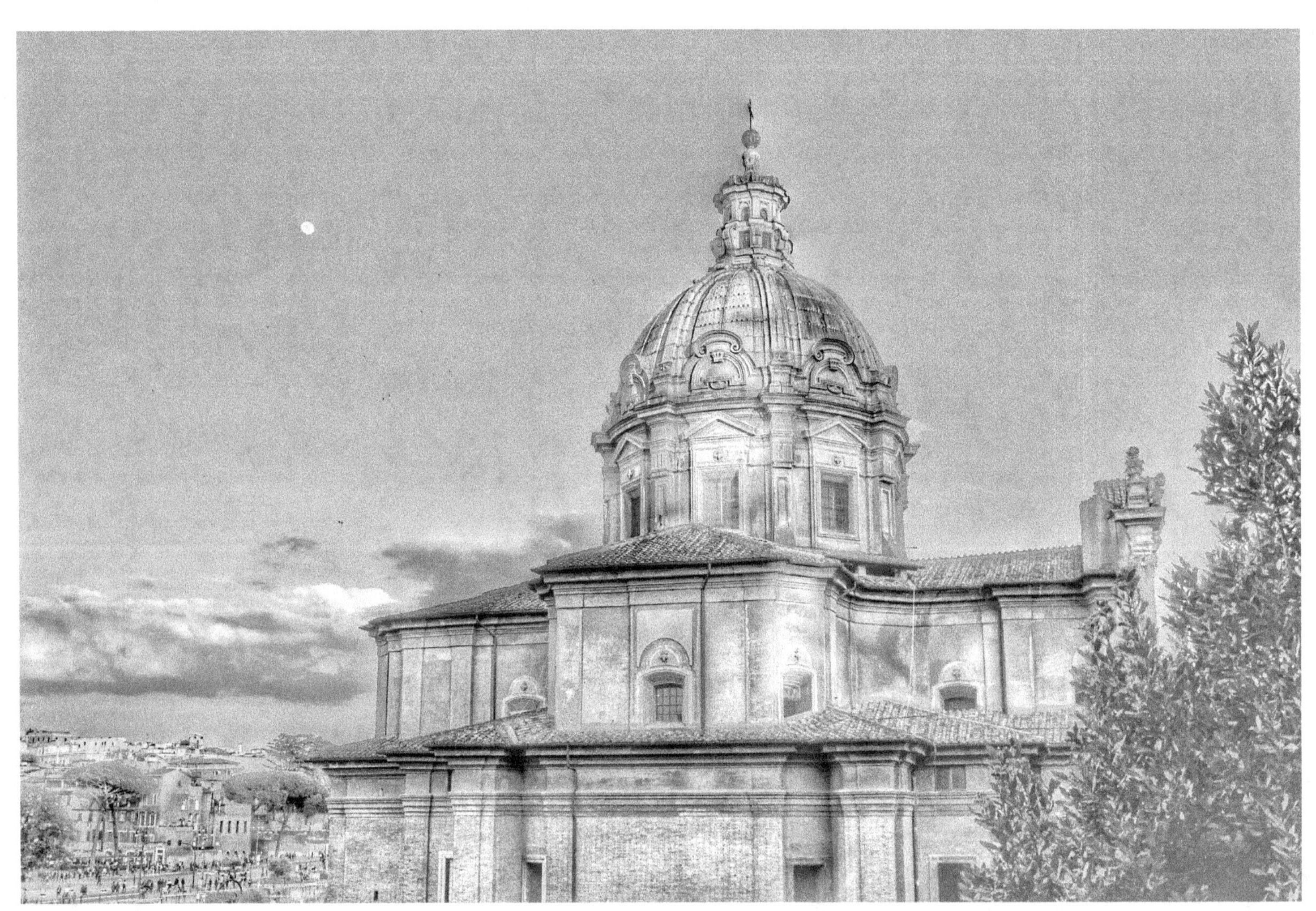

Carcere Mamertino

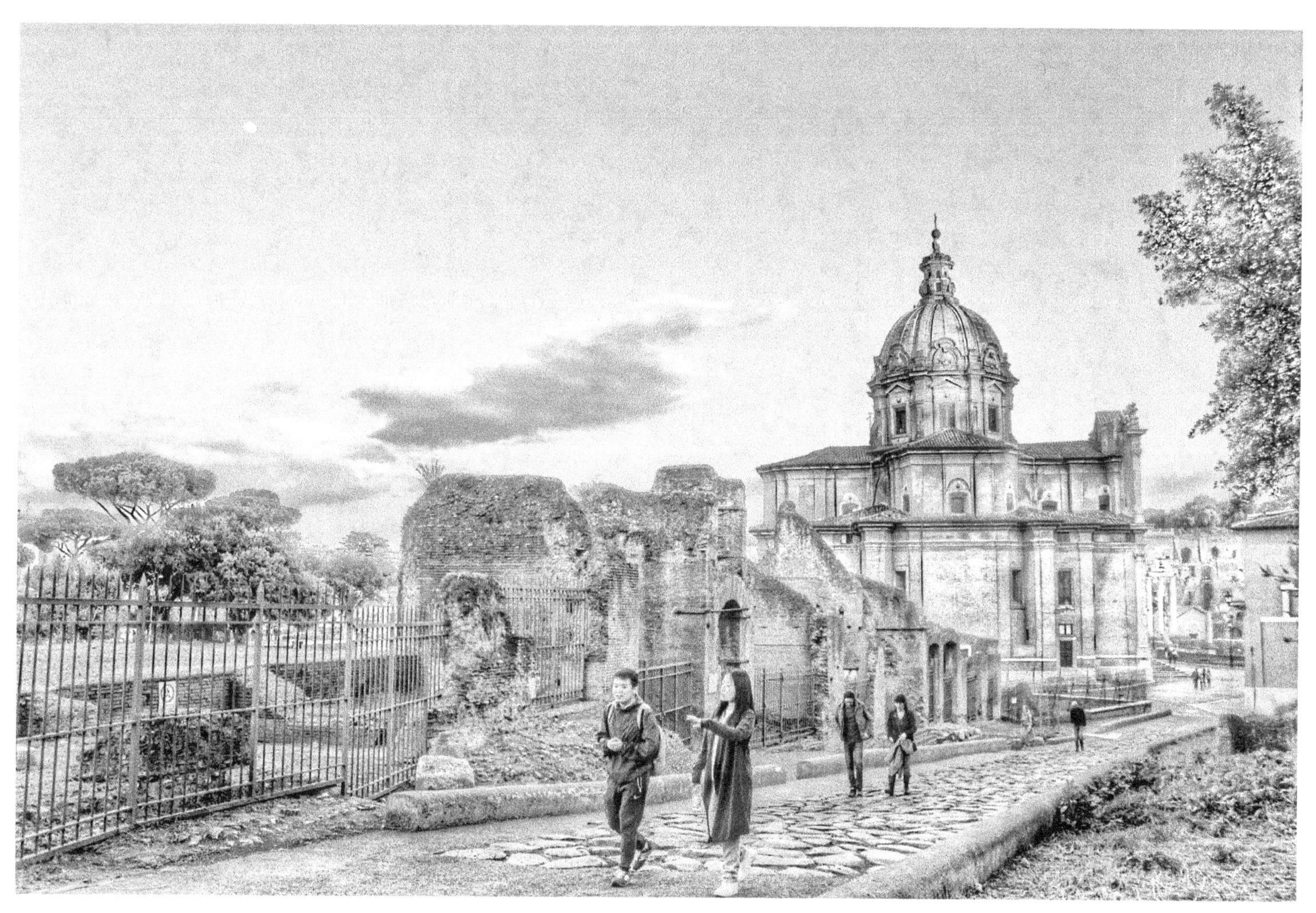

Carcere Mamertino

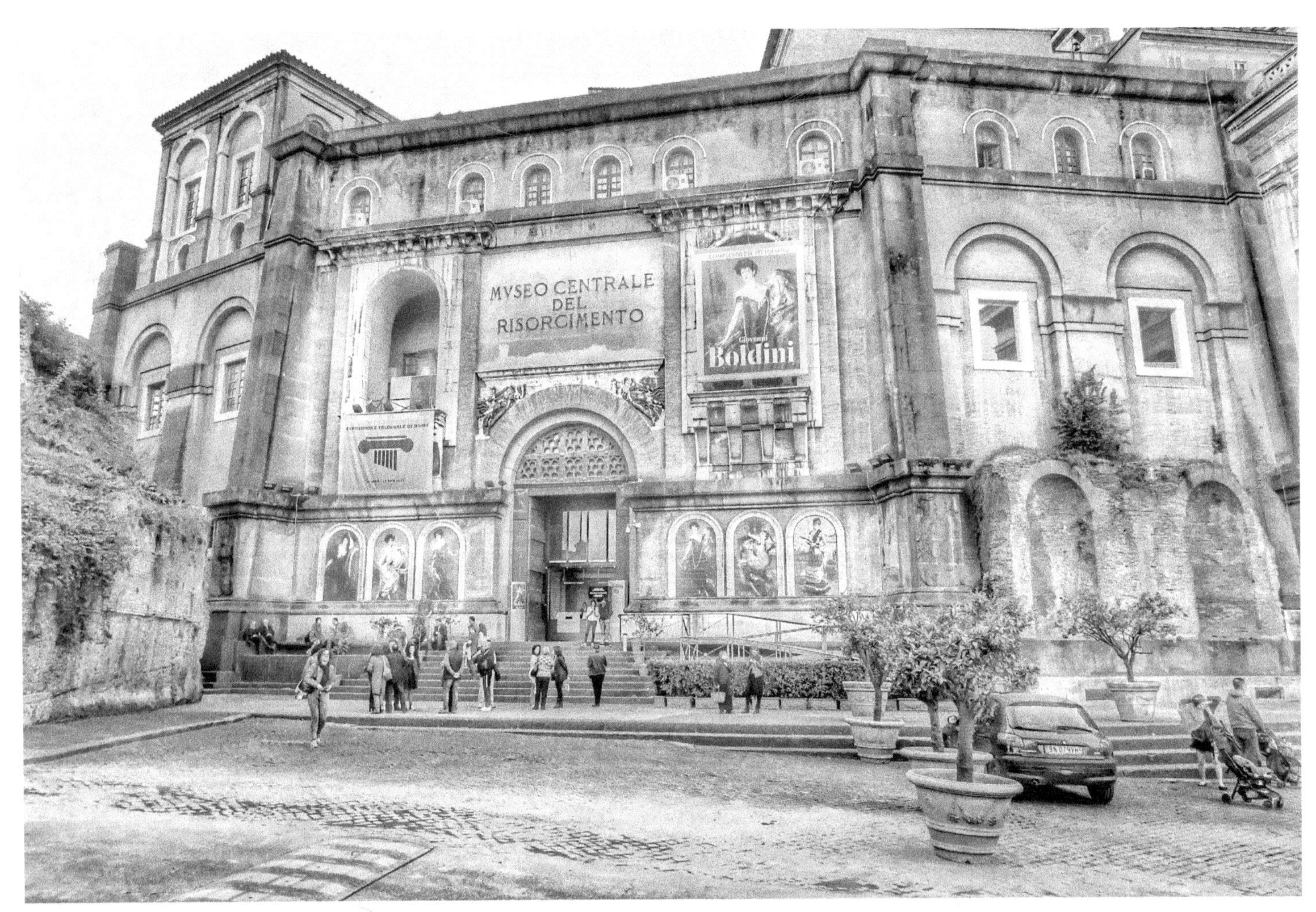

Convento Santa Maria in Aracoeli

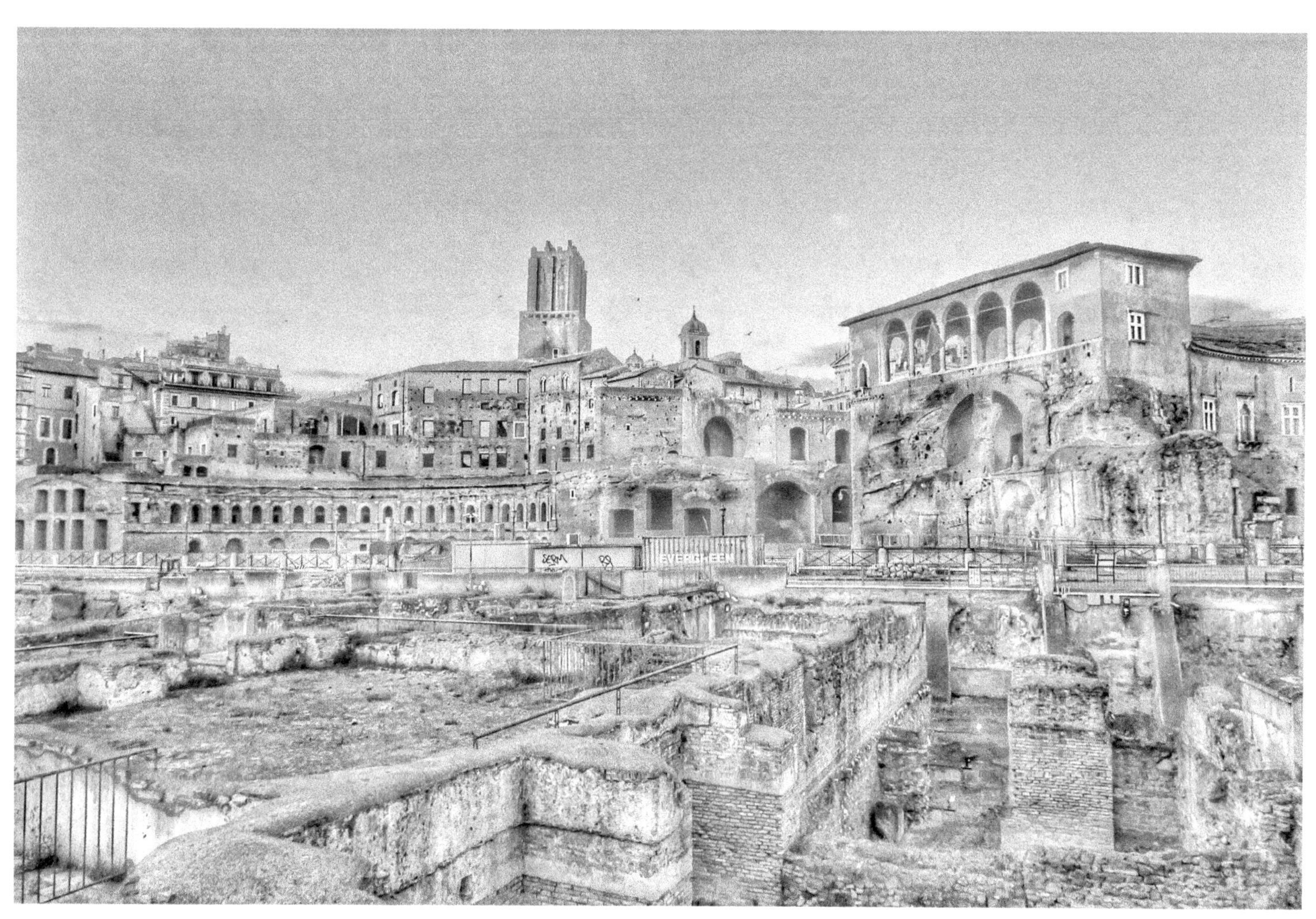

Foro Romano

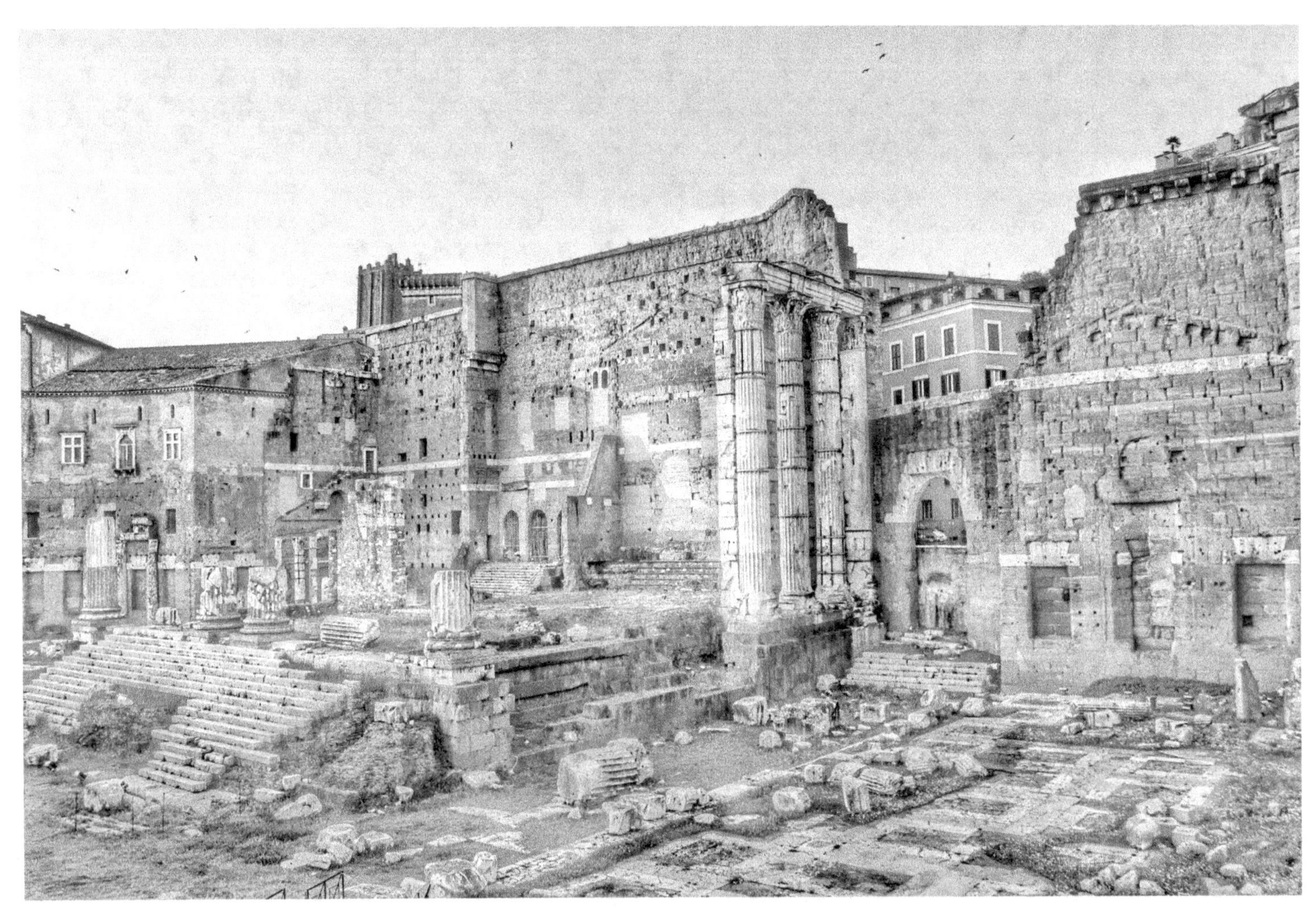

Foro Romano

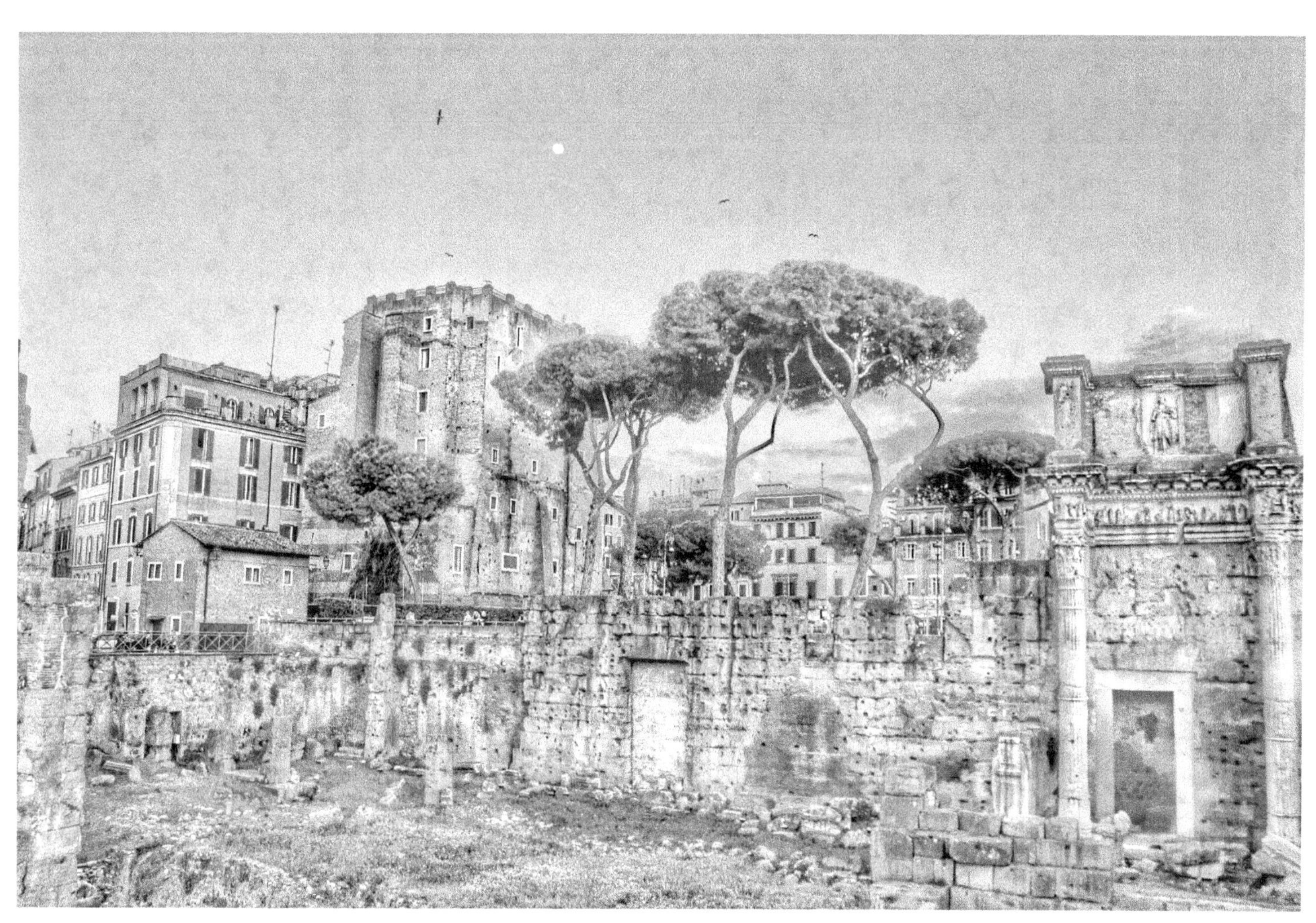

Foro Romano

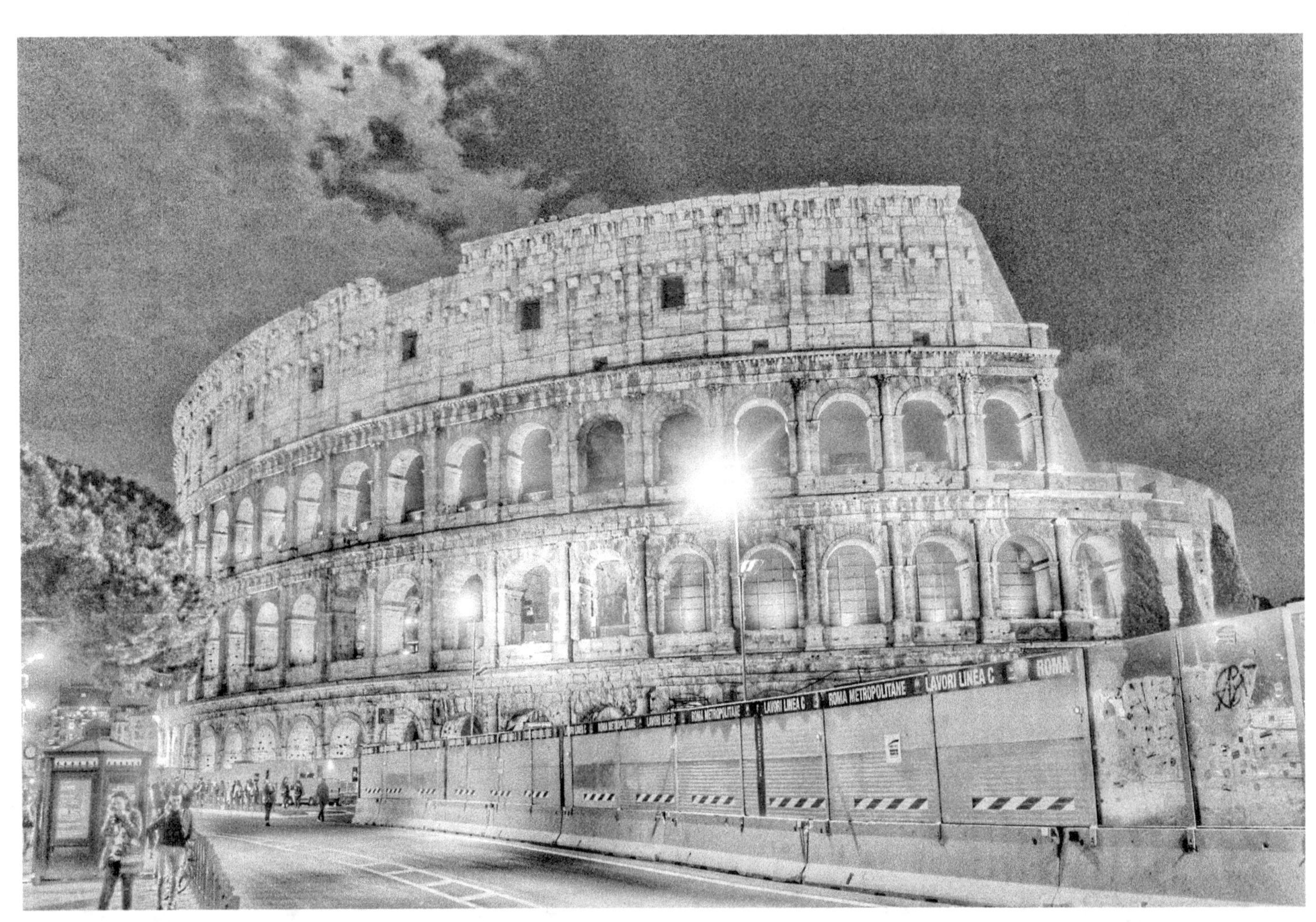

49

Piazza del Colosseo

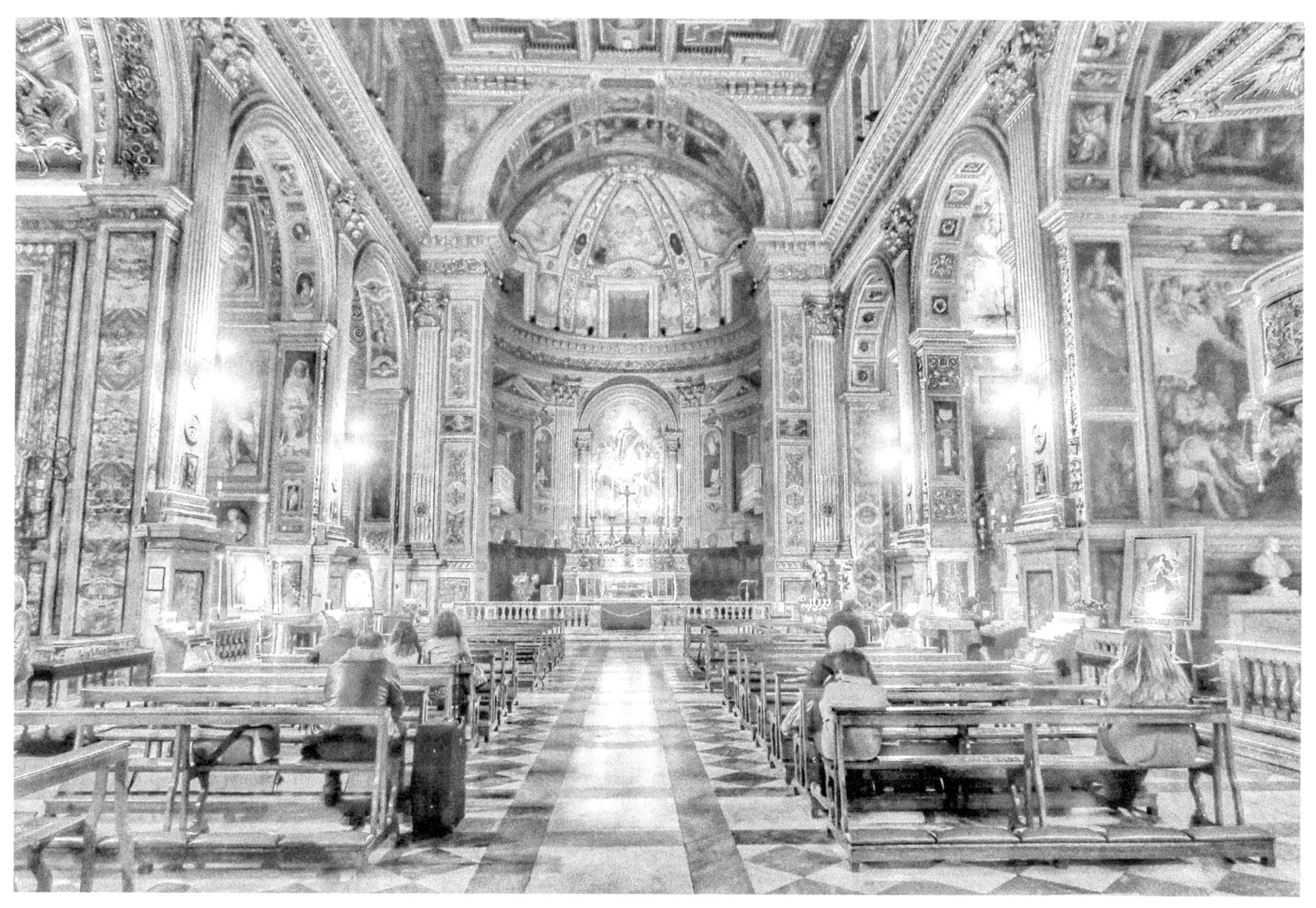

San Marcello al Corso

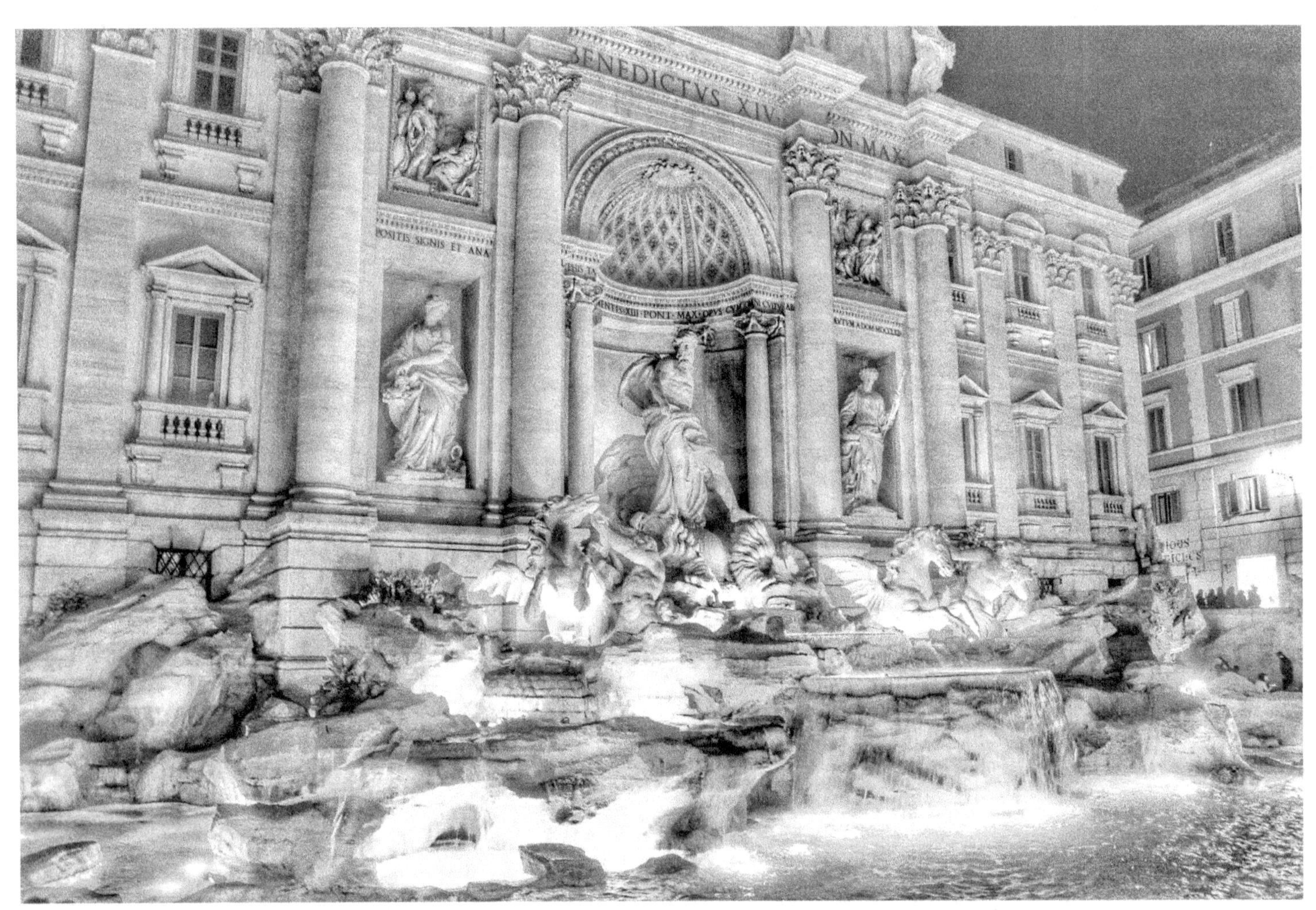

Fontana di Trevi

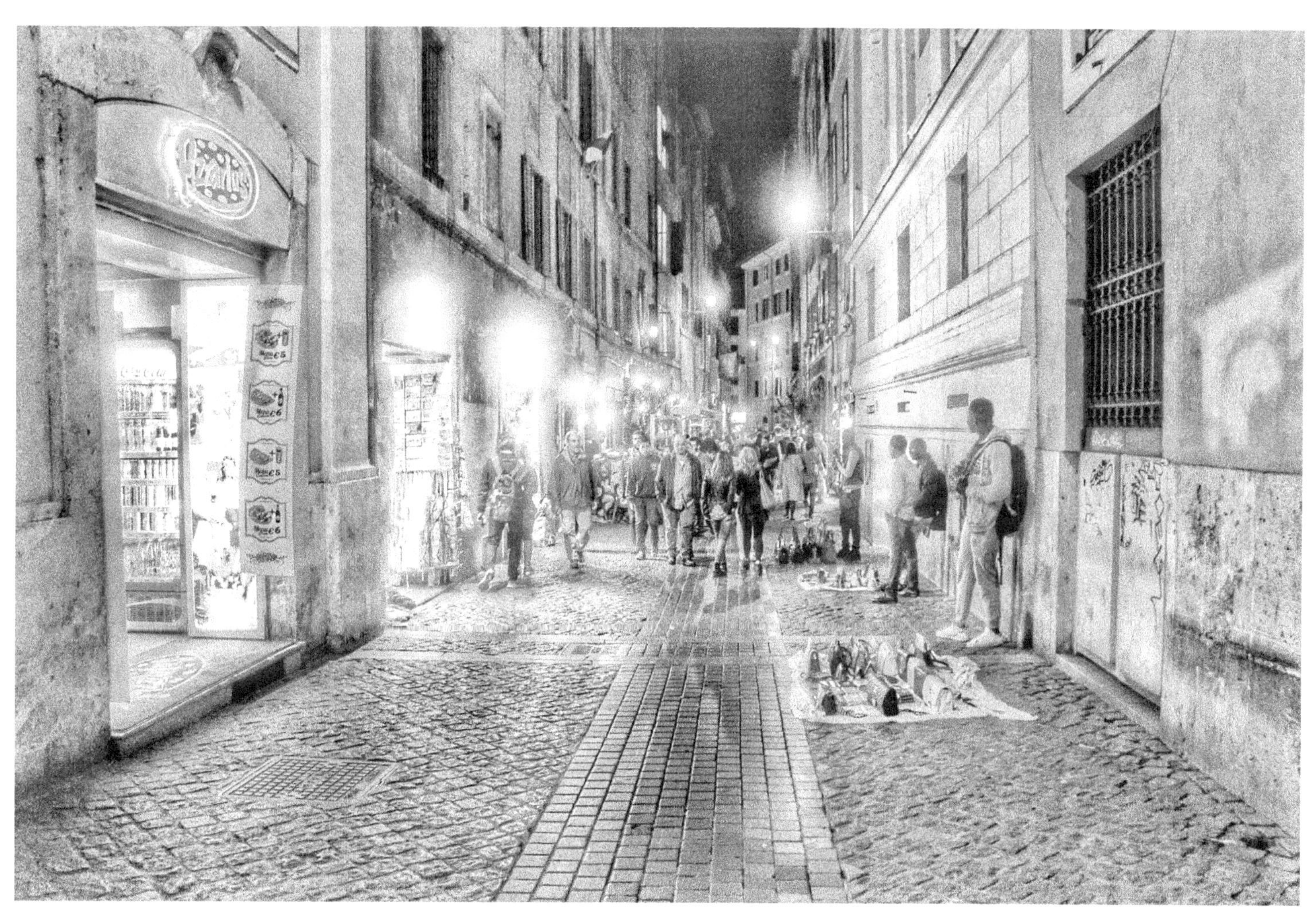

Via delle Muratte

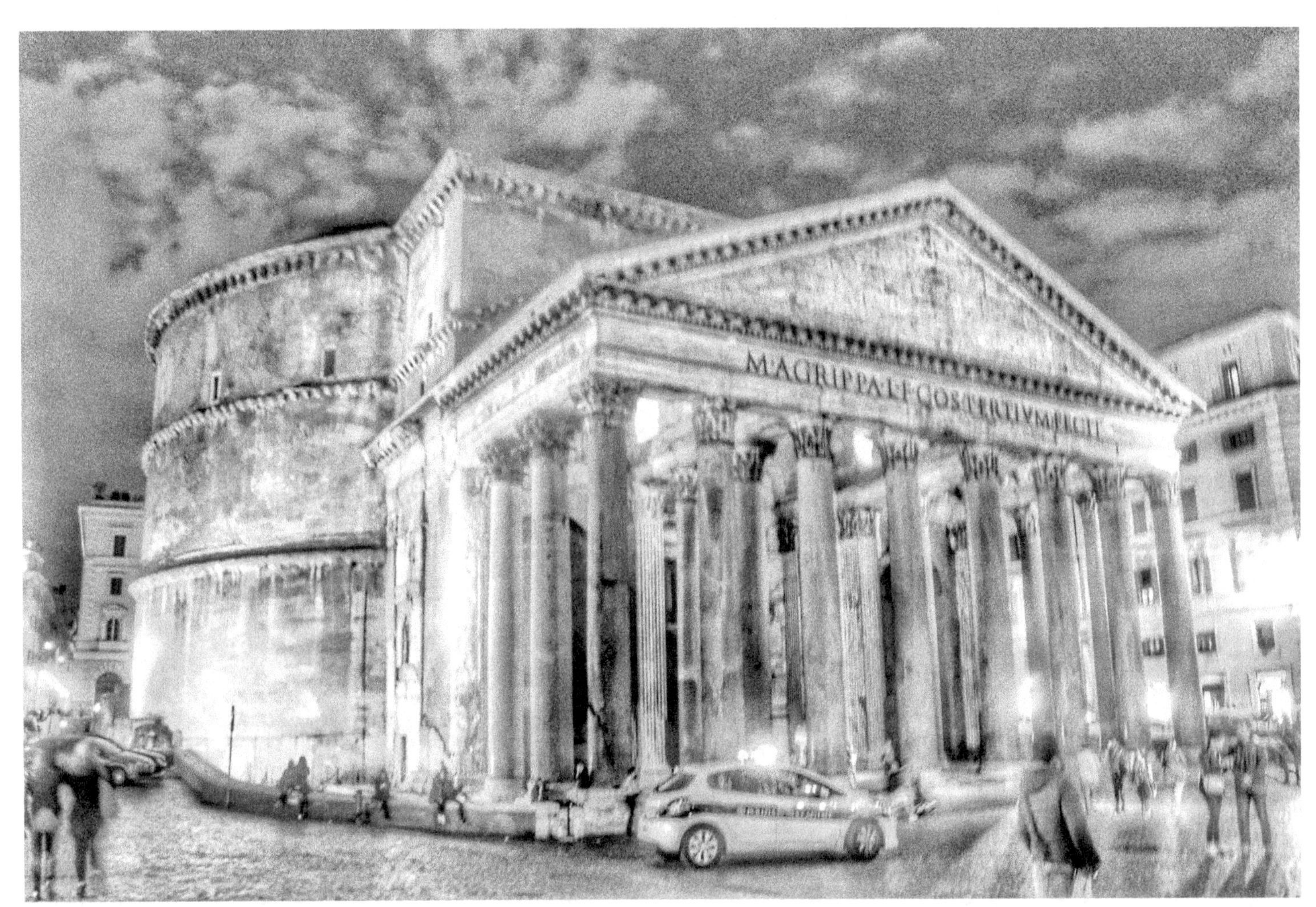

Pantheon

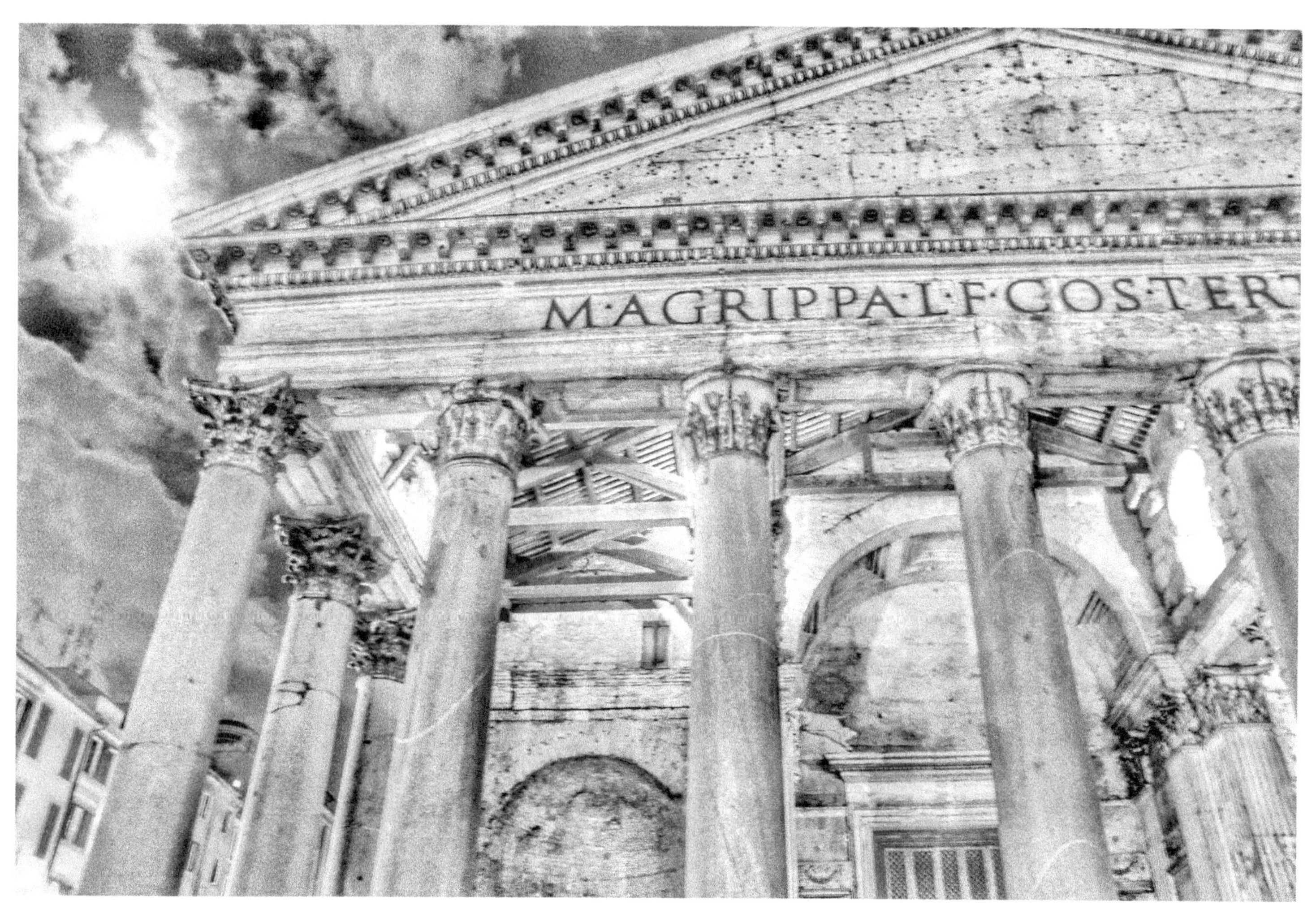

Pantheon

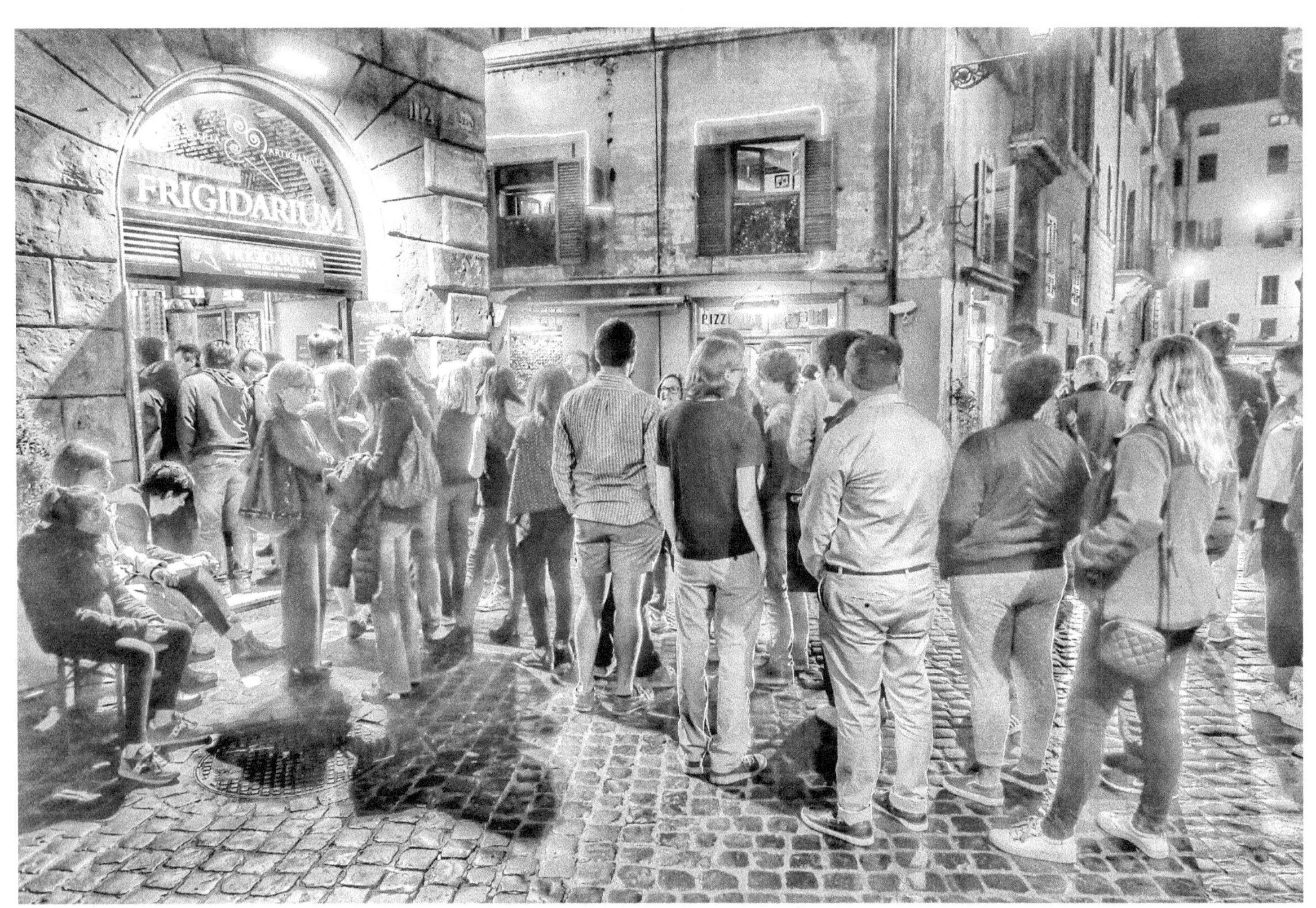

Via del Governo Vecchio

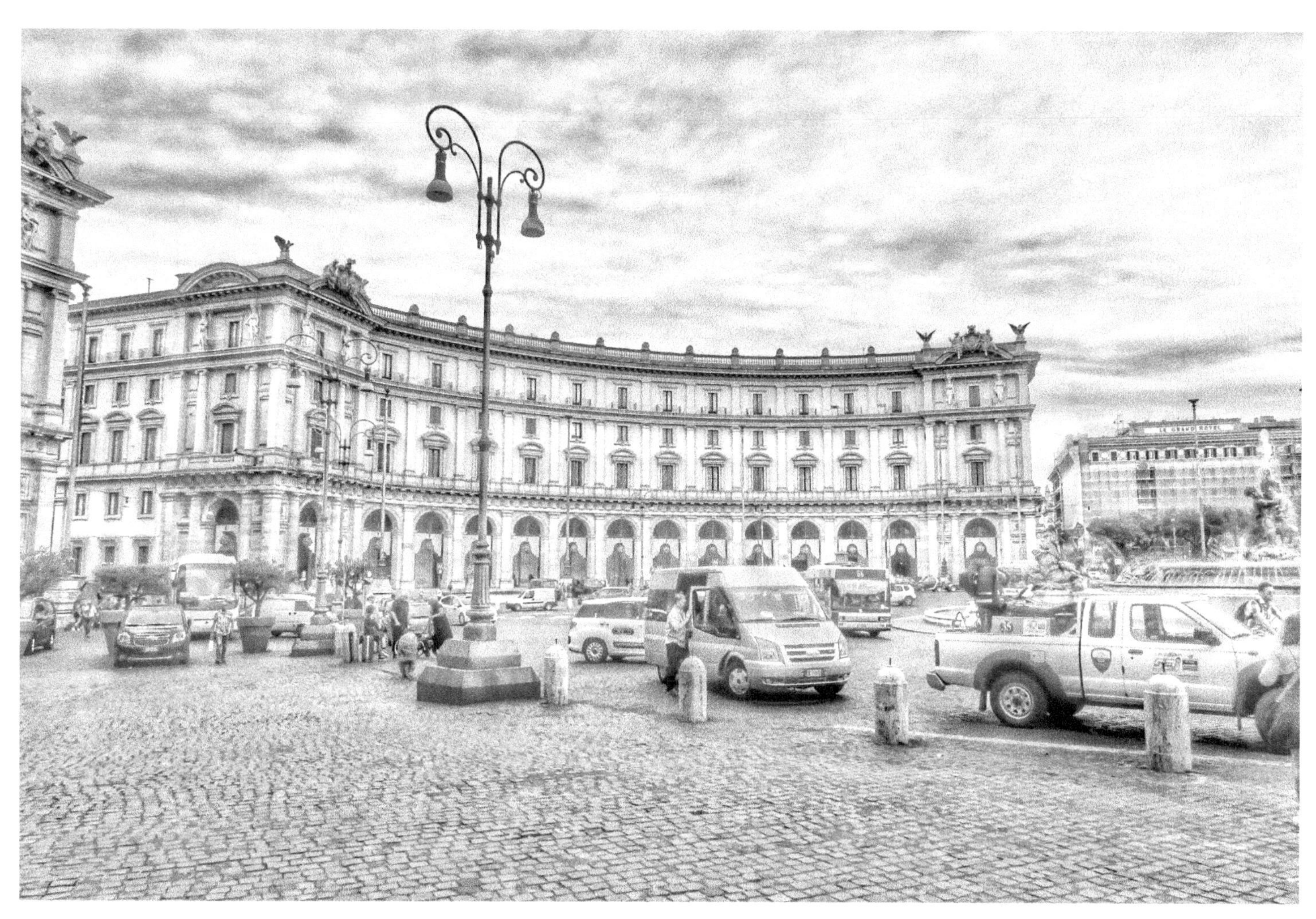

Piazza della Repubblica

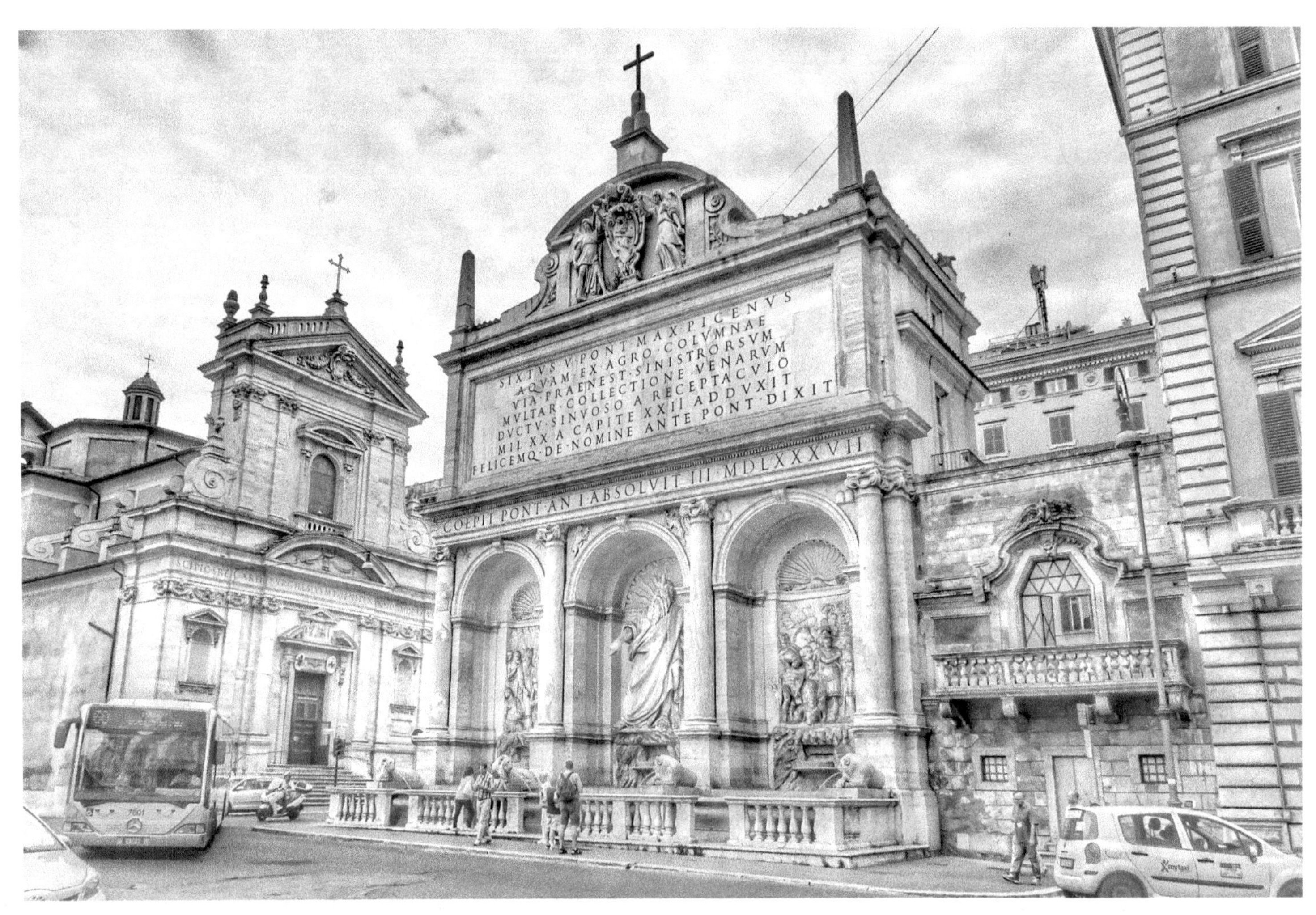

Piazza di San Bernardo

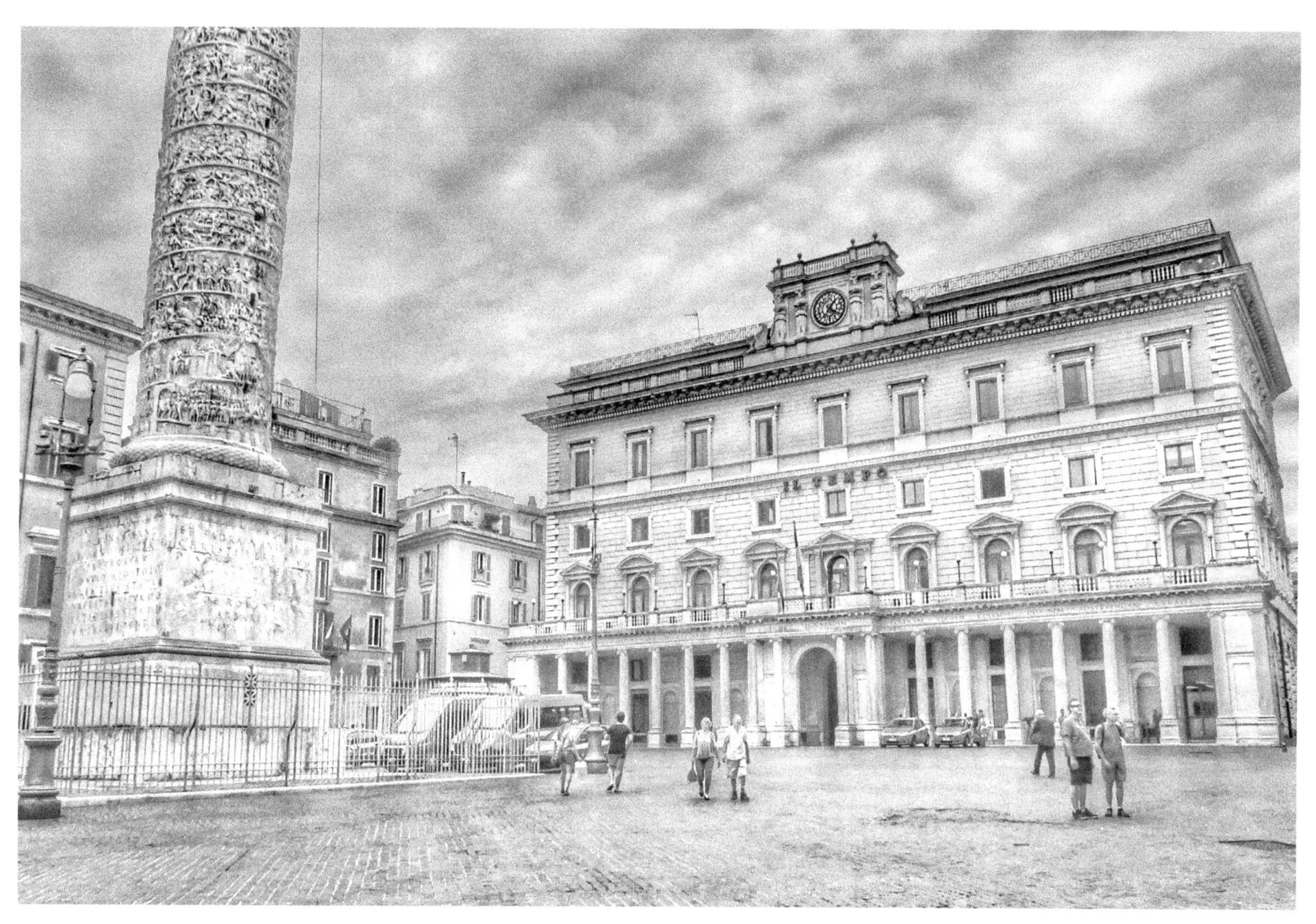

Piazza Colonna

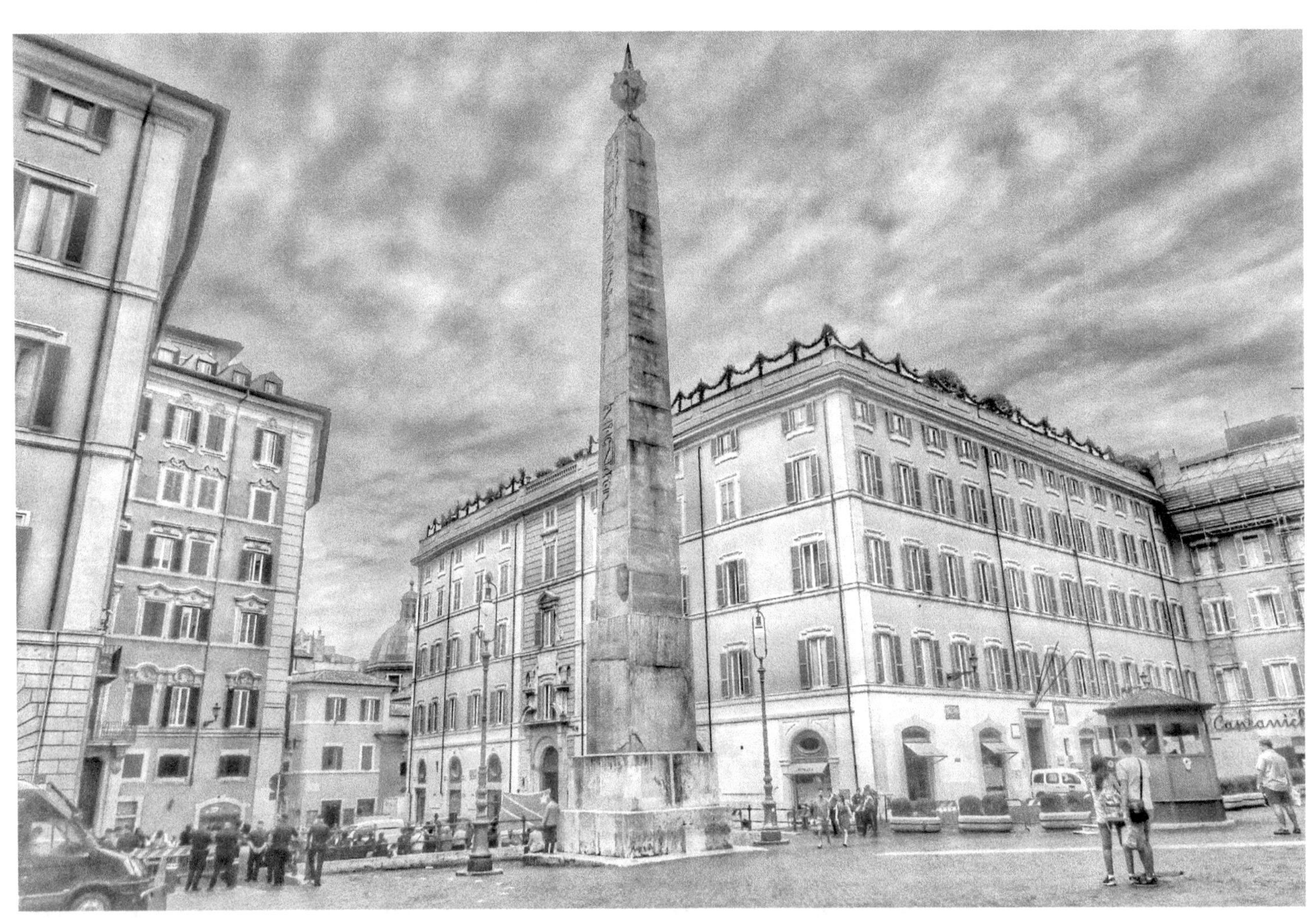

Piazza di Monte Citorio

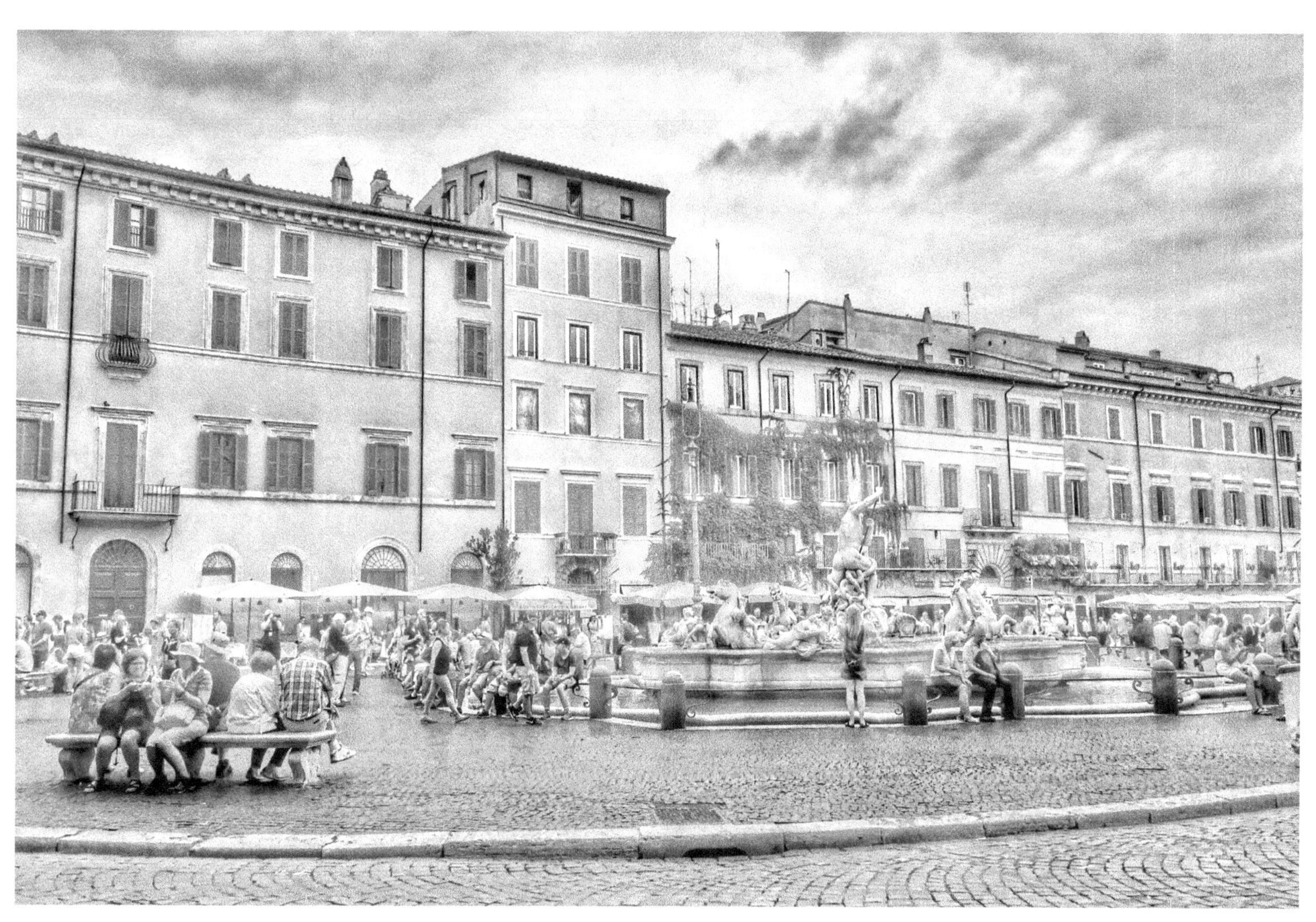

Piazza Navona

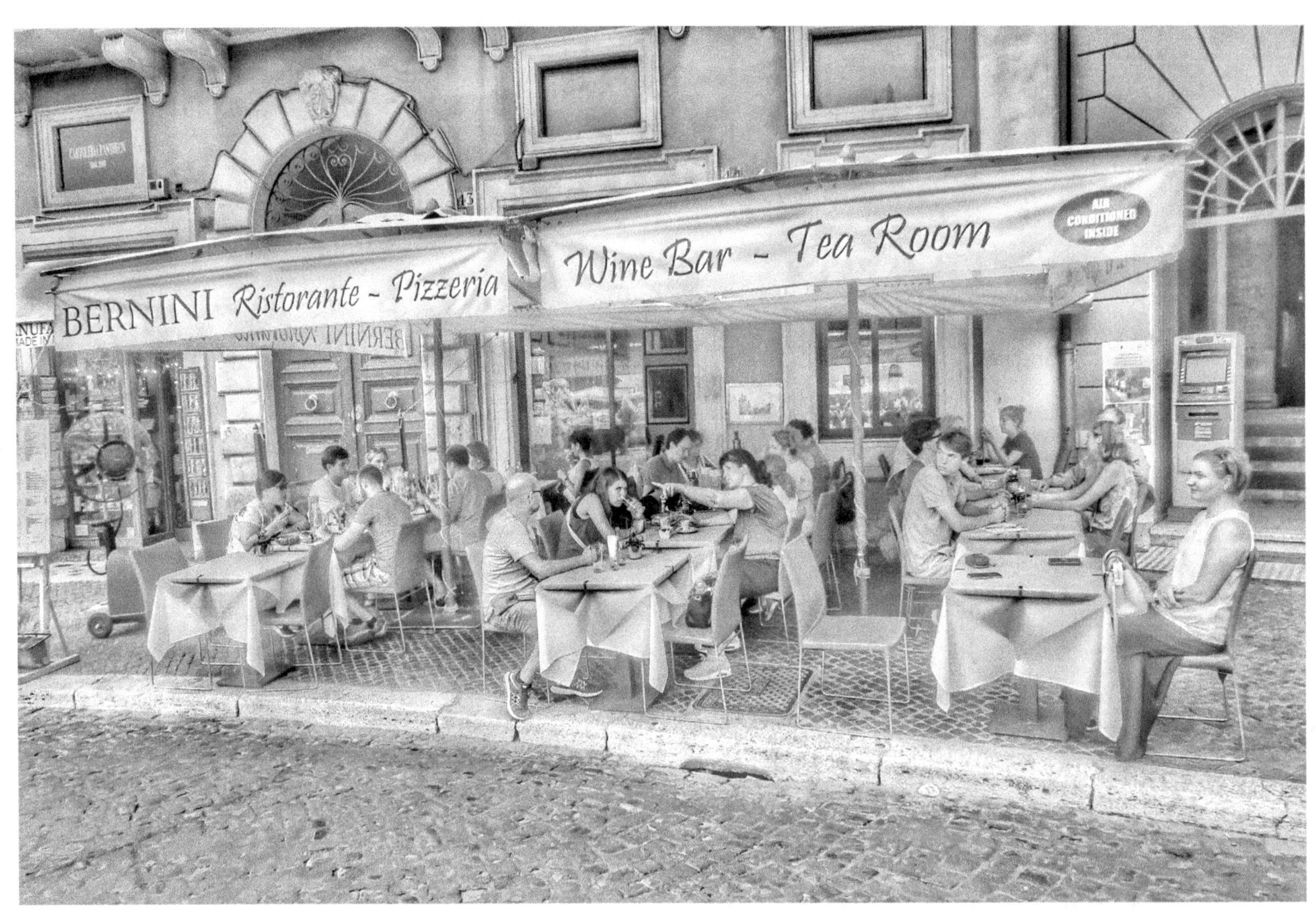

Piazza Navona

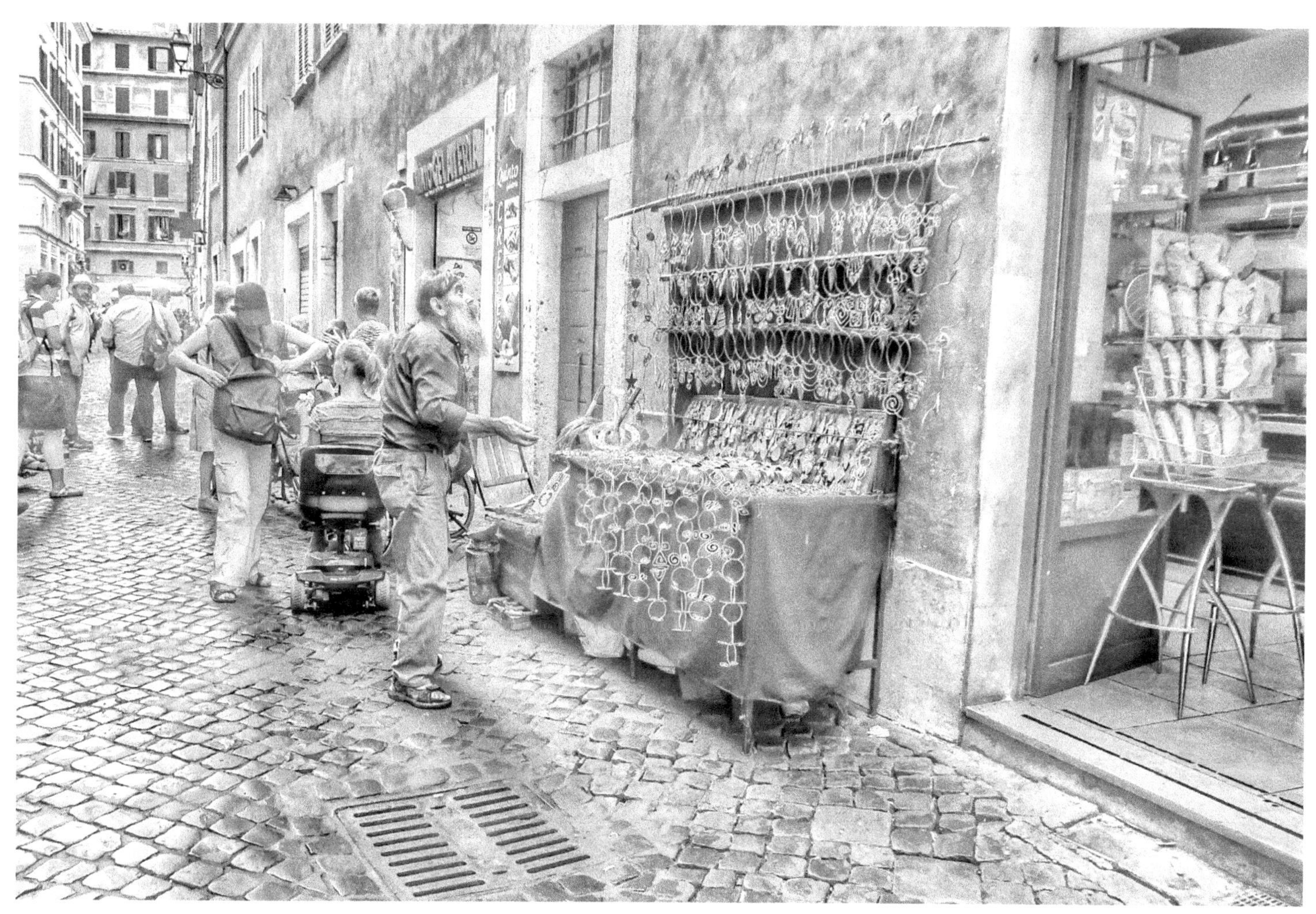

Via di Tor Millina

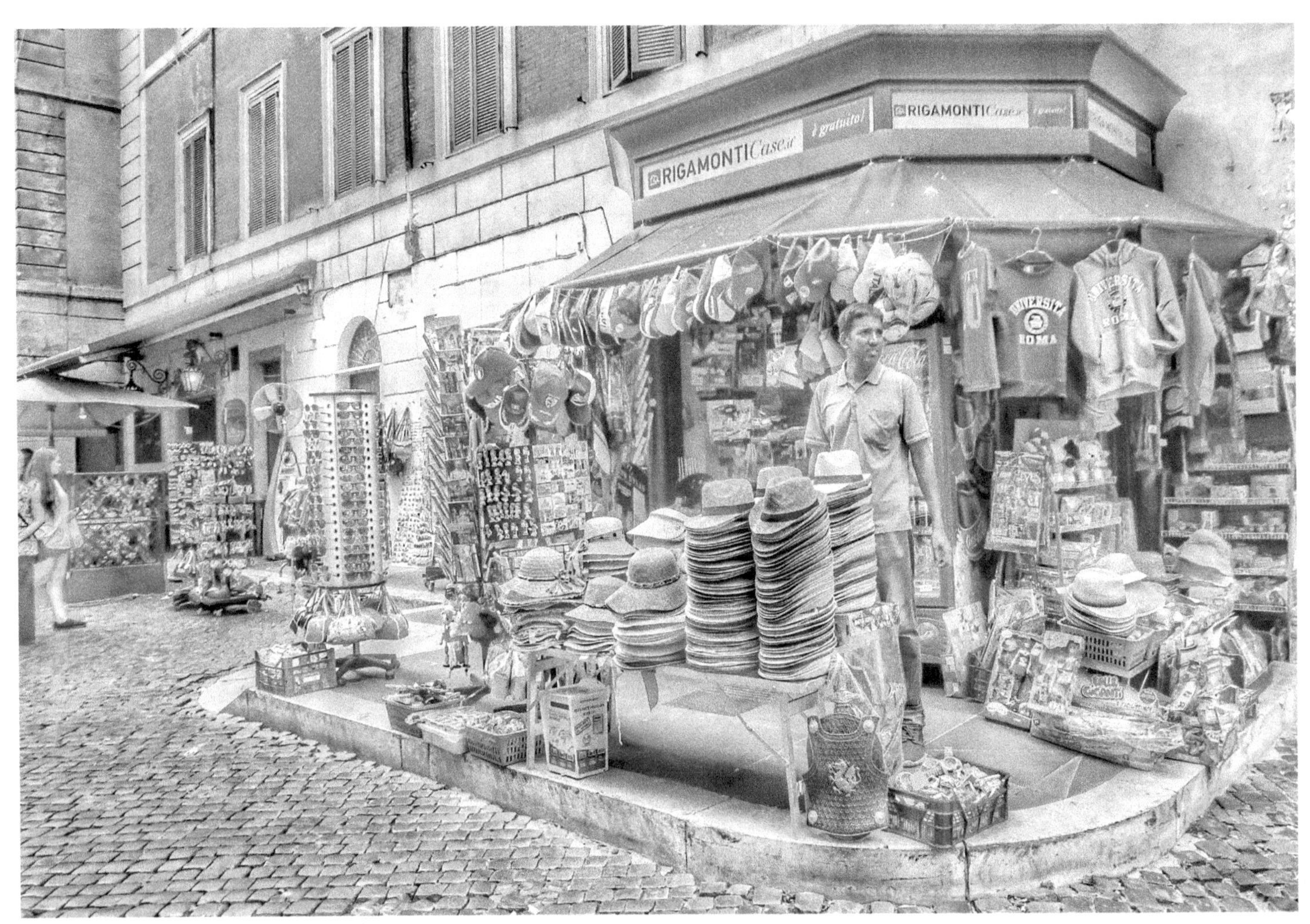

Via della Pace

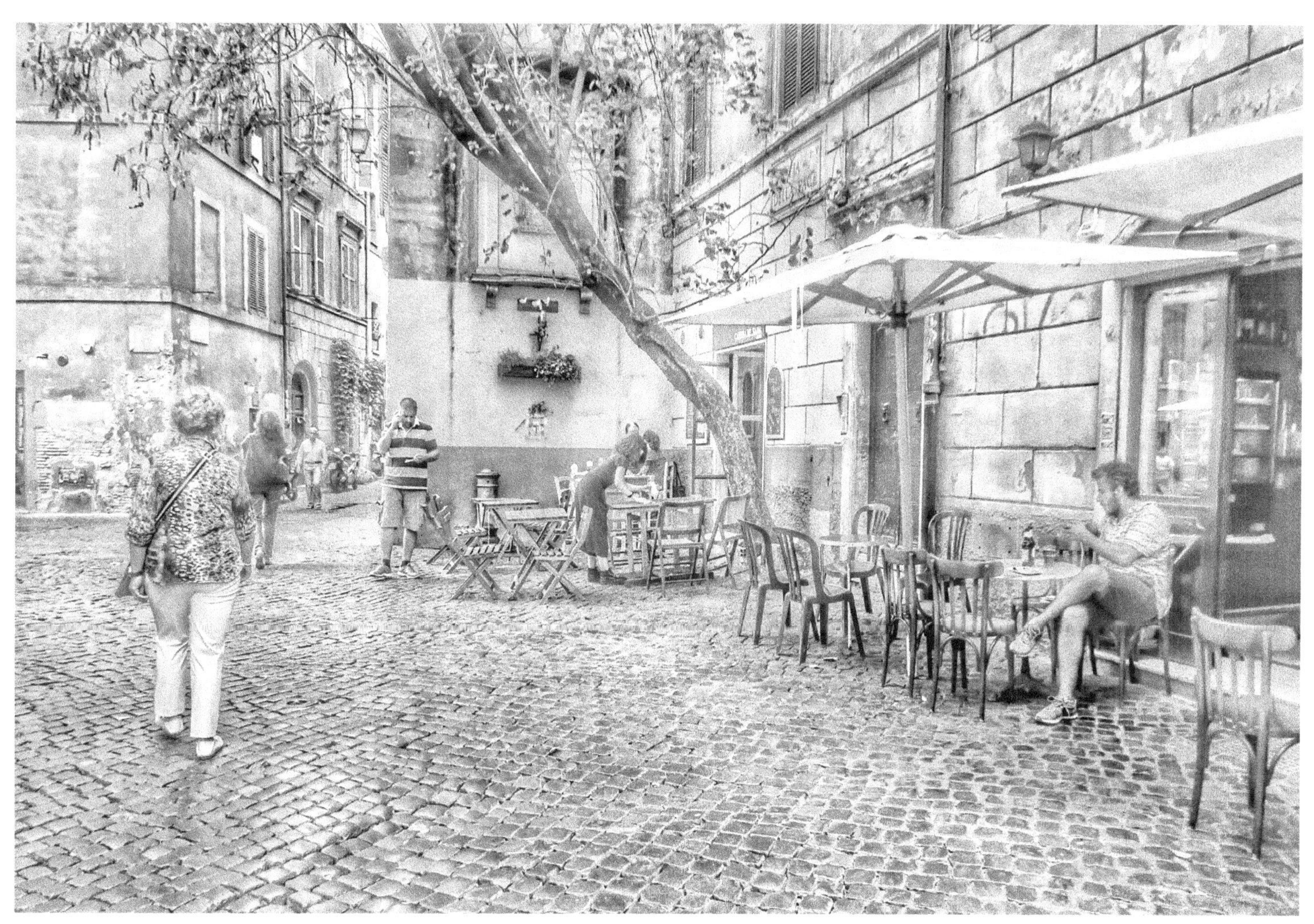

Via della Pace

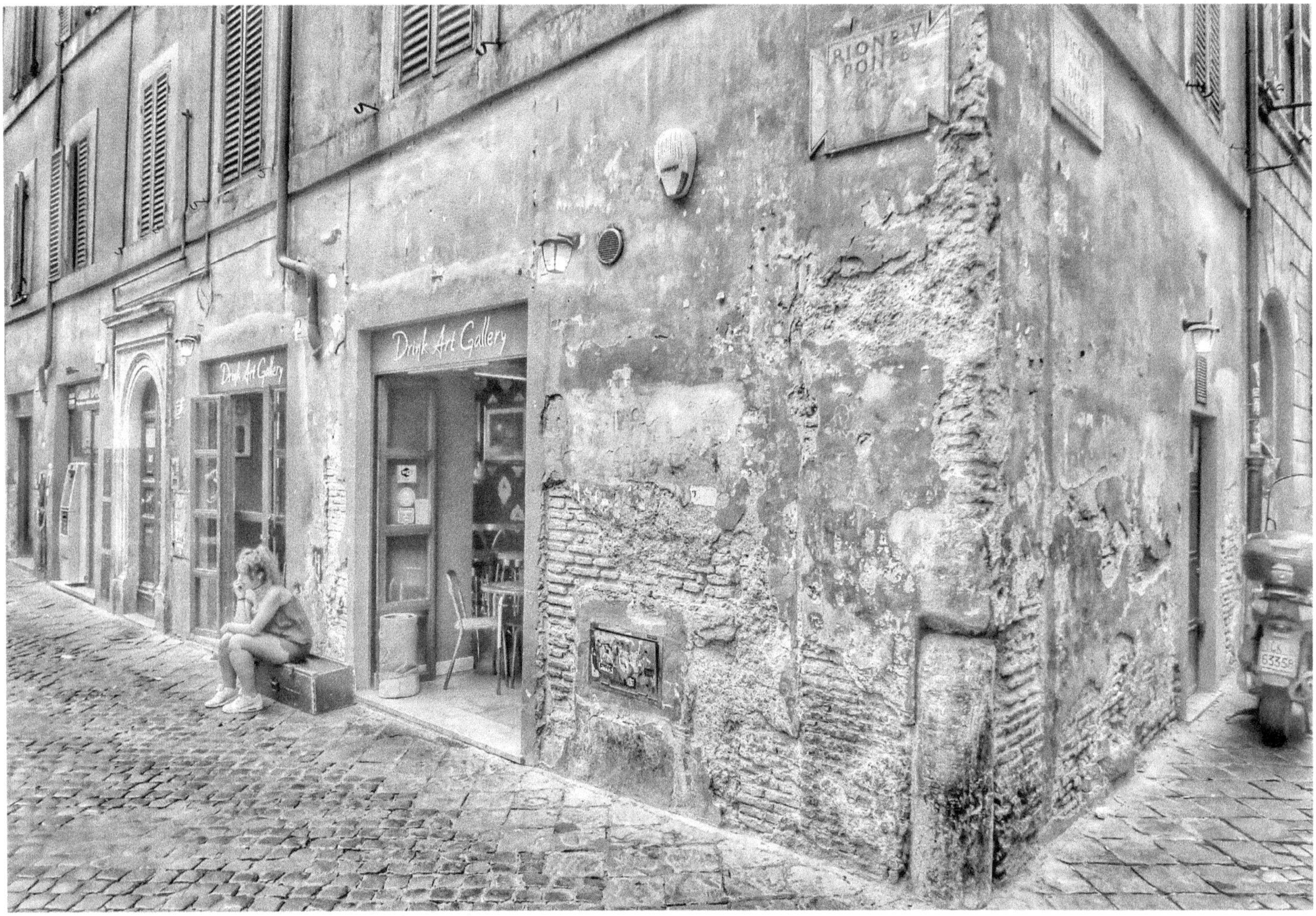

Piazza del Fico

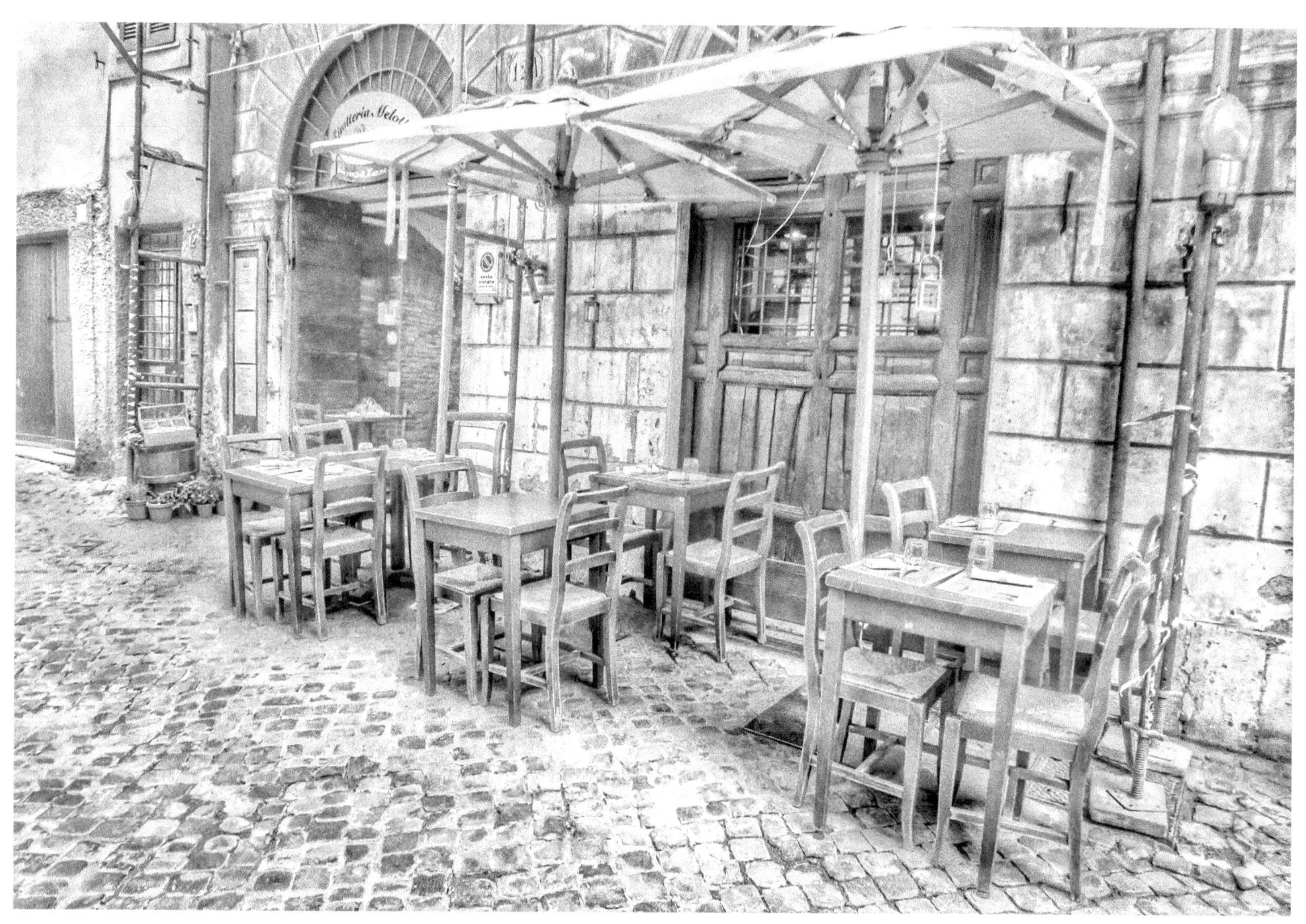

Vicolo delle Vacche

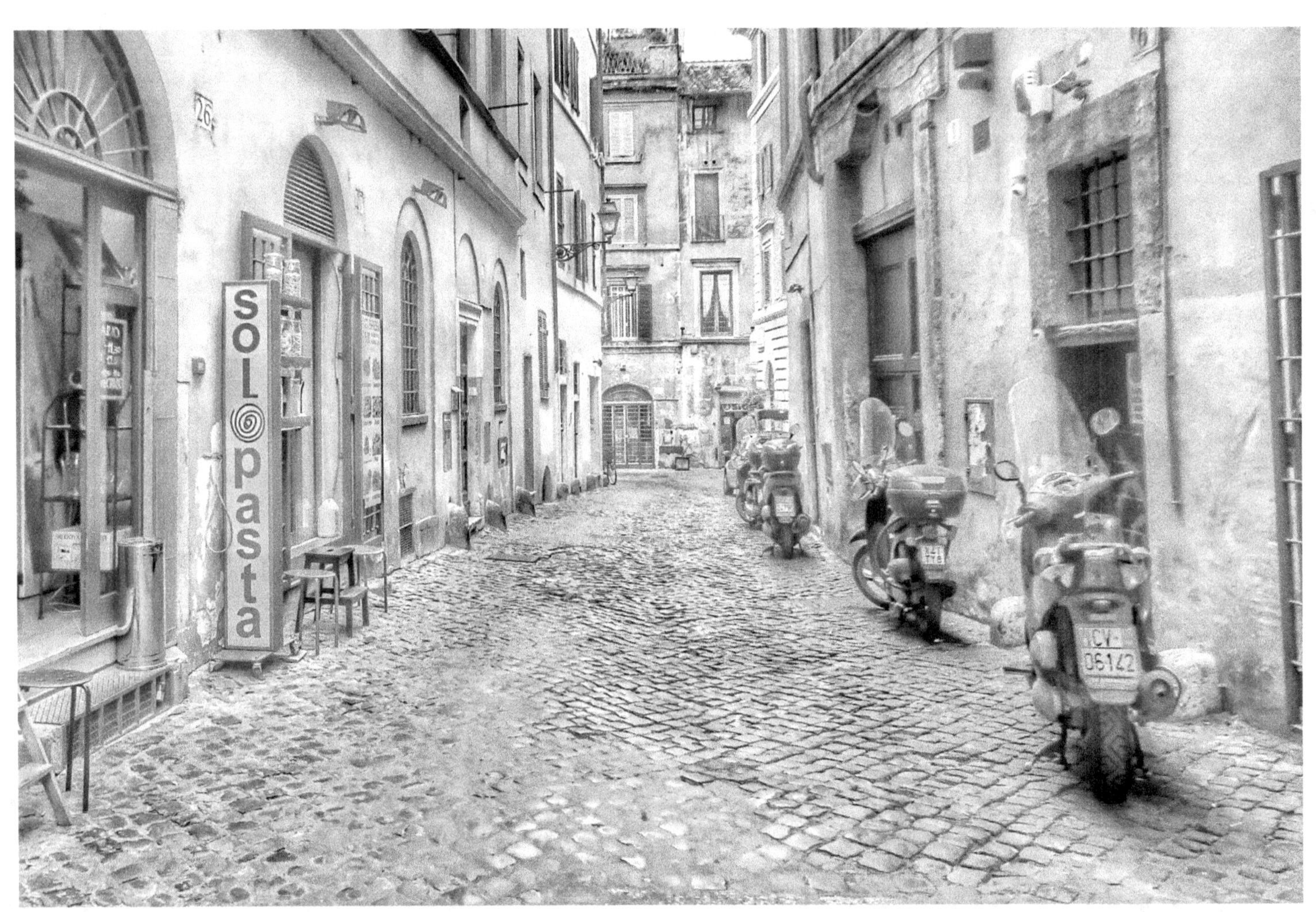

Vicolo delle Vacche

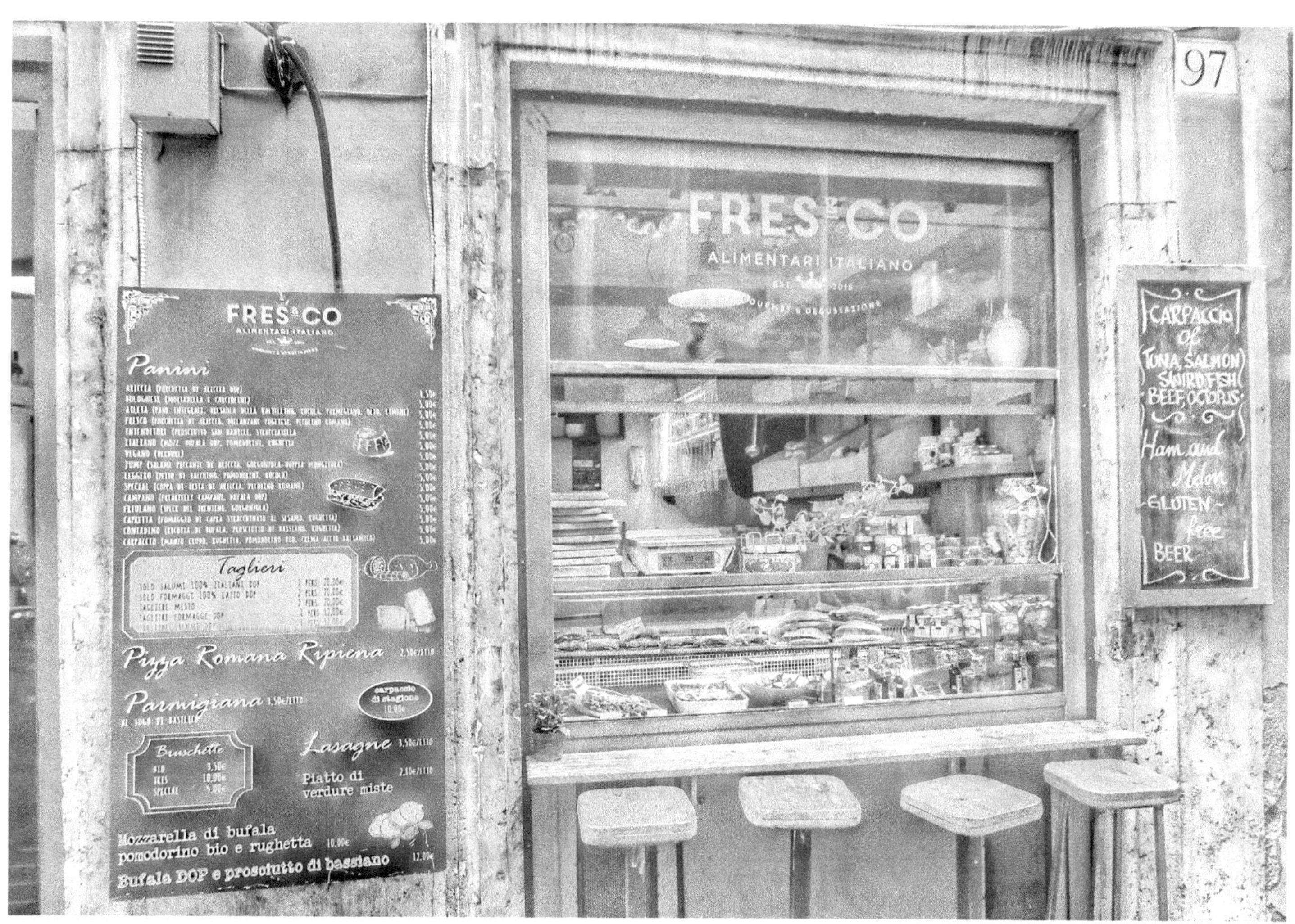

97
FRES&CO
ALIMENTARI ITALIANO
CARPACCIO
OF
TUNA, SALMON,
SWORDFISH,
BEEF, OCTOPUS
Ham and
Melon
GLUTEN ~
free
BEER

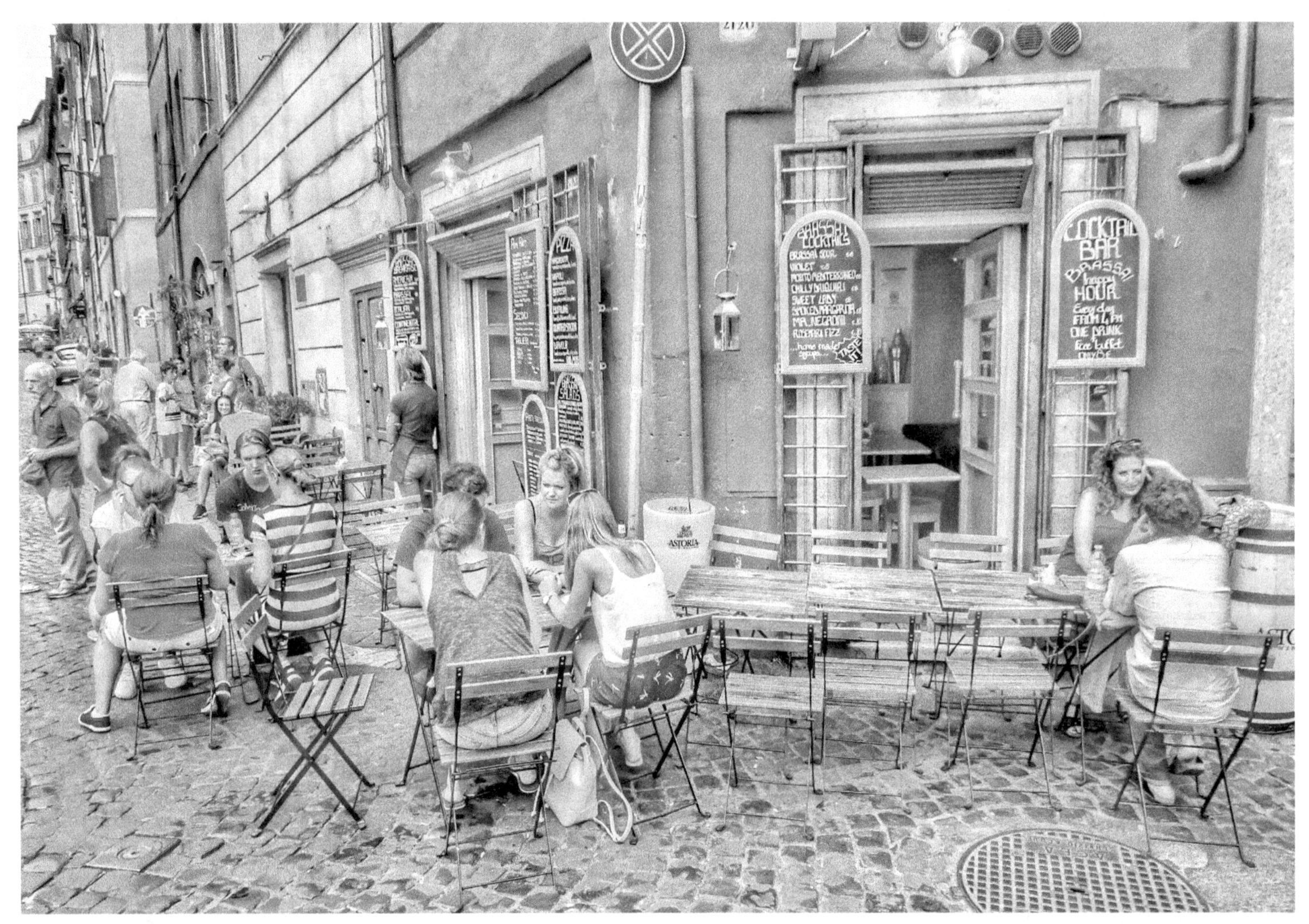

Via di Panico

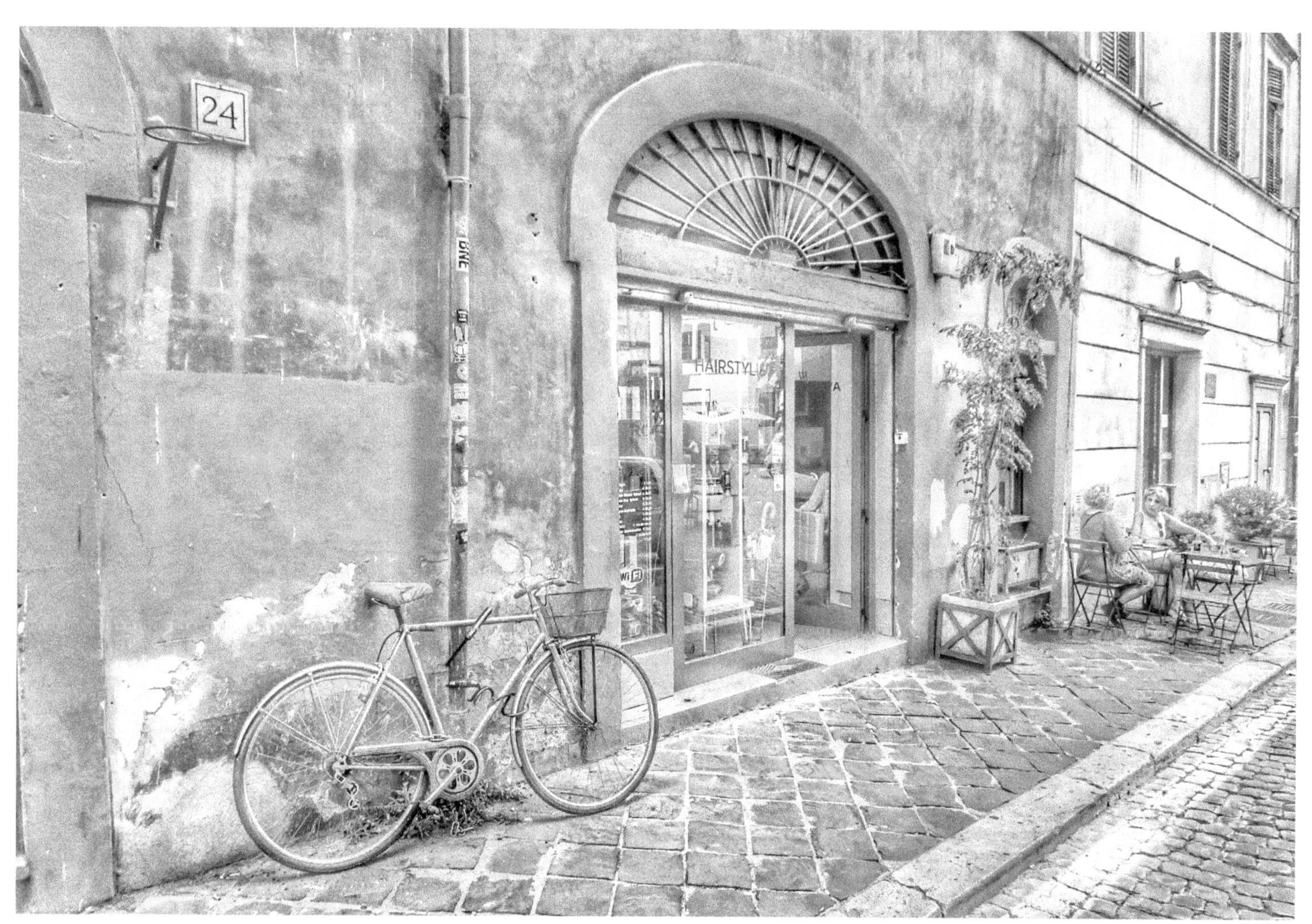

Via di Panico

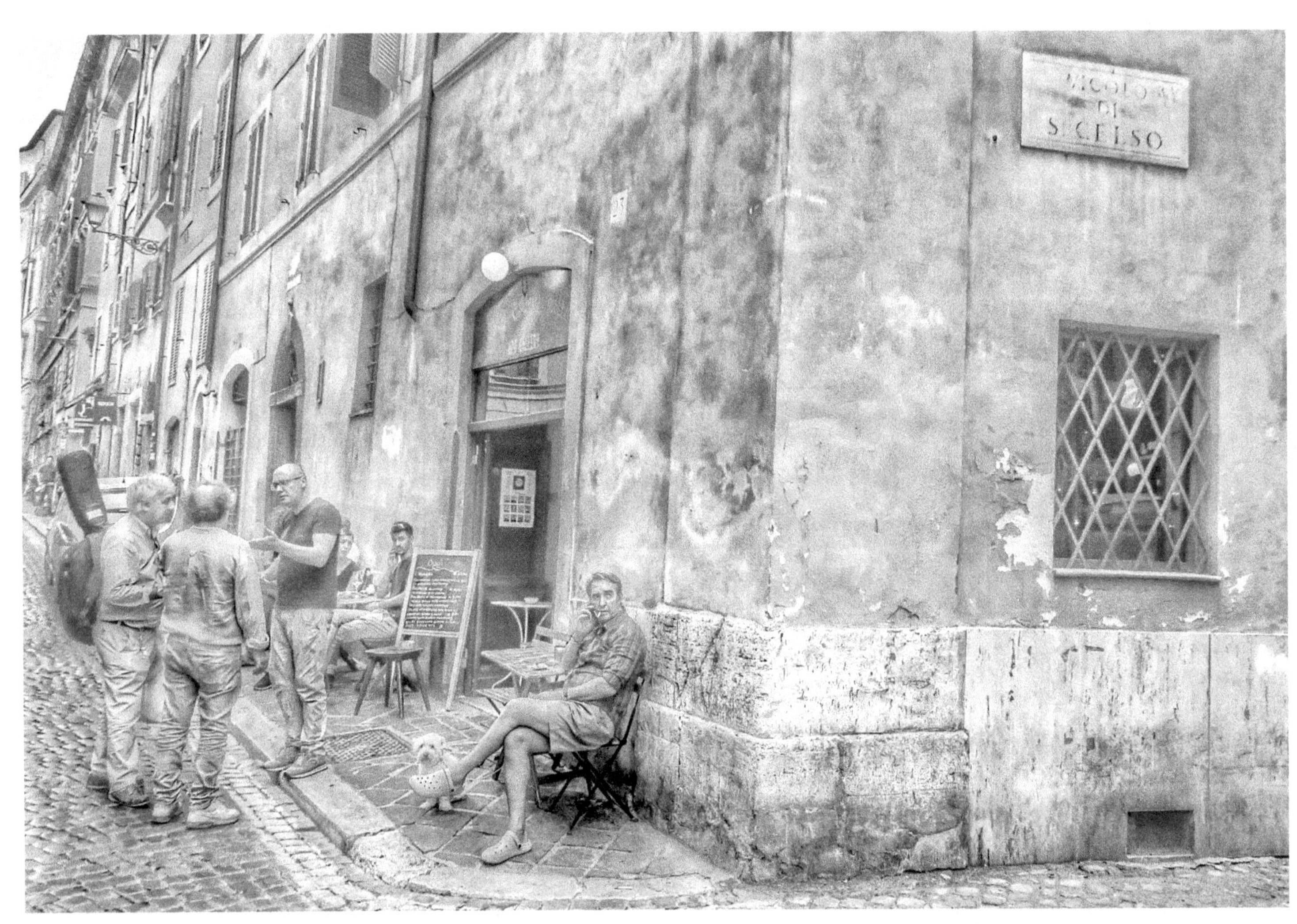

Vicolo di San Celso

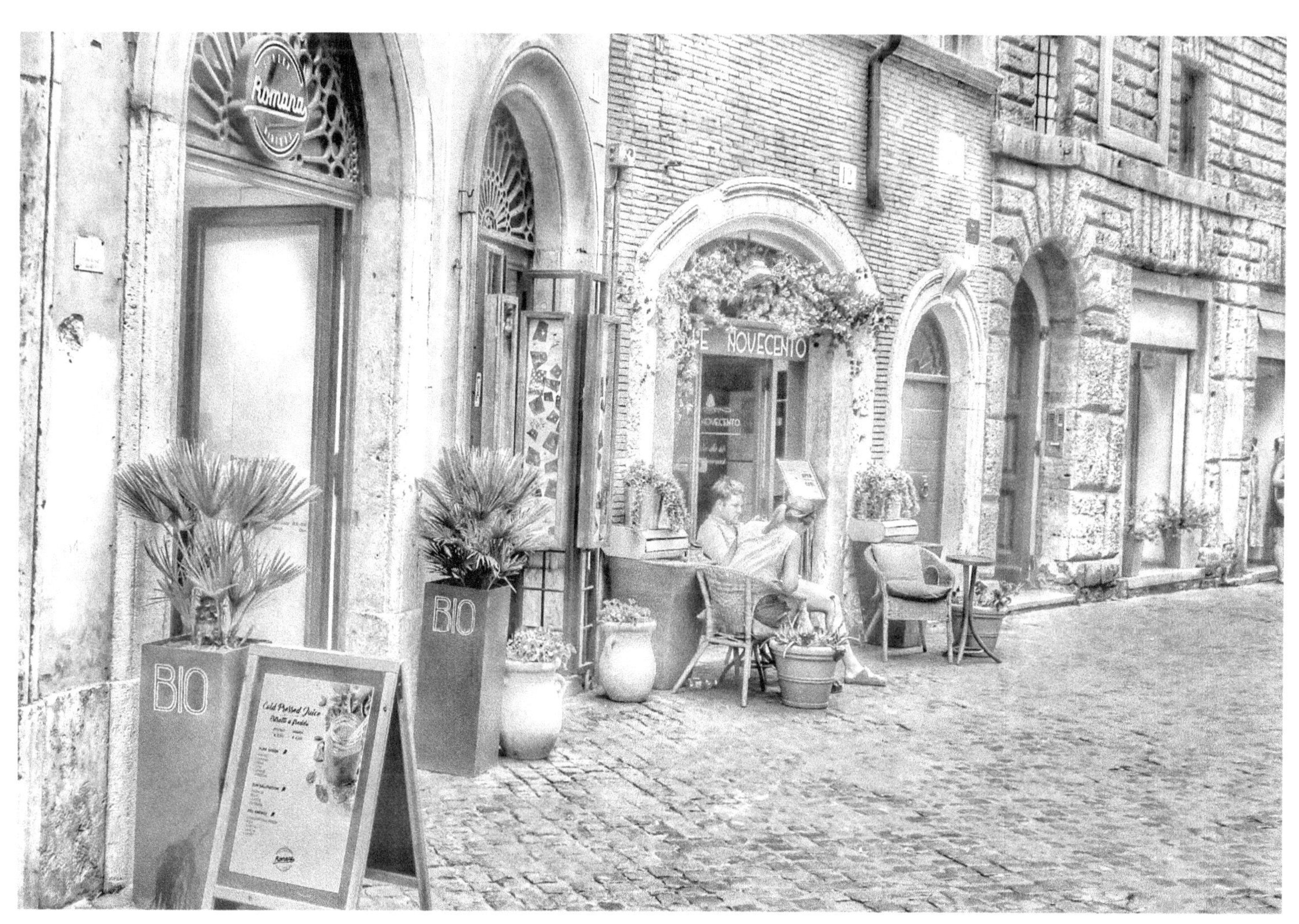

Via del Governo Vecchio

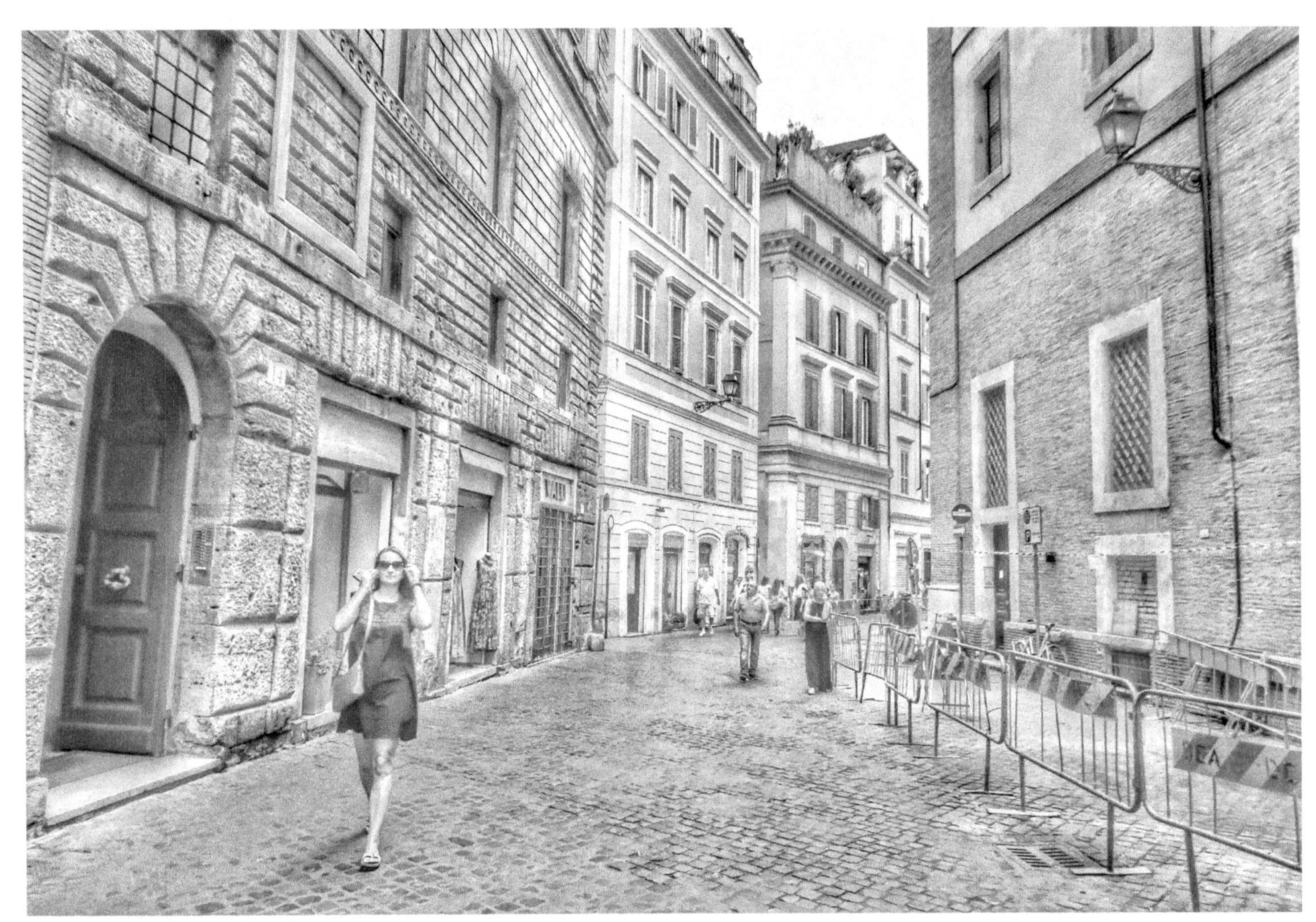

Via del Governo Vecchio

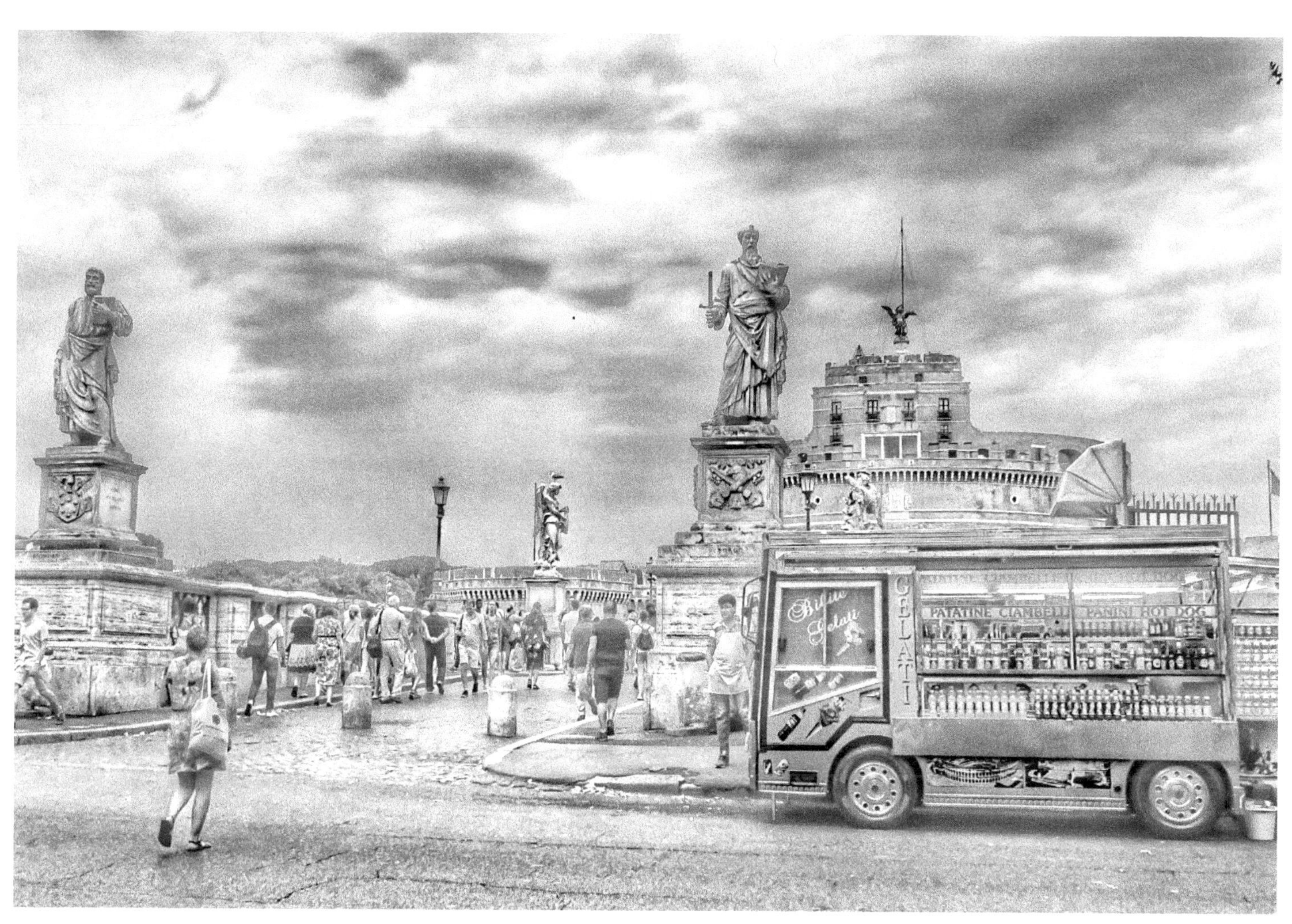

Piazza di Ponte Sant'Angelo

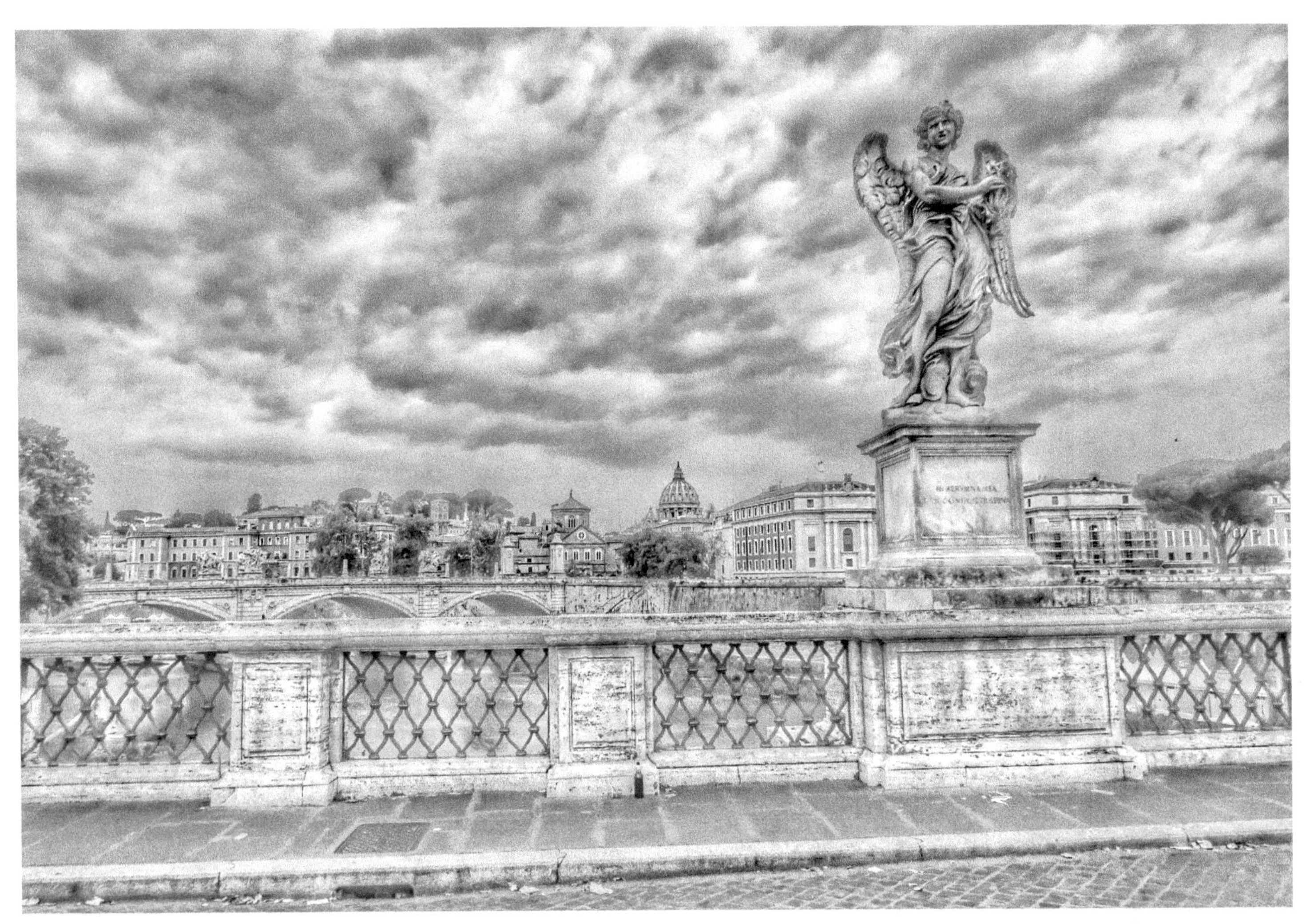

Ponte Sant'Angelo

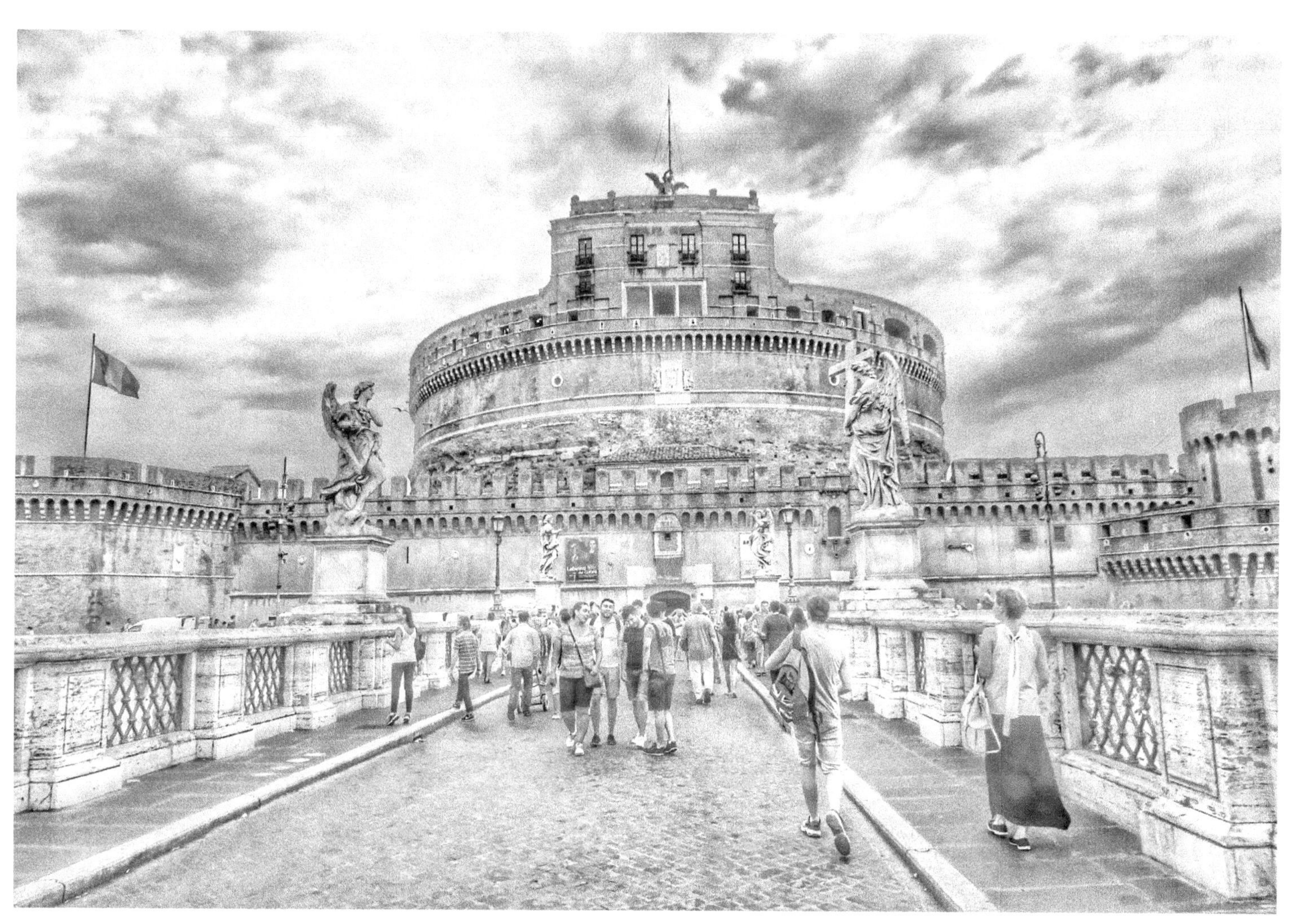

Ponte Sant'Angelo

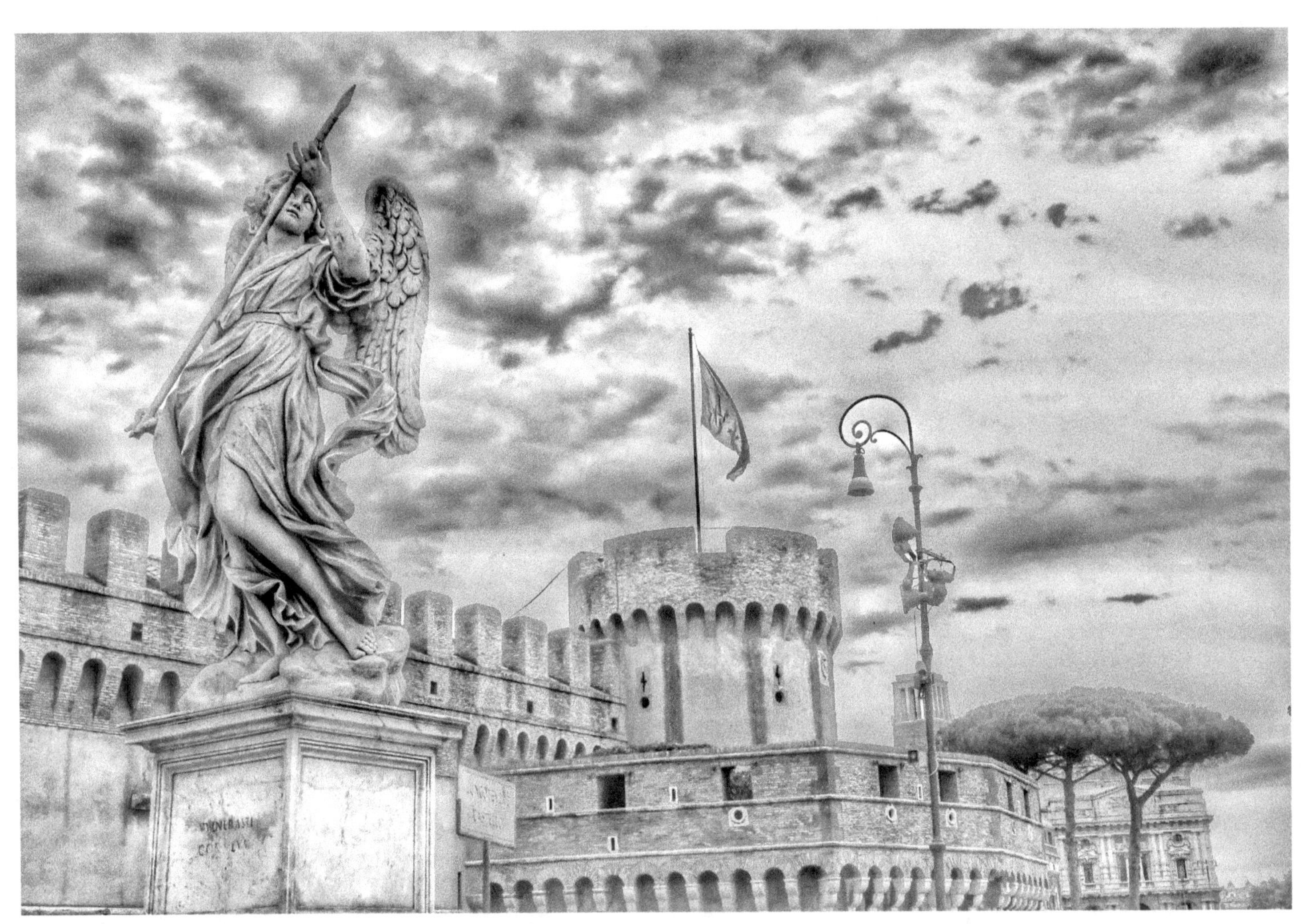

Ponte Sant'Angelo

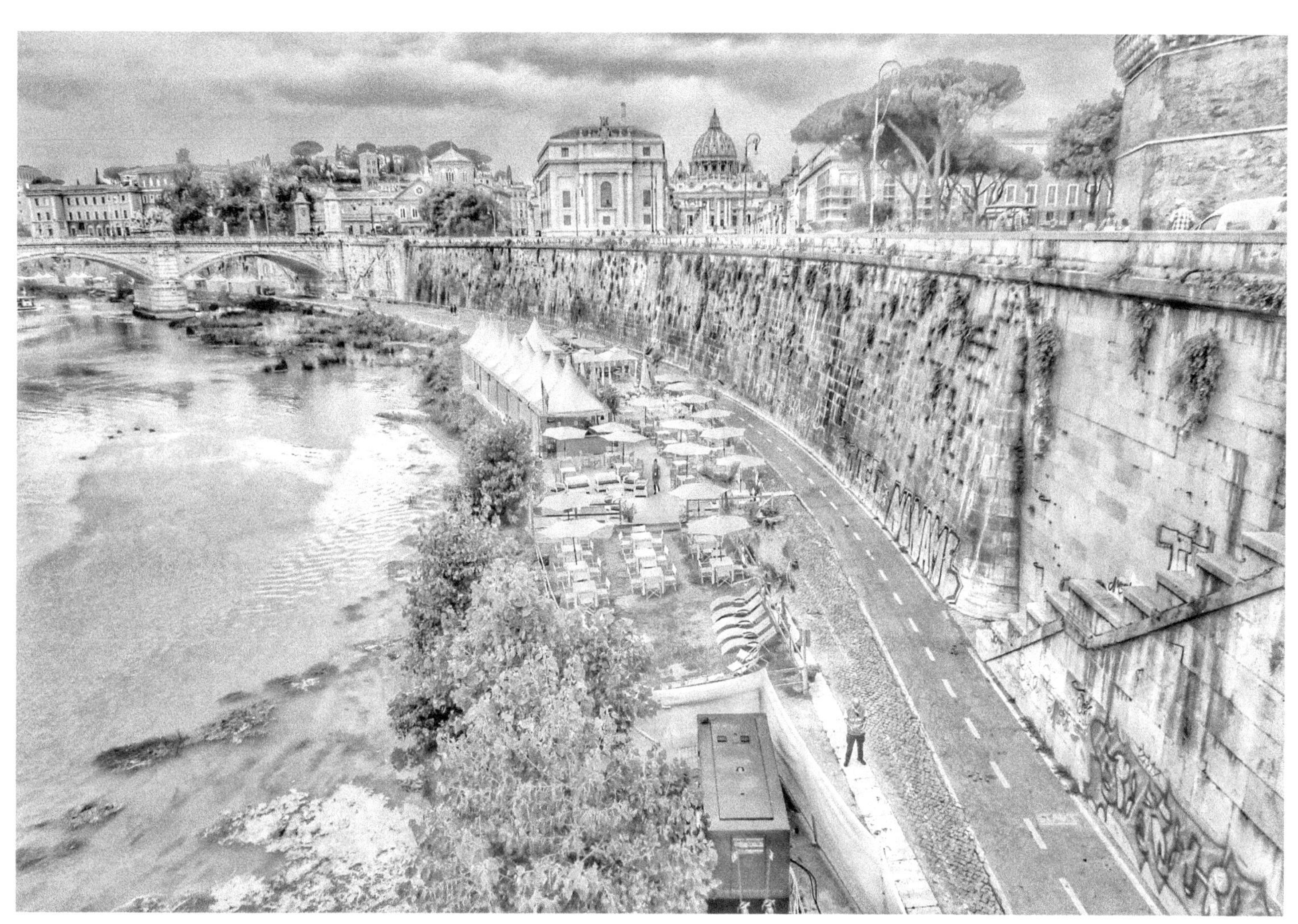

Ponte Sant'Angelo

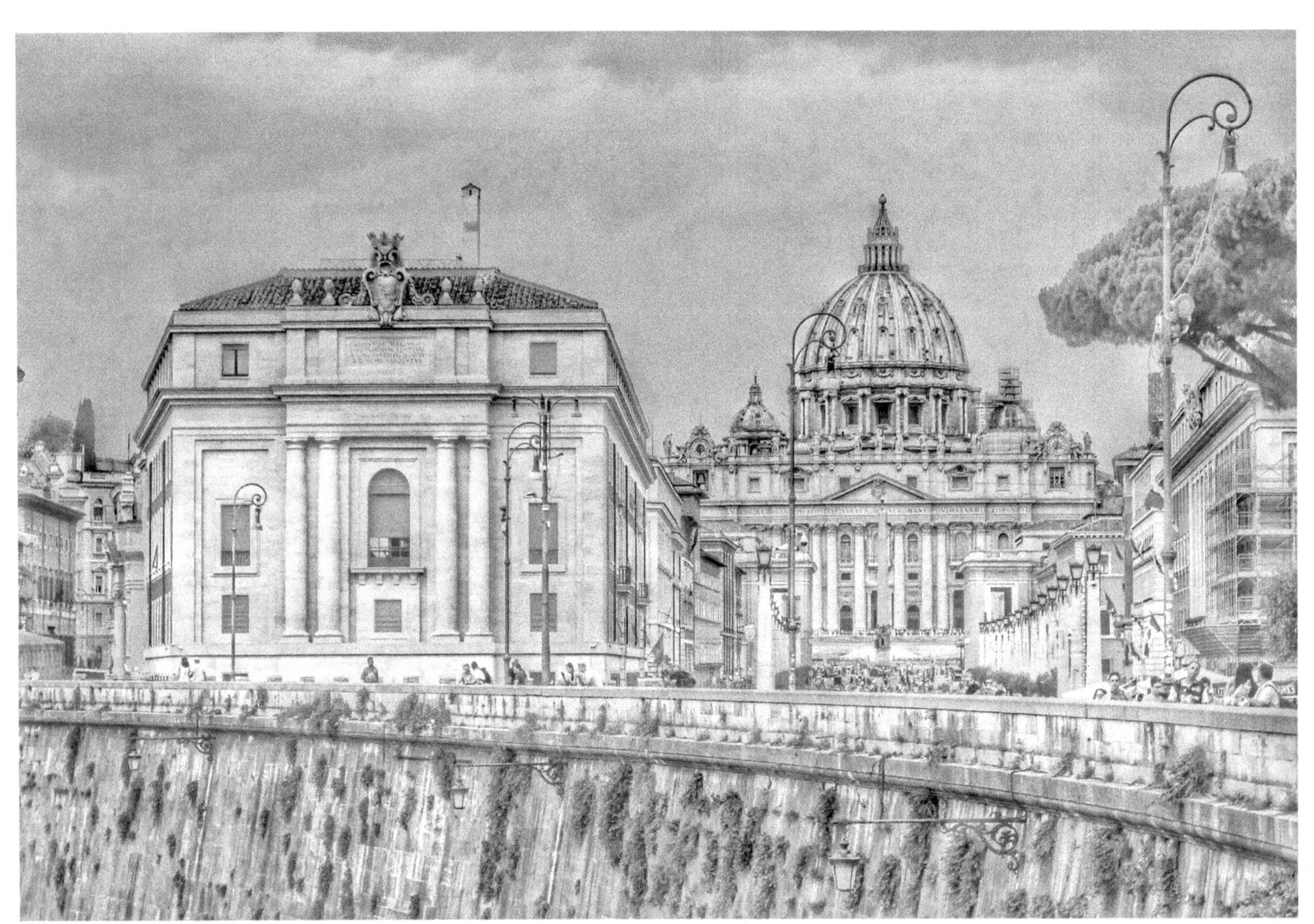

Mainzer Landstraße

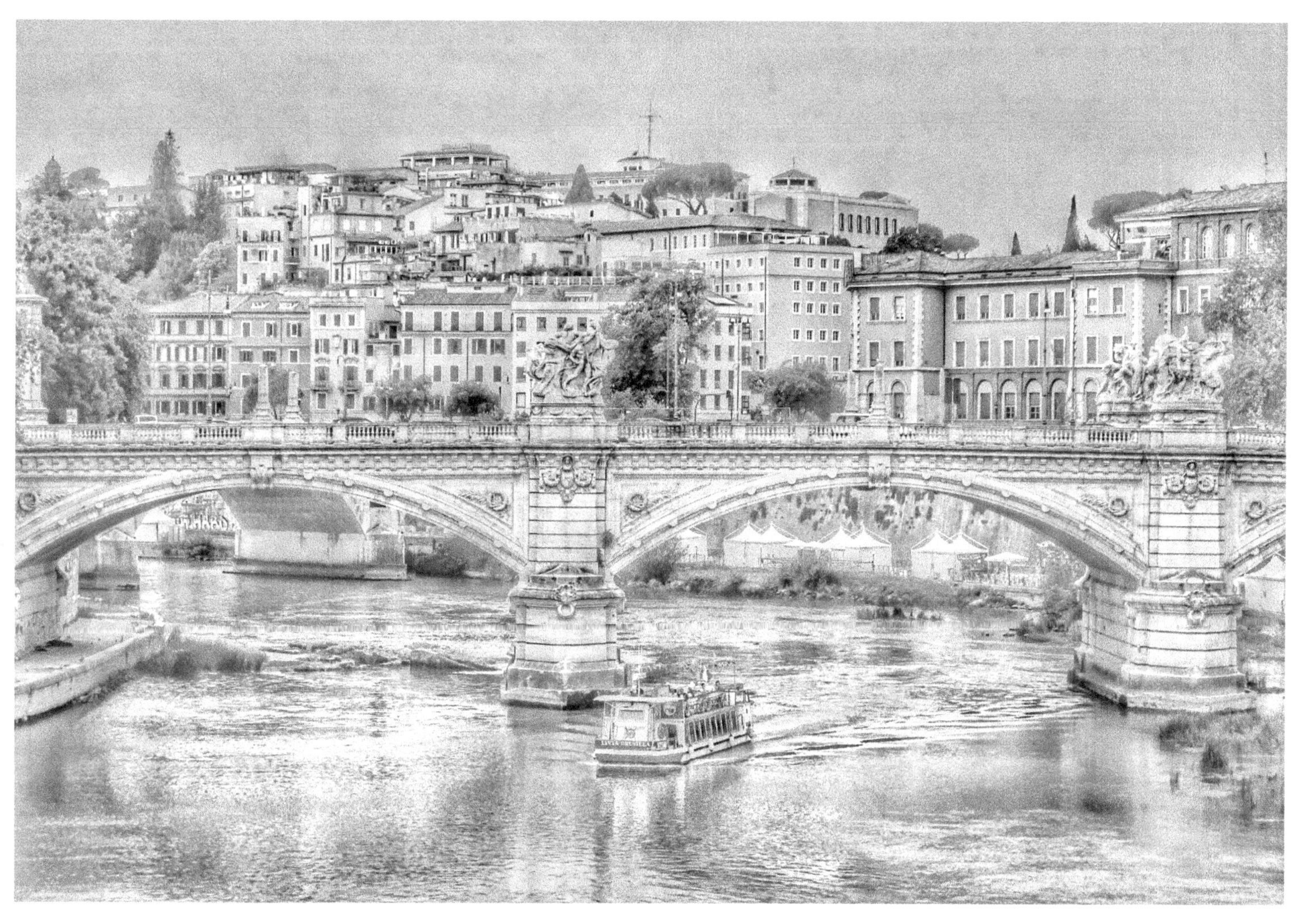

Mainzer Landstraße

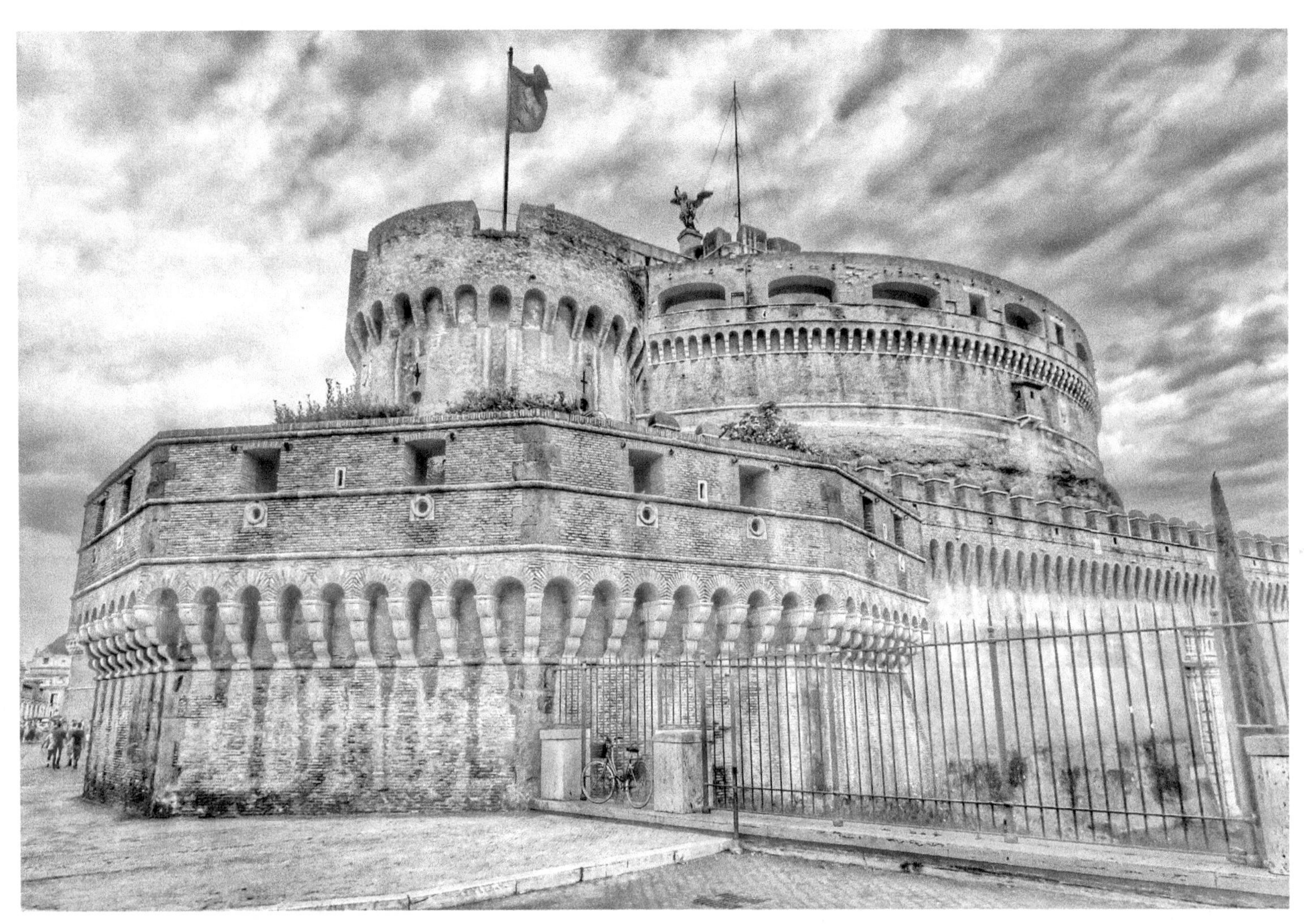

Lungotevere Castello

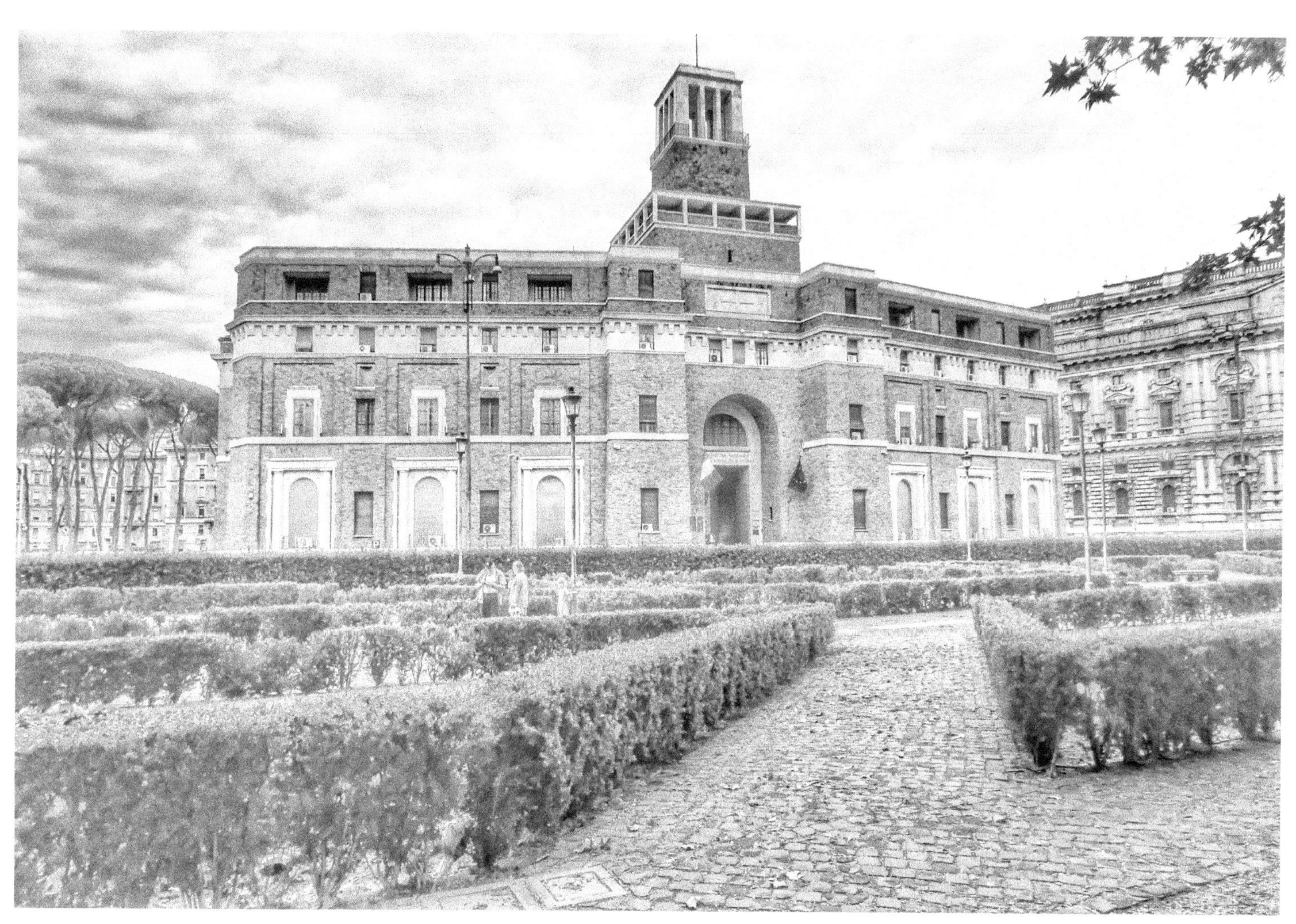

Tribunale di Sorveglianza

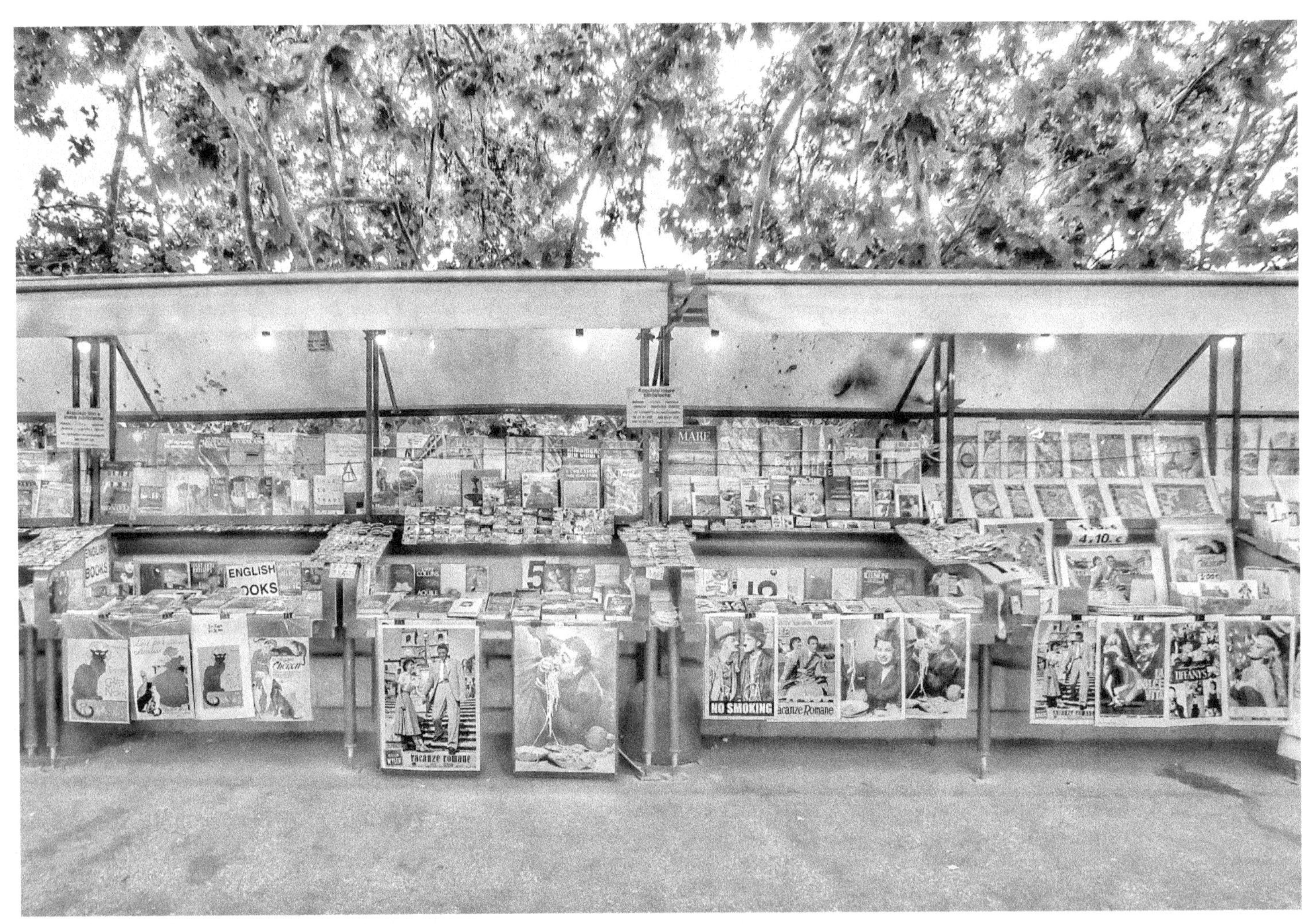

83

Piazza Adriana

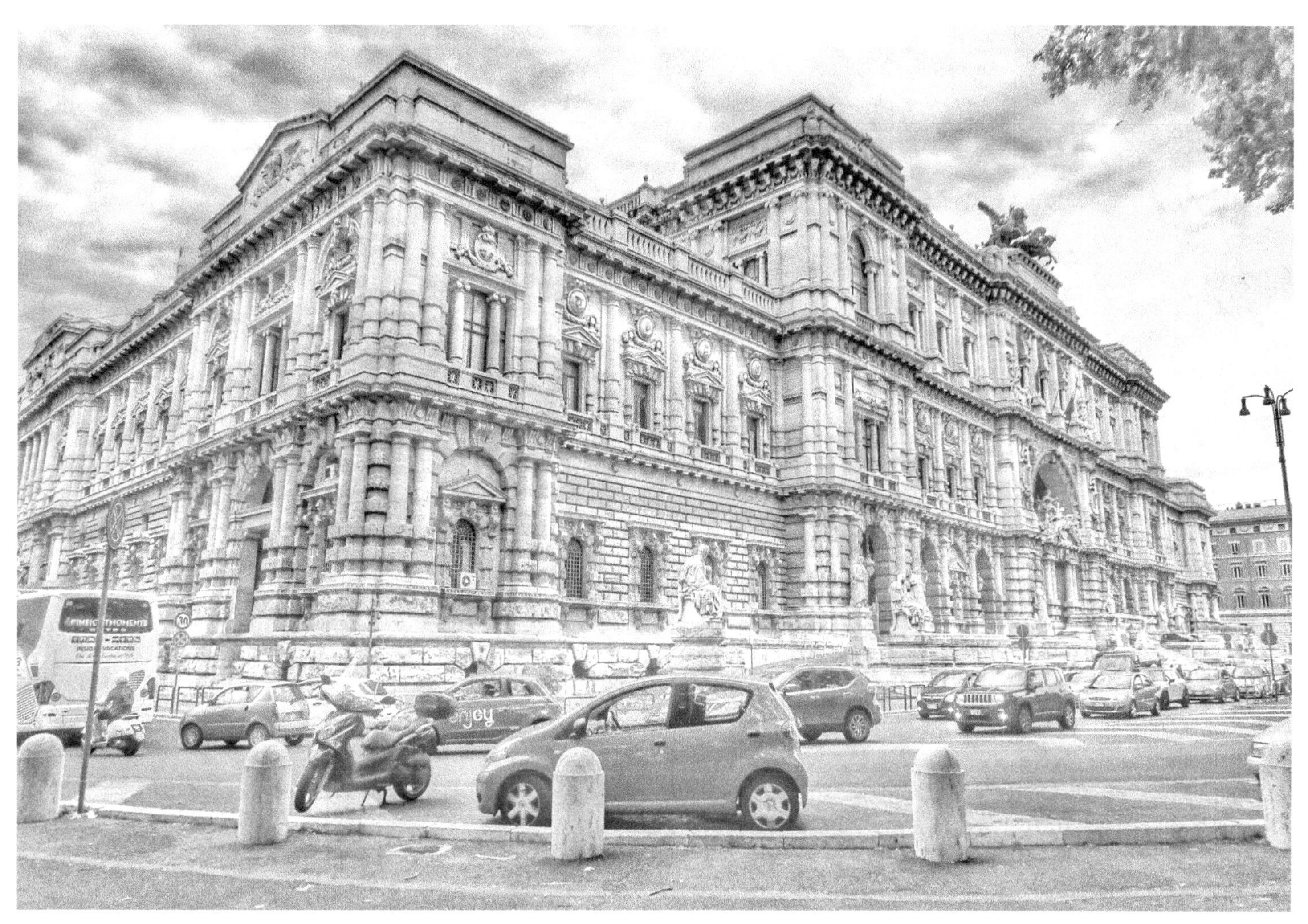

Piazza dei Tribunali

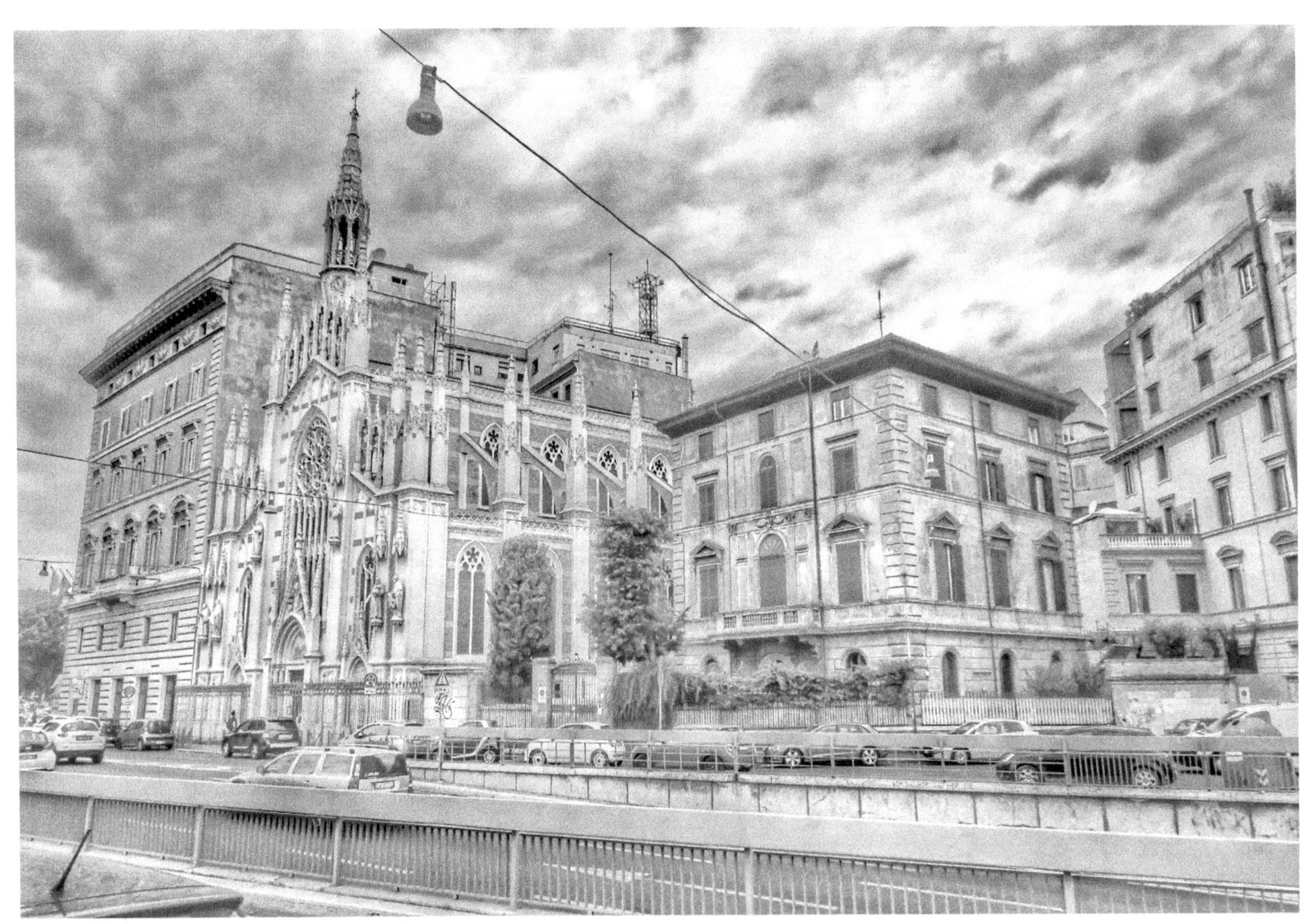

Lungotevere Prati

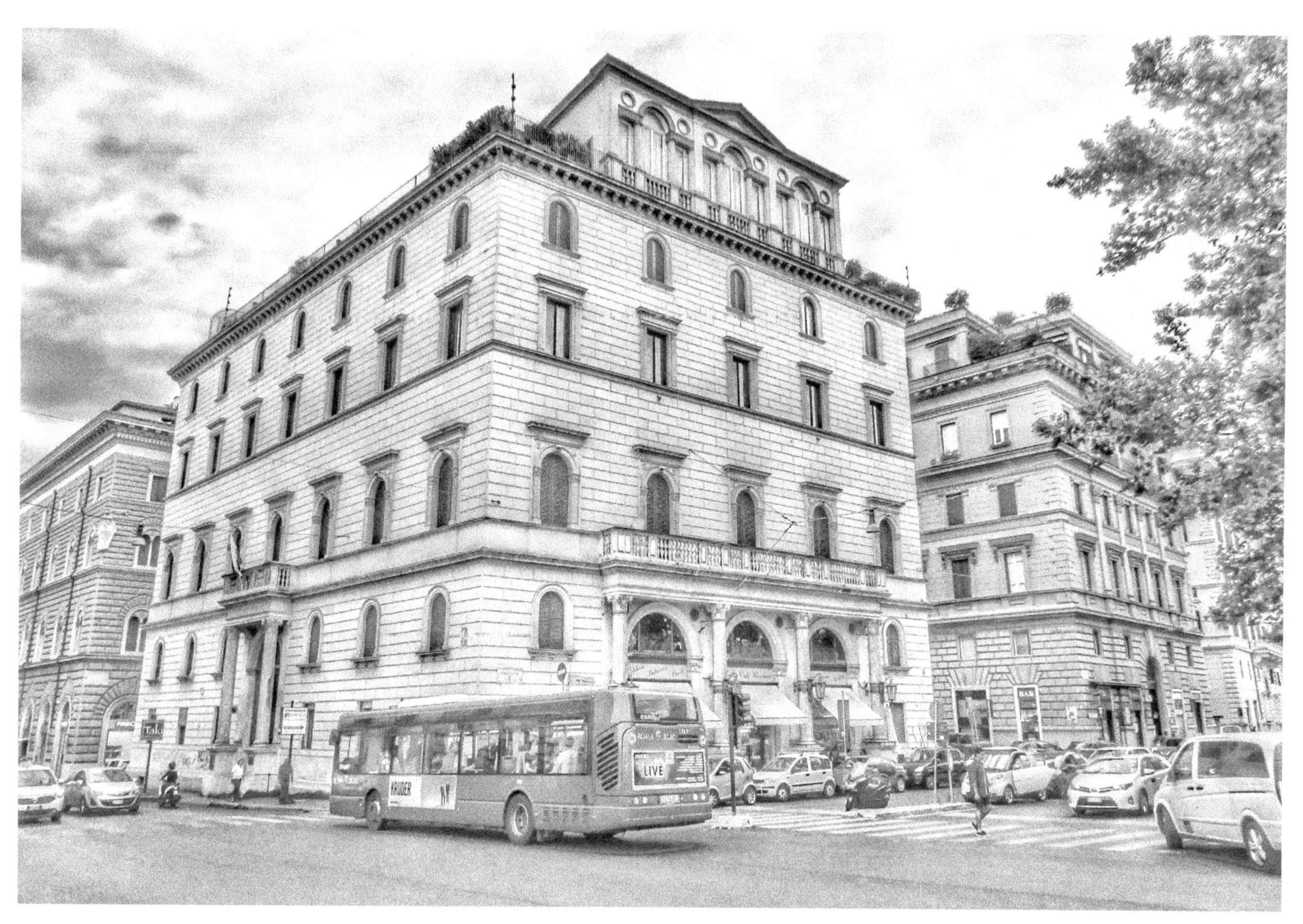

Lungotevere Prati

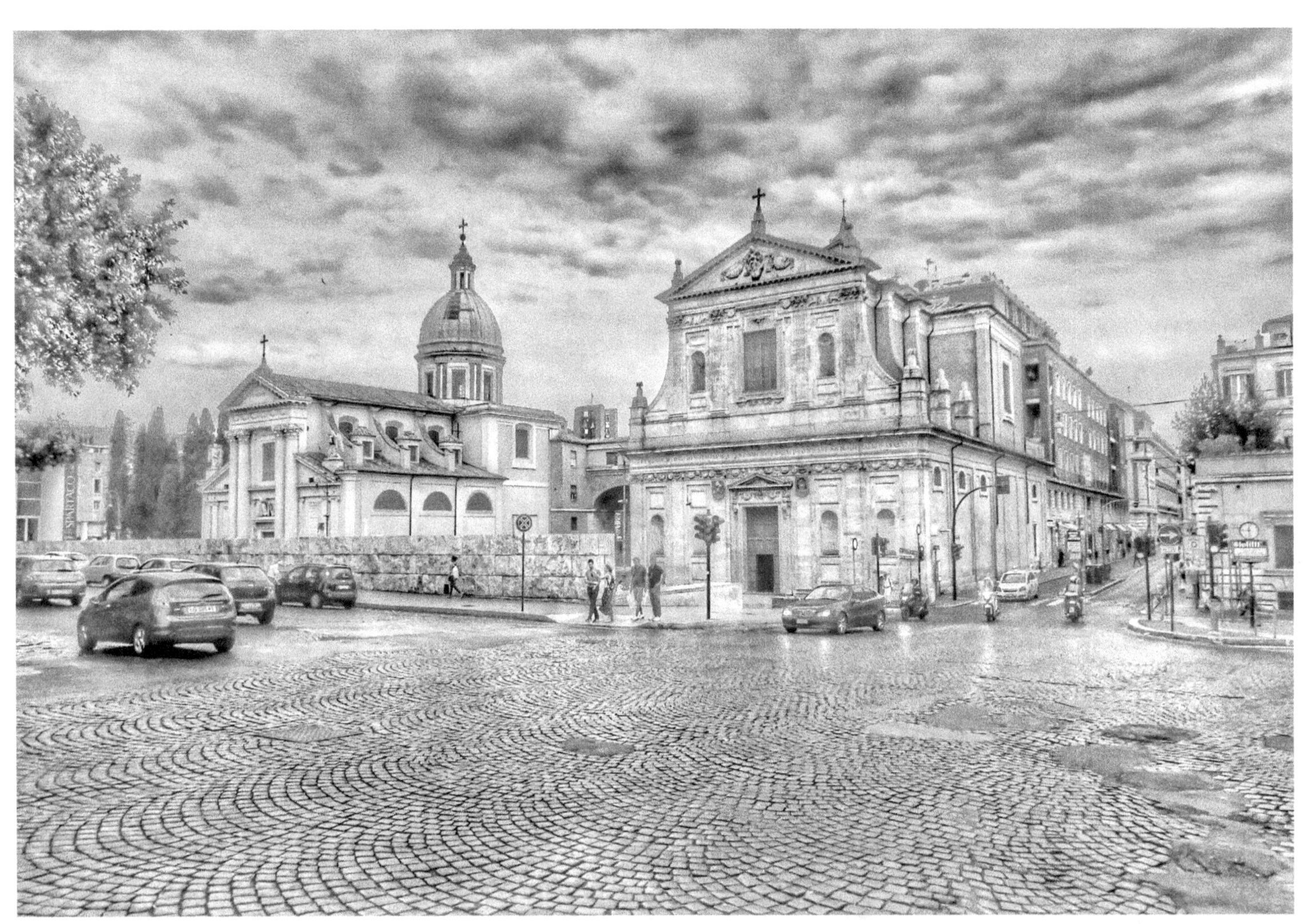

Ponte Cavour

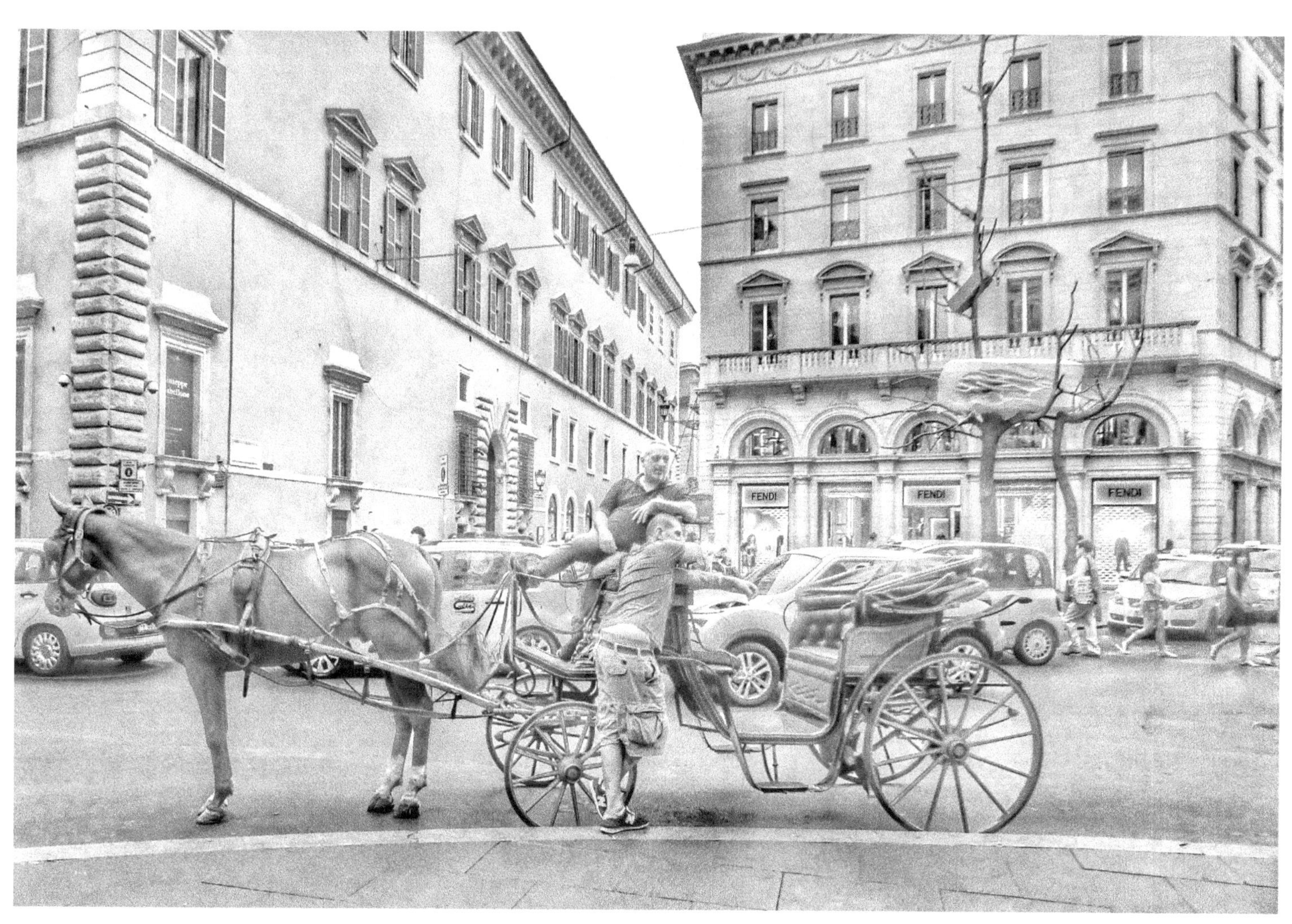

Largo Carlo Goldoni

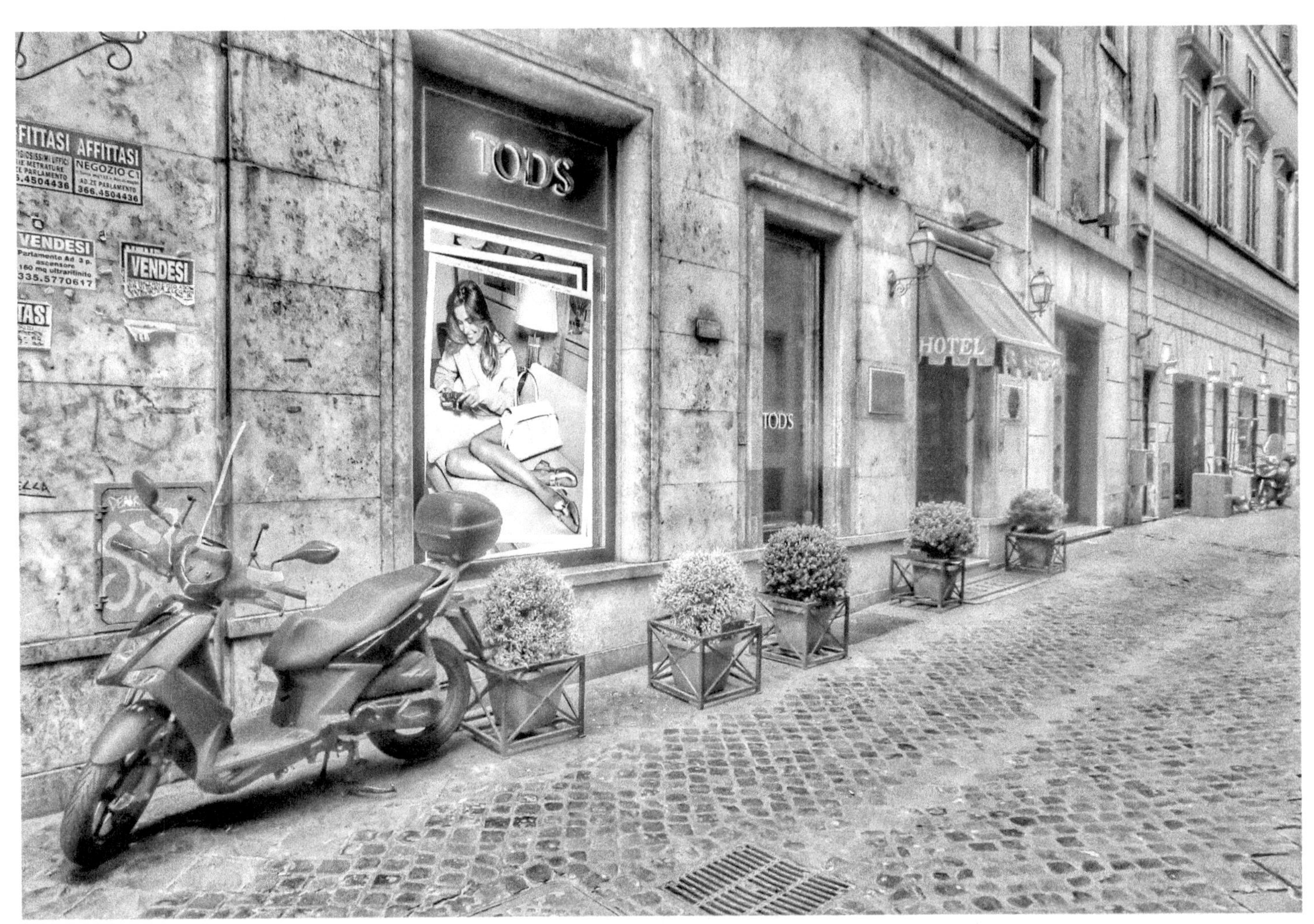

Via dei Condotti

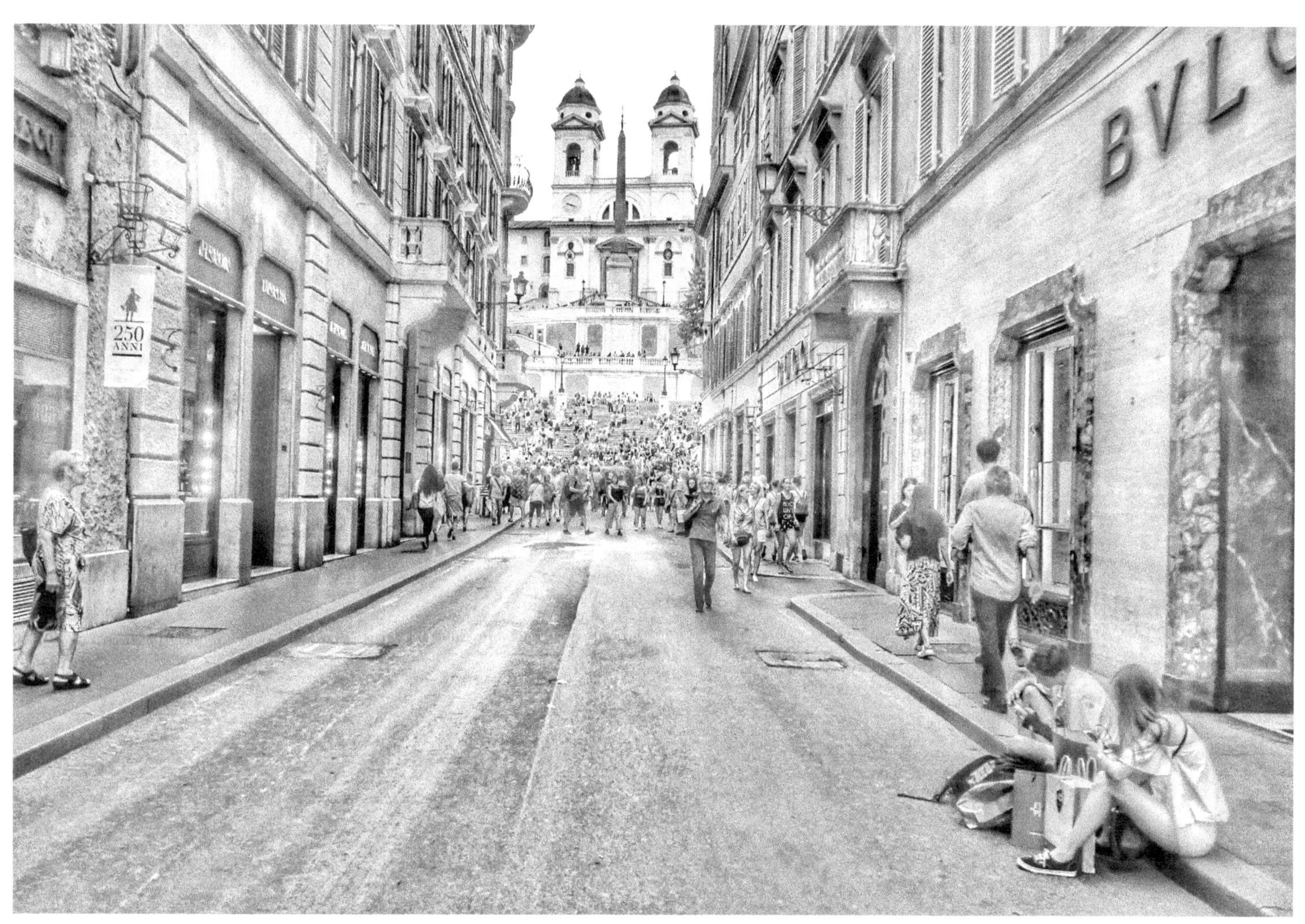

Via dei Condotti

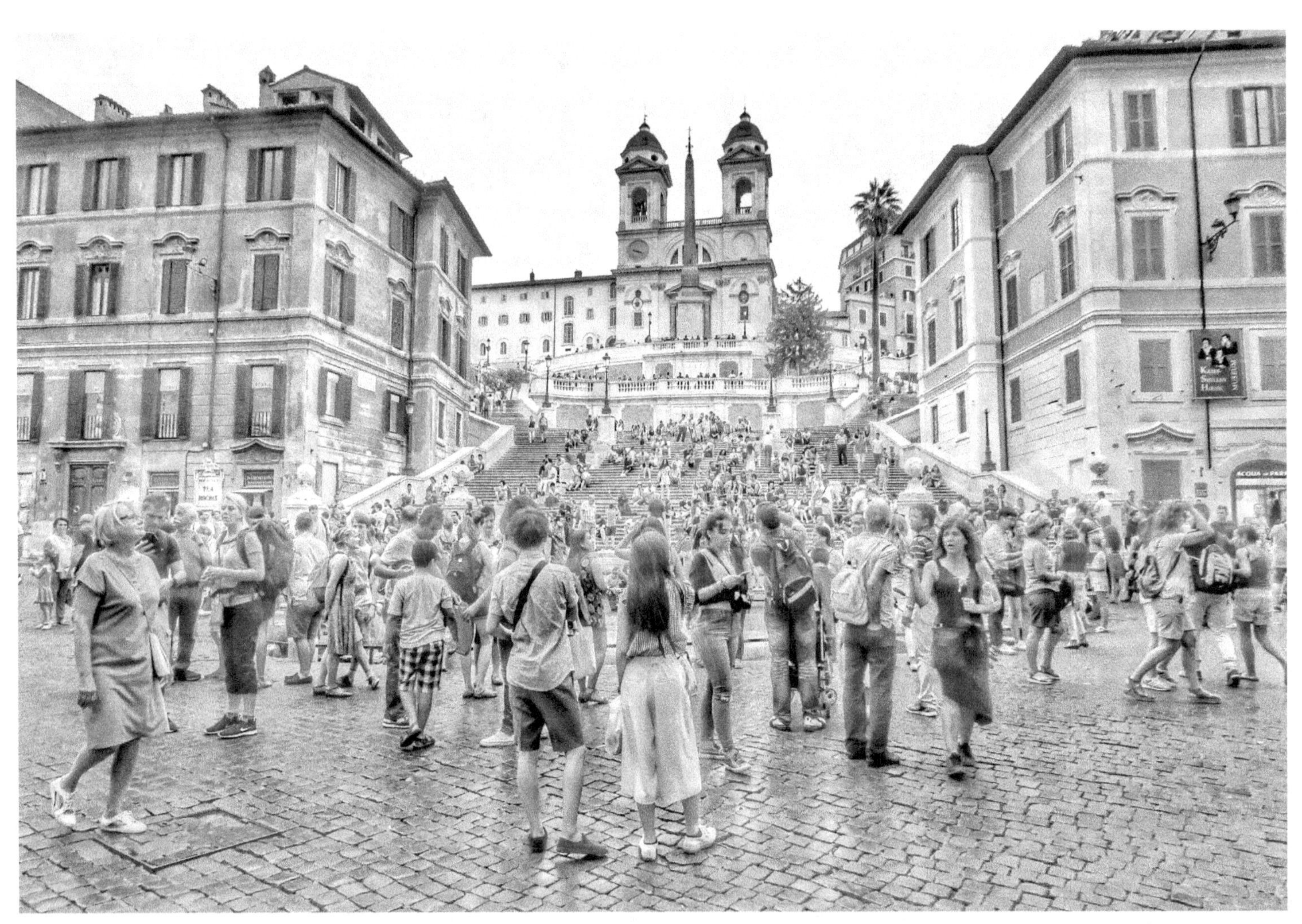

Piazza di Spagna

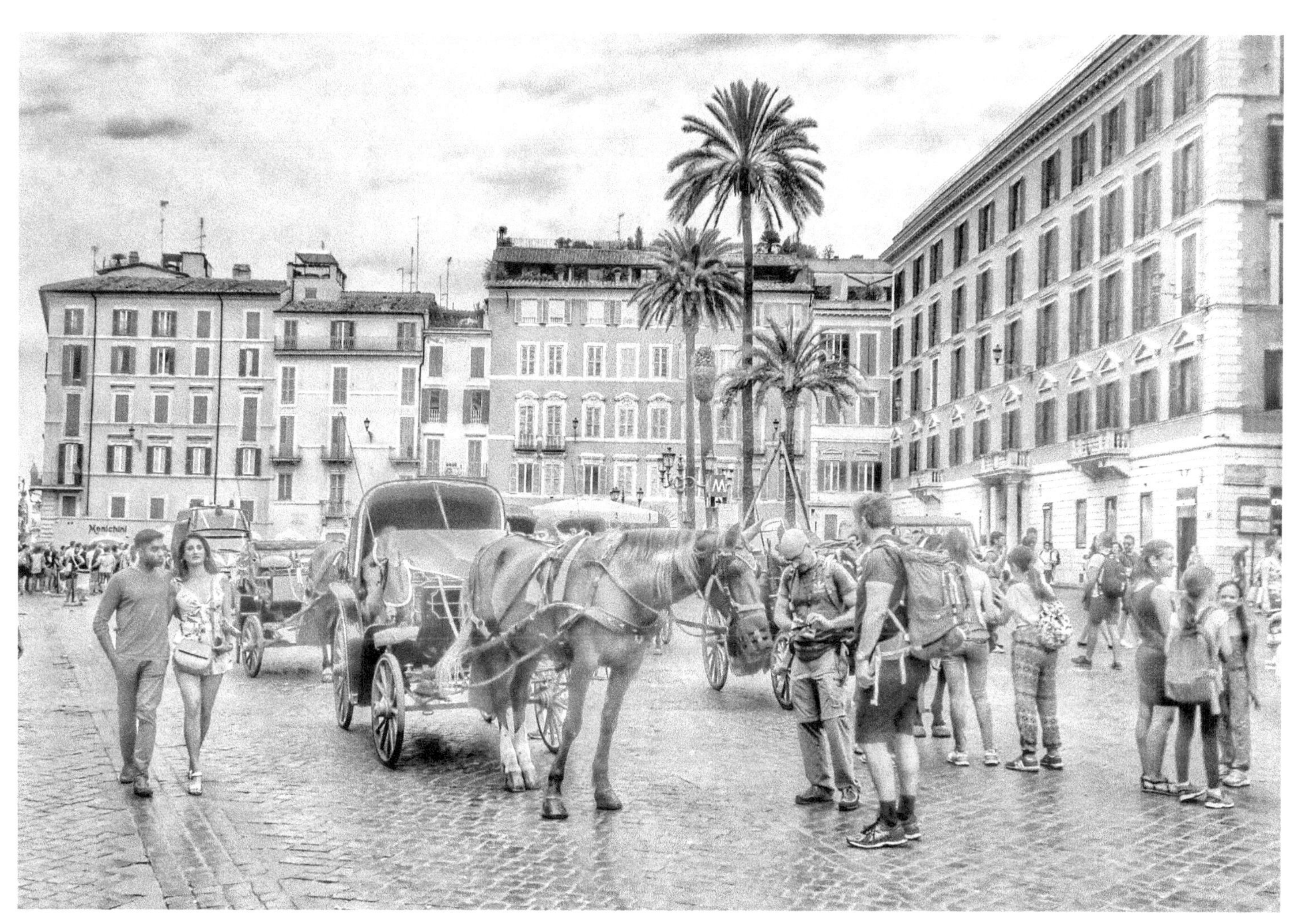

Piazza di Spagna

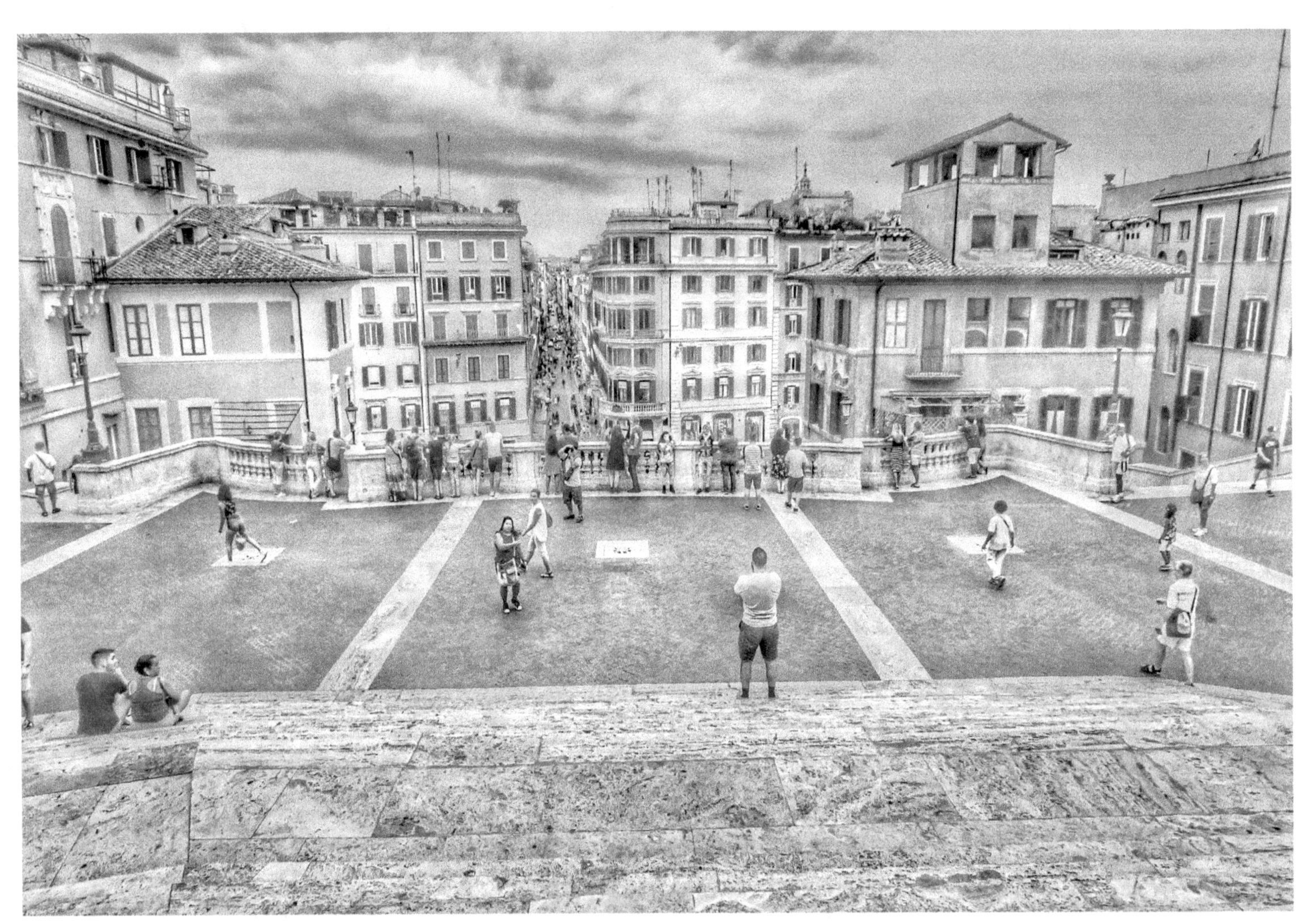

Piazza di Spagna

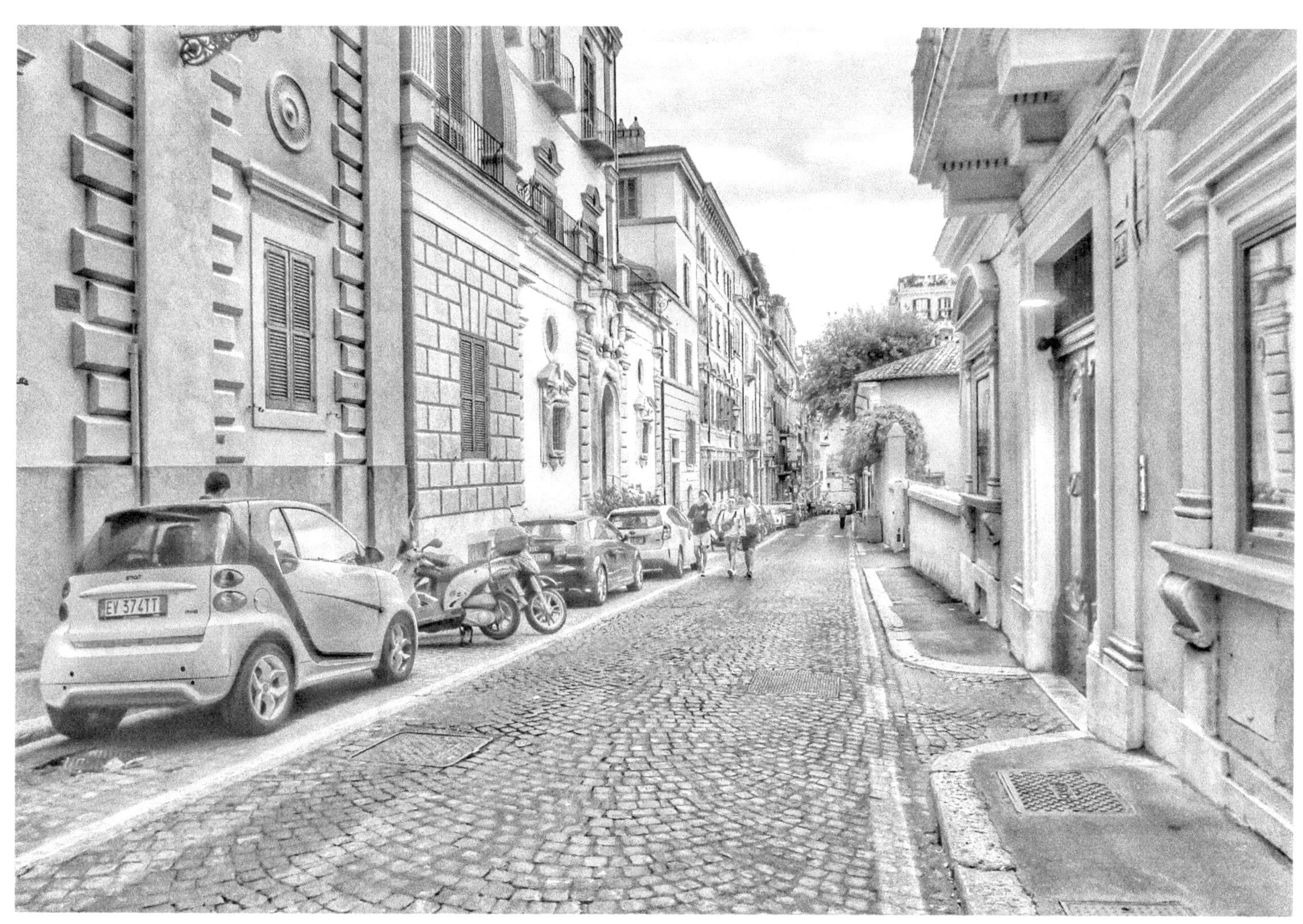

Via Gregoriana

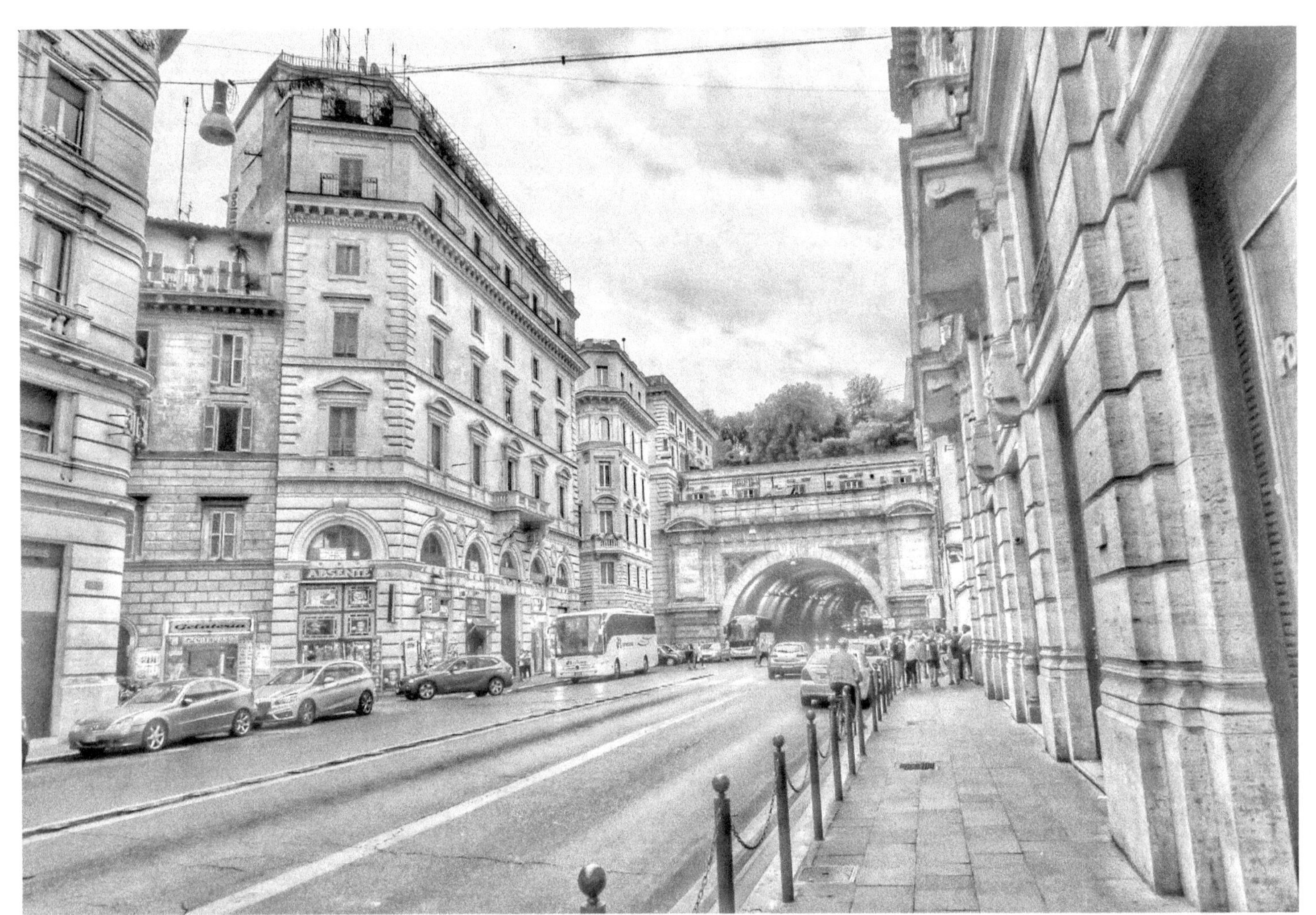

Via del Traforo

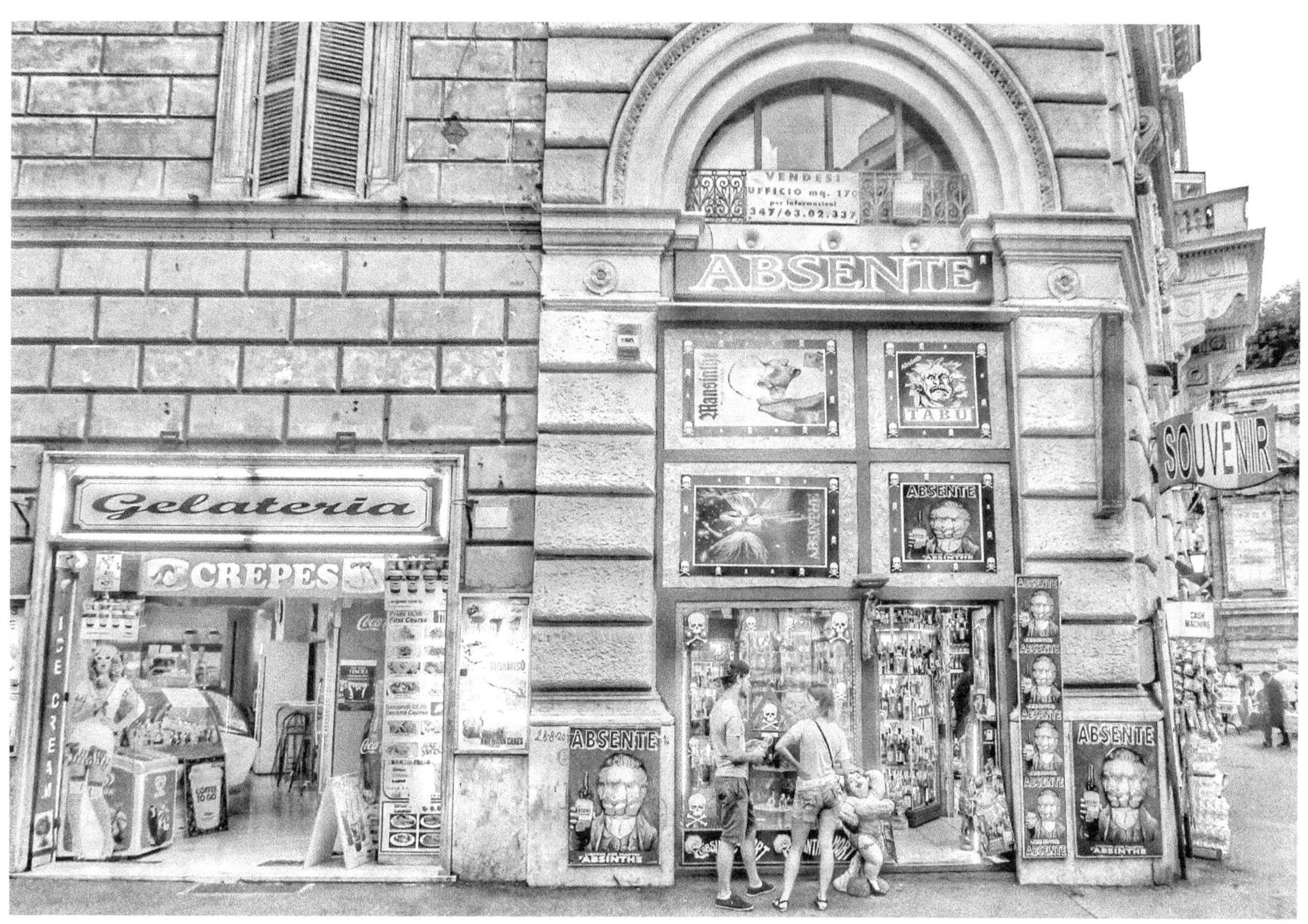

Via del Traforo

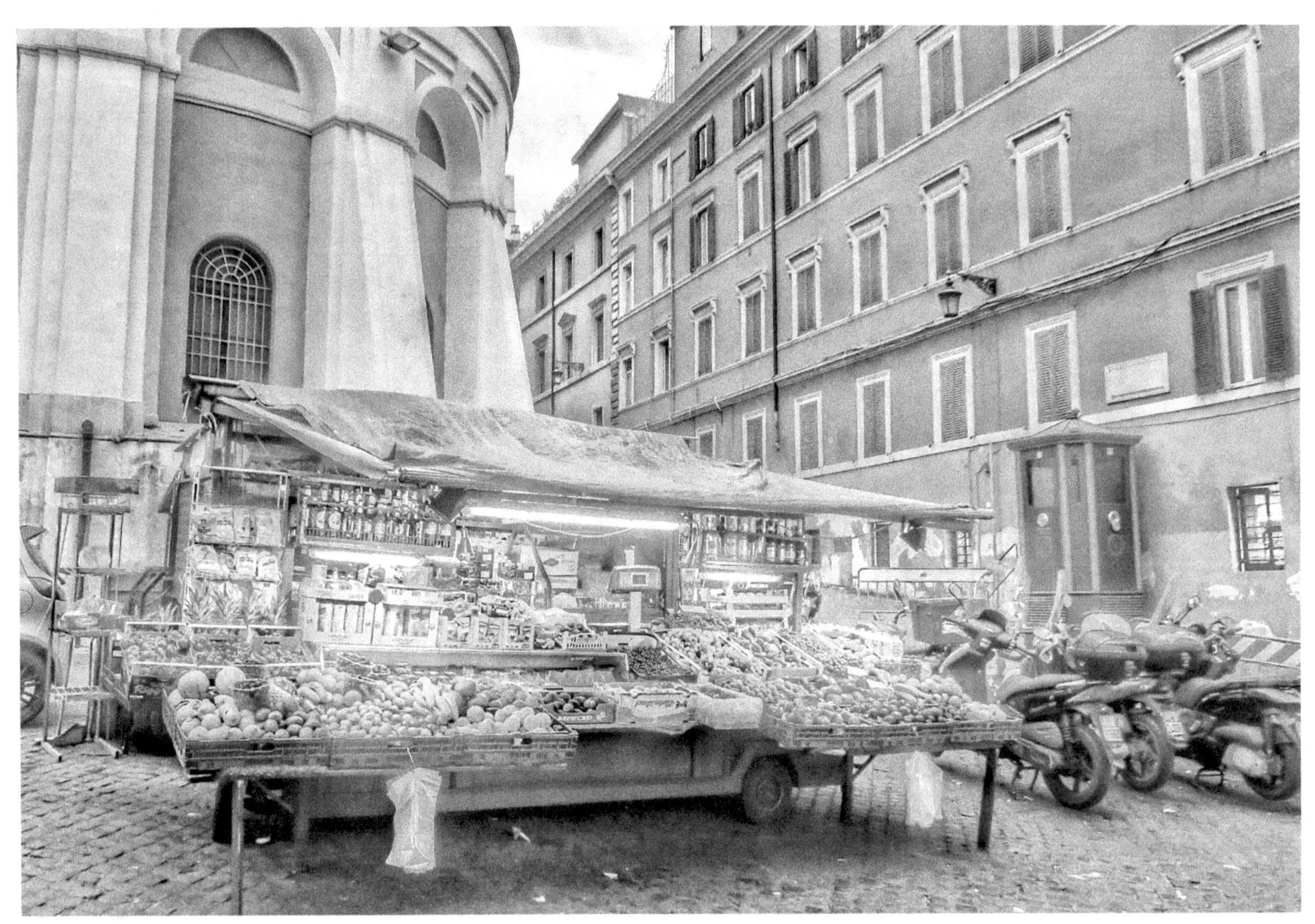

Via del Lavatore

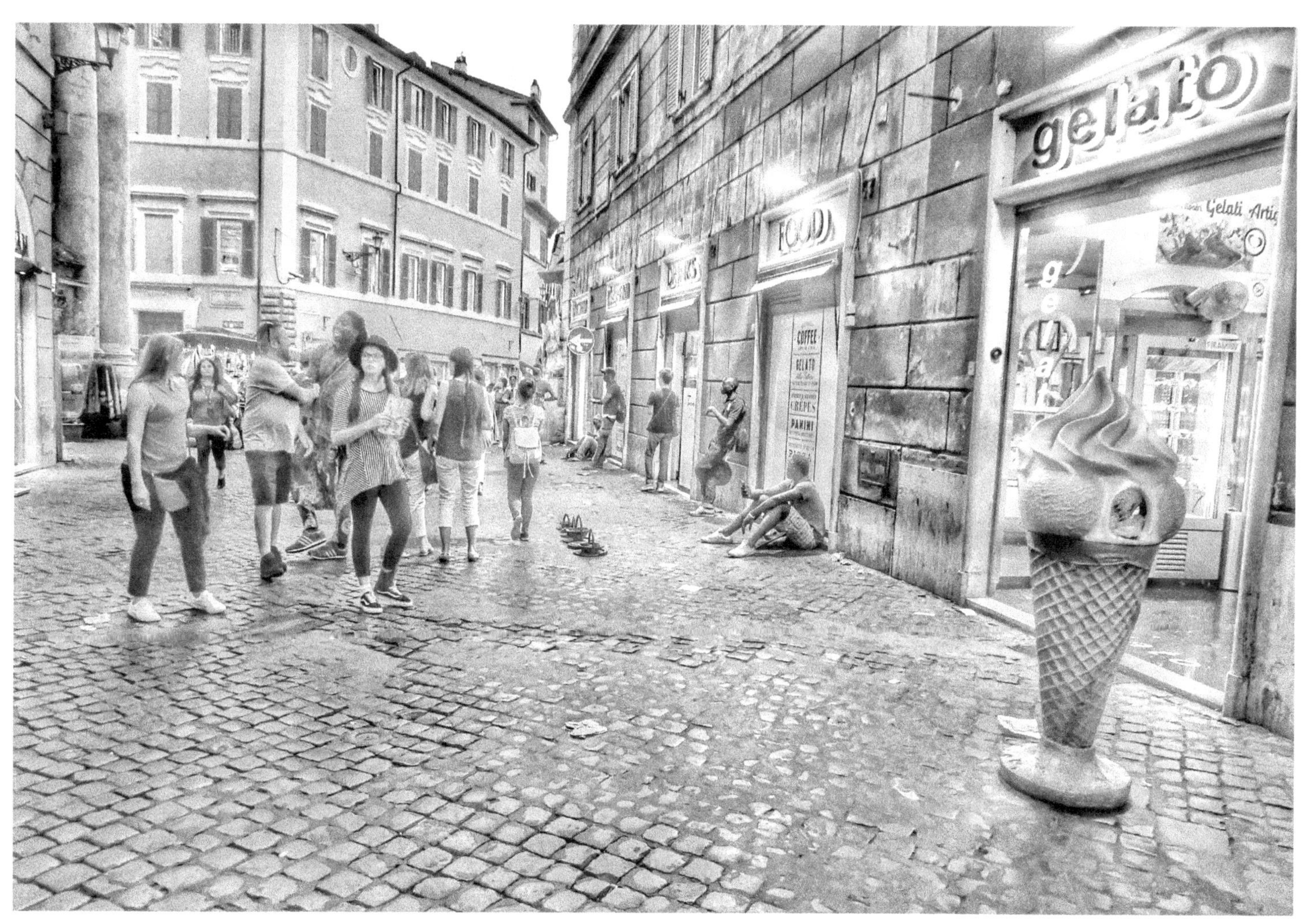

Via del Lavatore

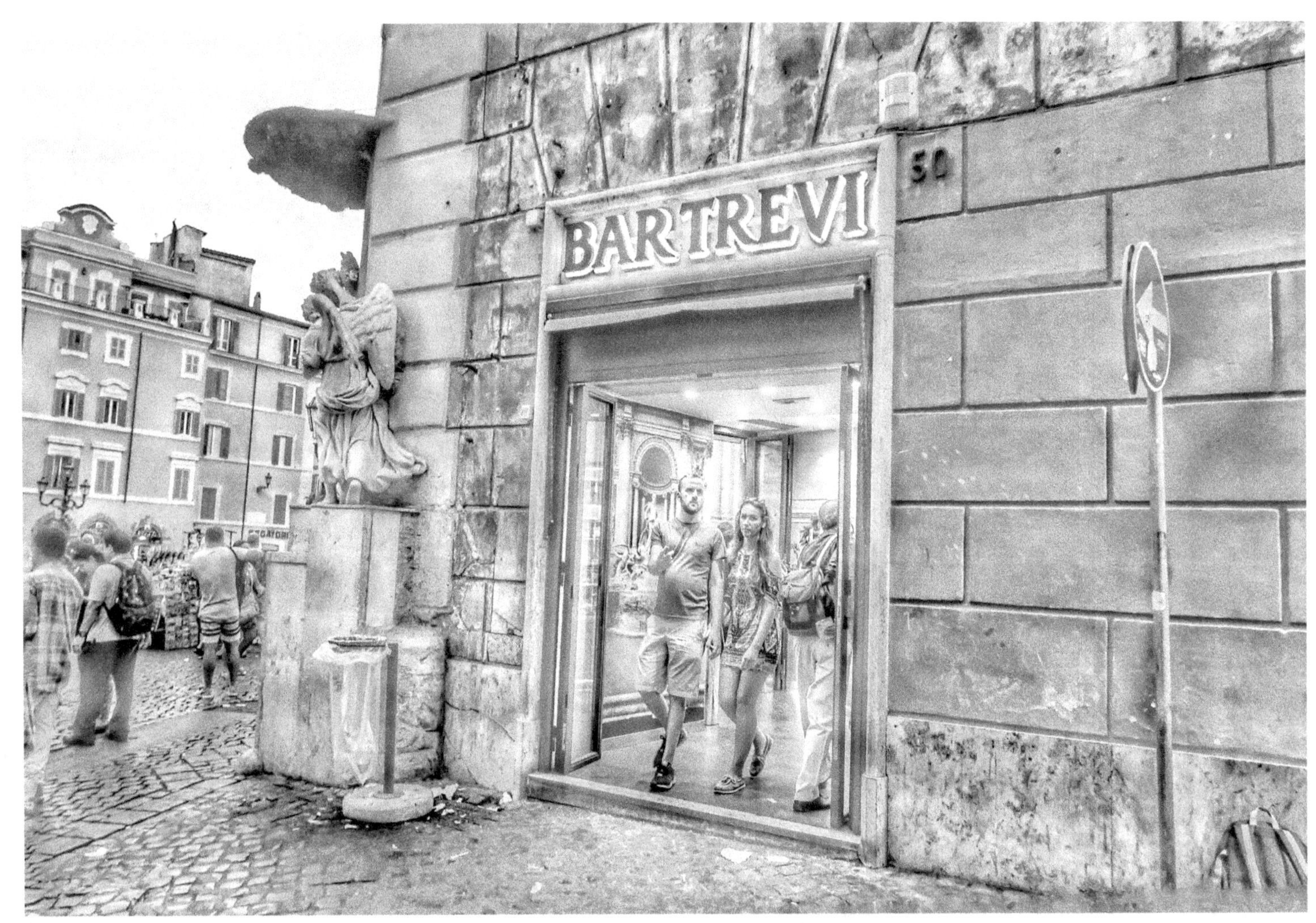

Via del Lavatore

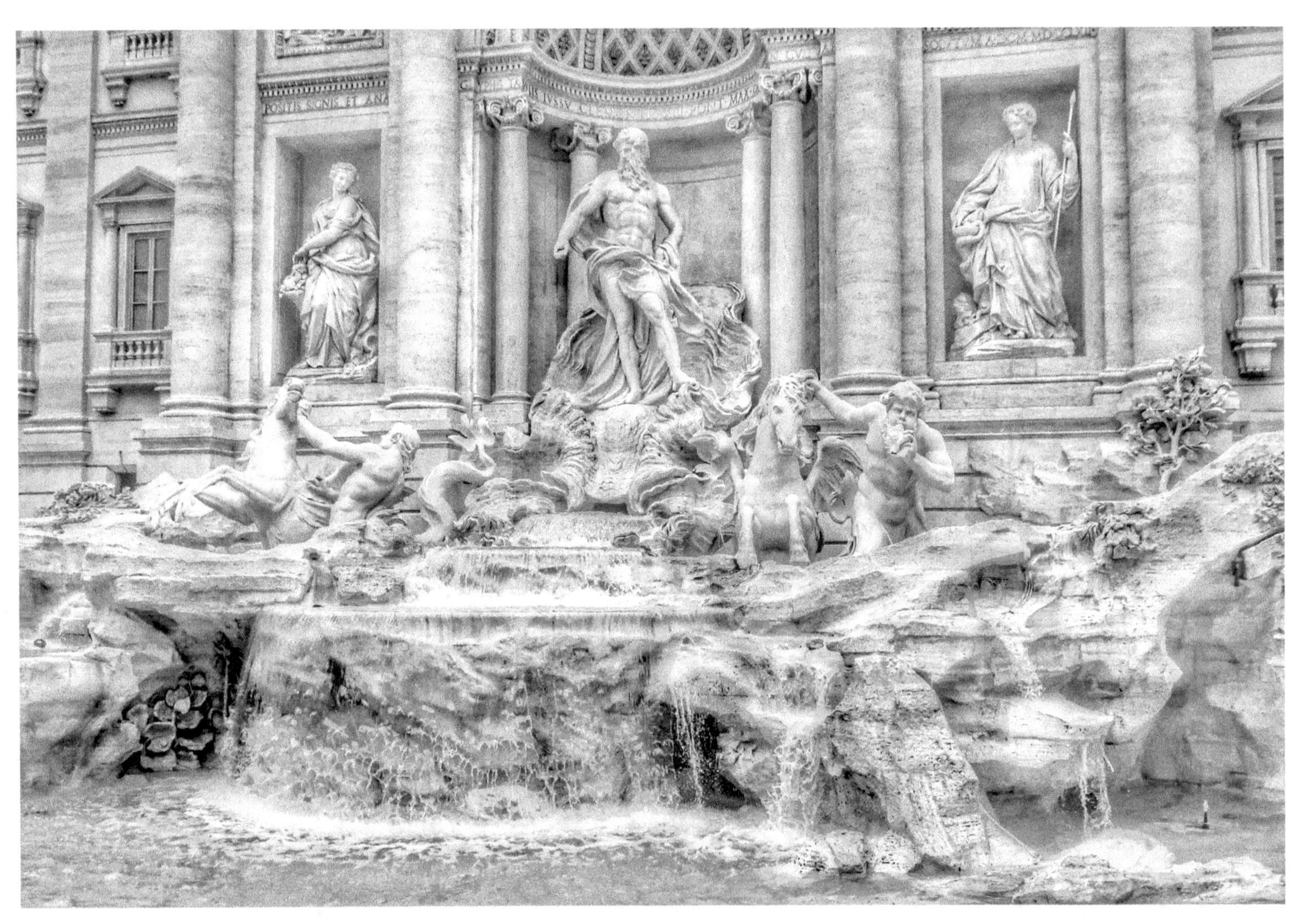

Piazza di Trevi

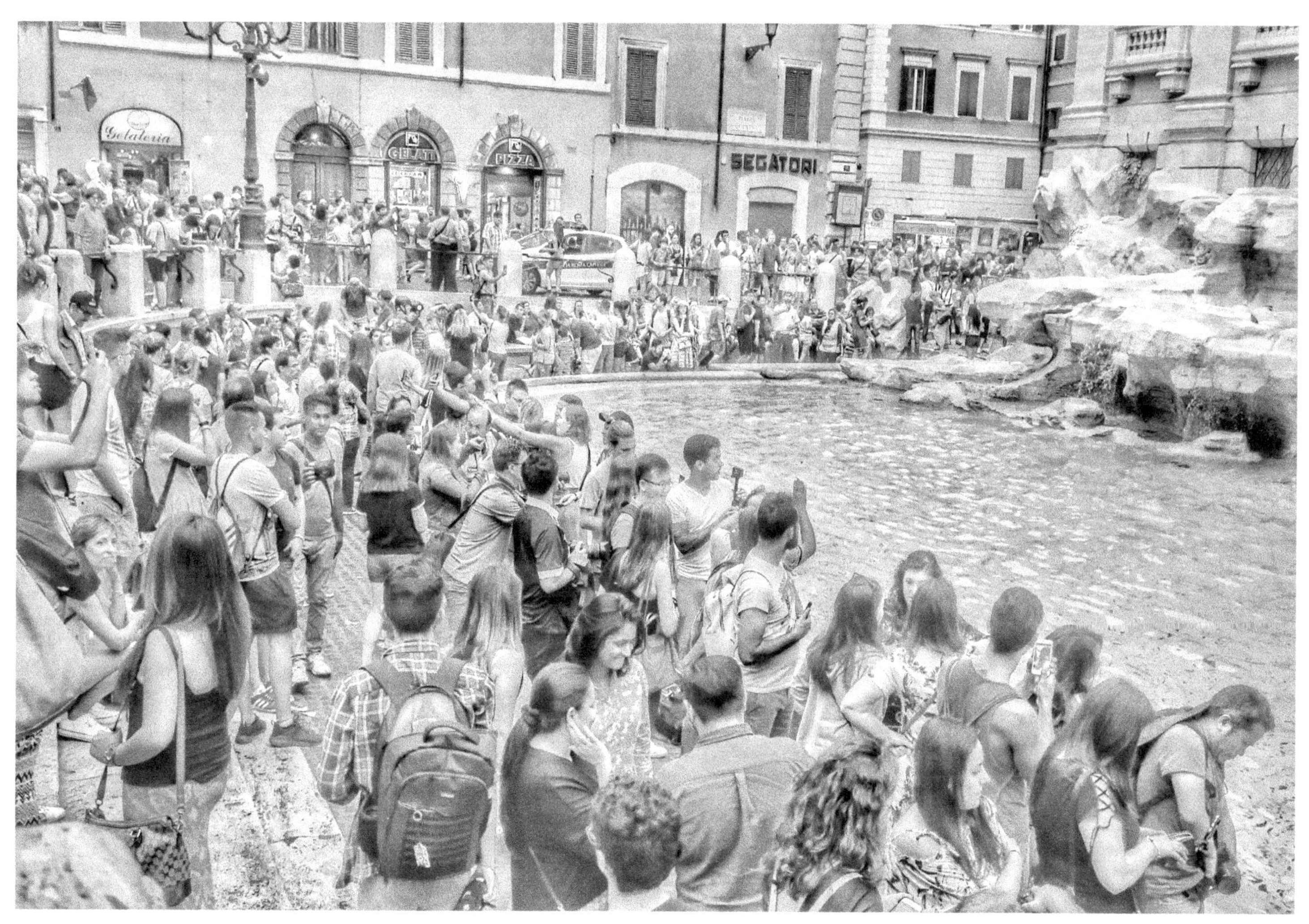

Piazza di Trevi

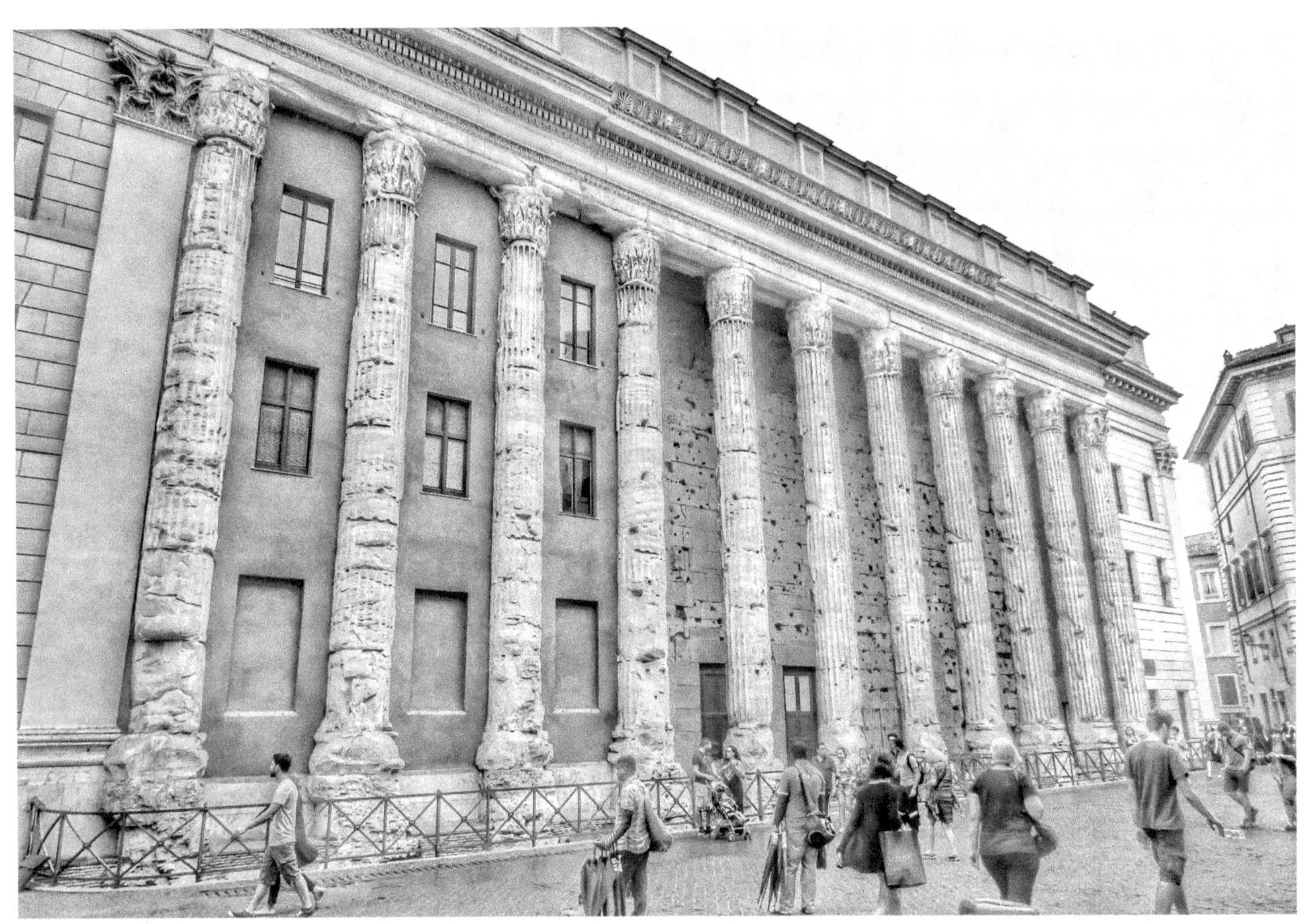

Piazza di Pietra

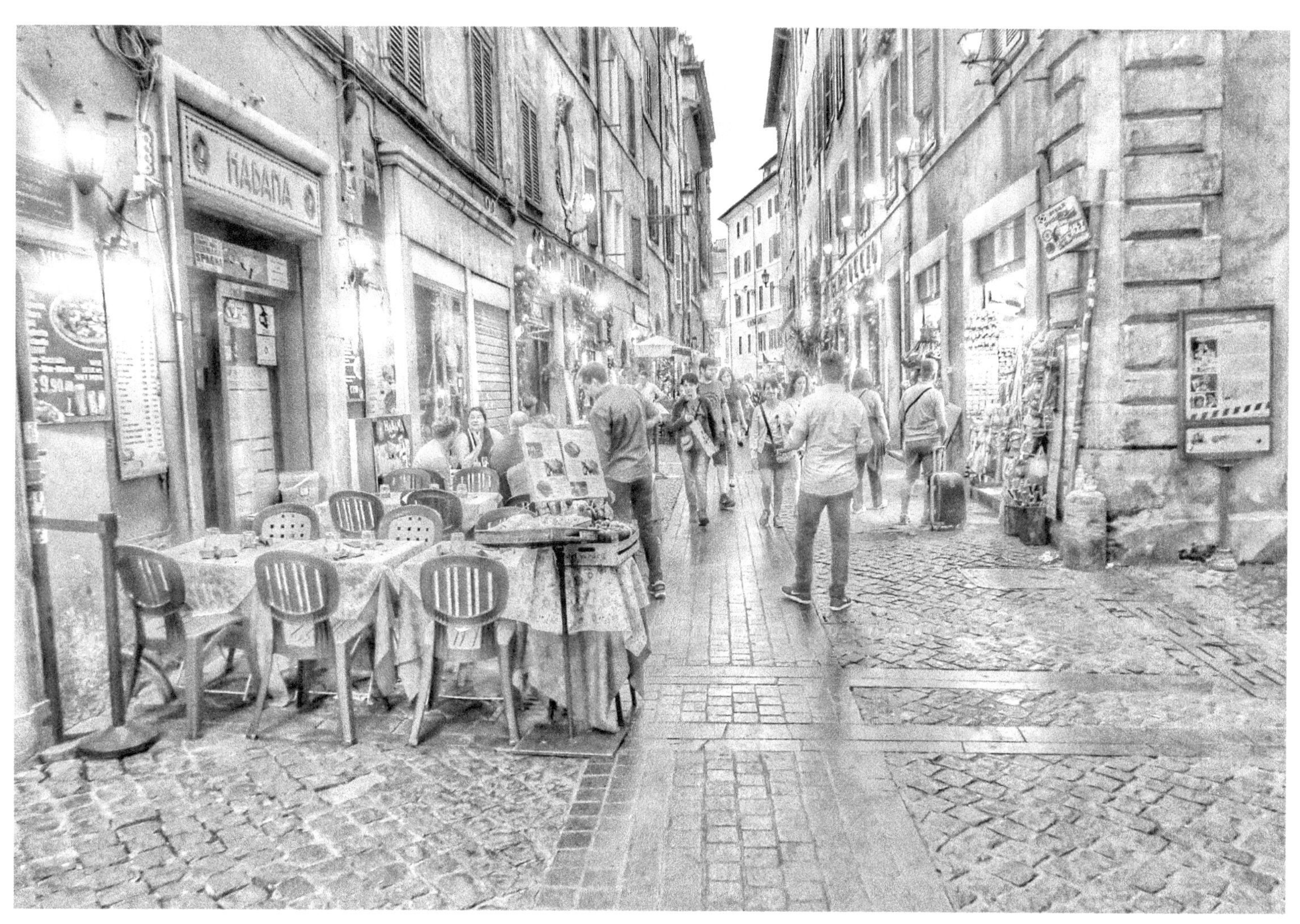

Via dei Pastini

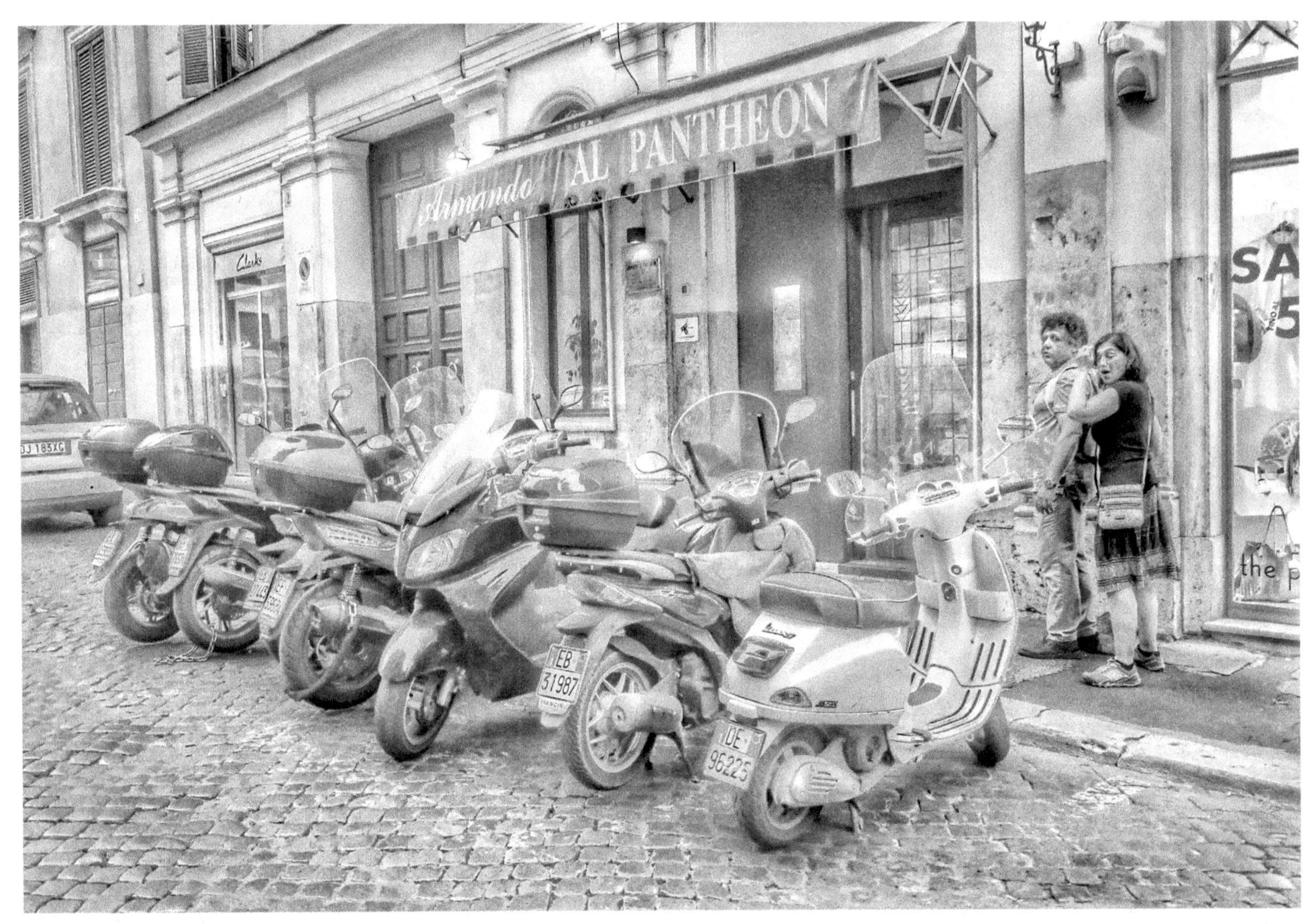

Salita dei Crescenzi

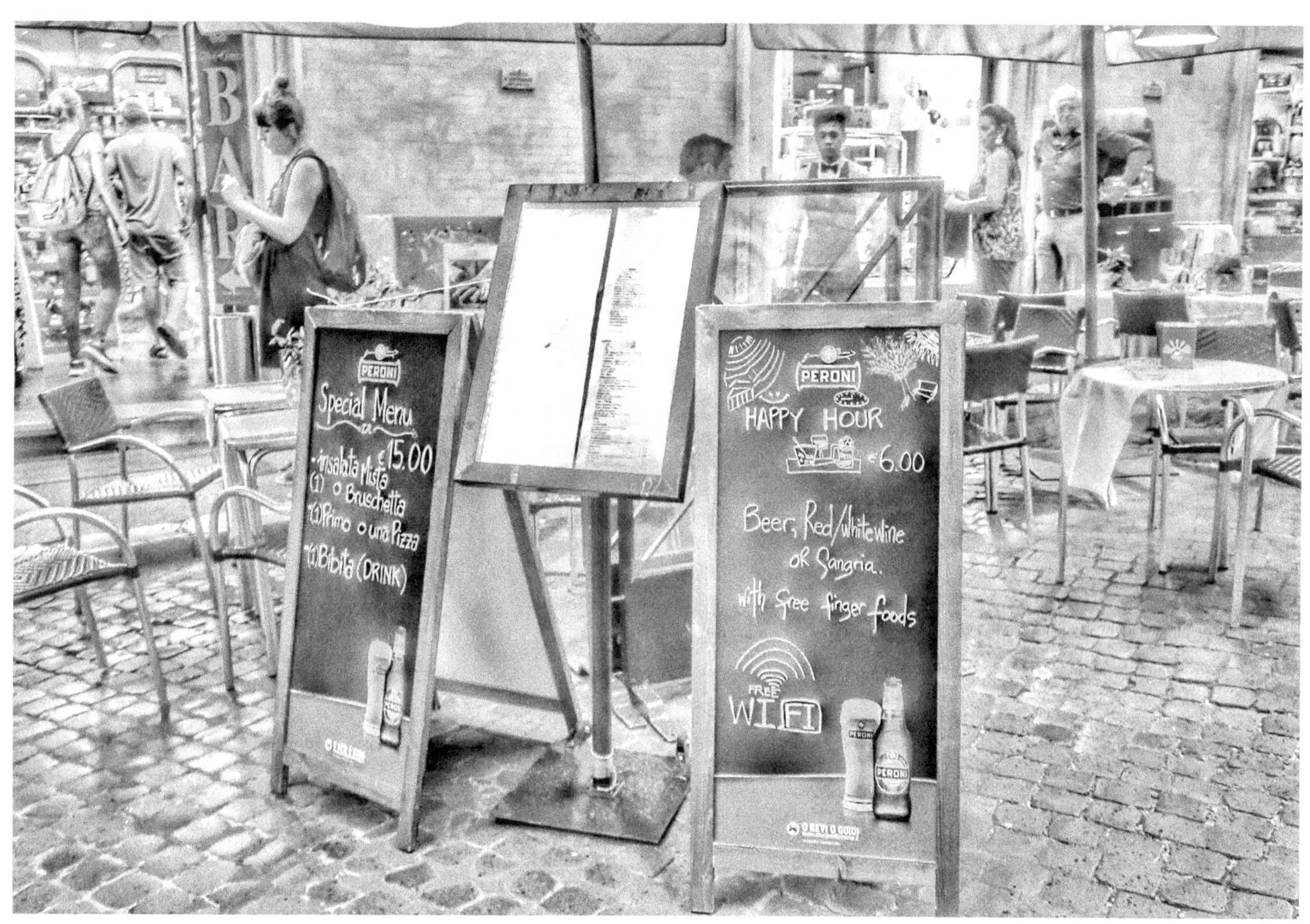
BAR
PERONI
Special Menu
€ 15.00
Insalata Mista
(1) o Bruschetta
(1)Primo o una Pizza
(1)Bibita (DRINK)
PERONI
HAPPY HOUR
€ 6.00
Beer, Red/White wine
or Sangria.
with free finger foods
FREE
WI FI
PERONI

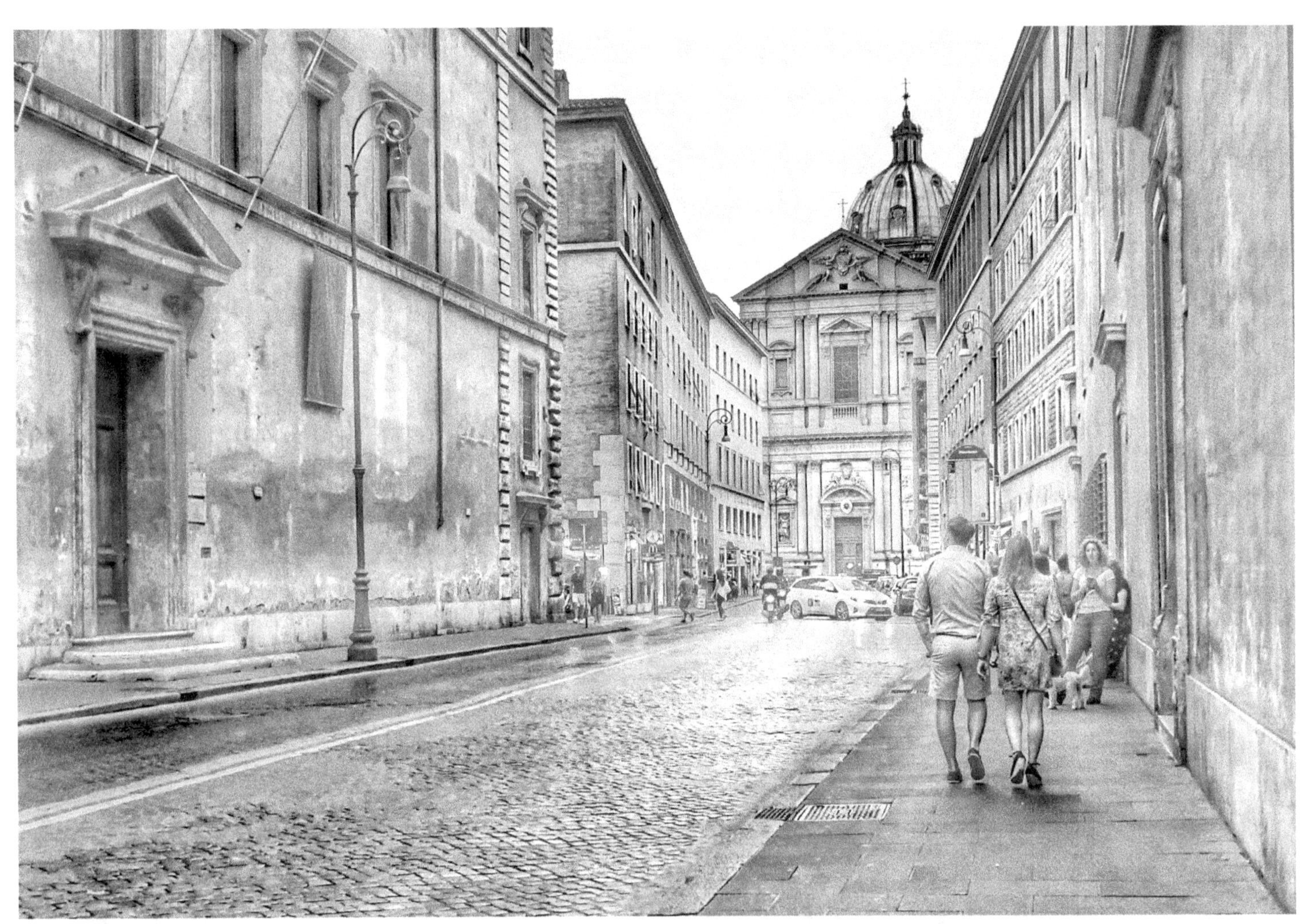

Corso del Rinascimento

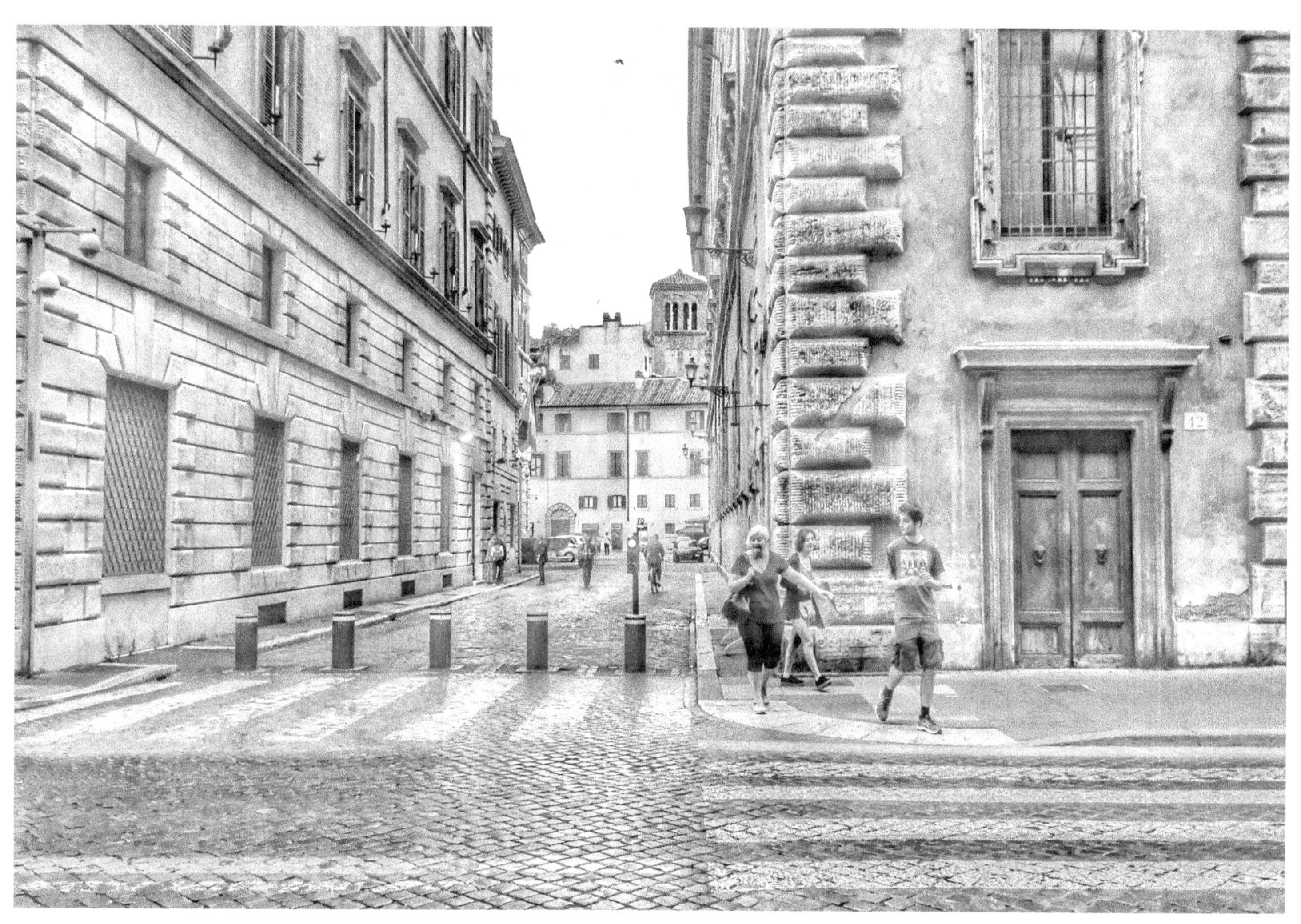

Corso del Rinascimento

108

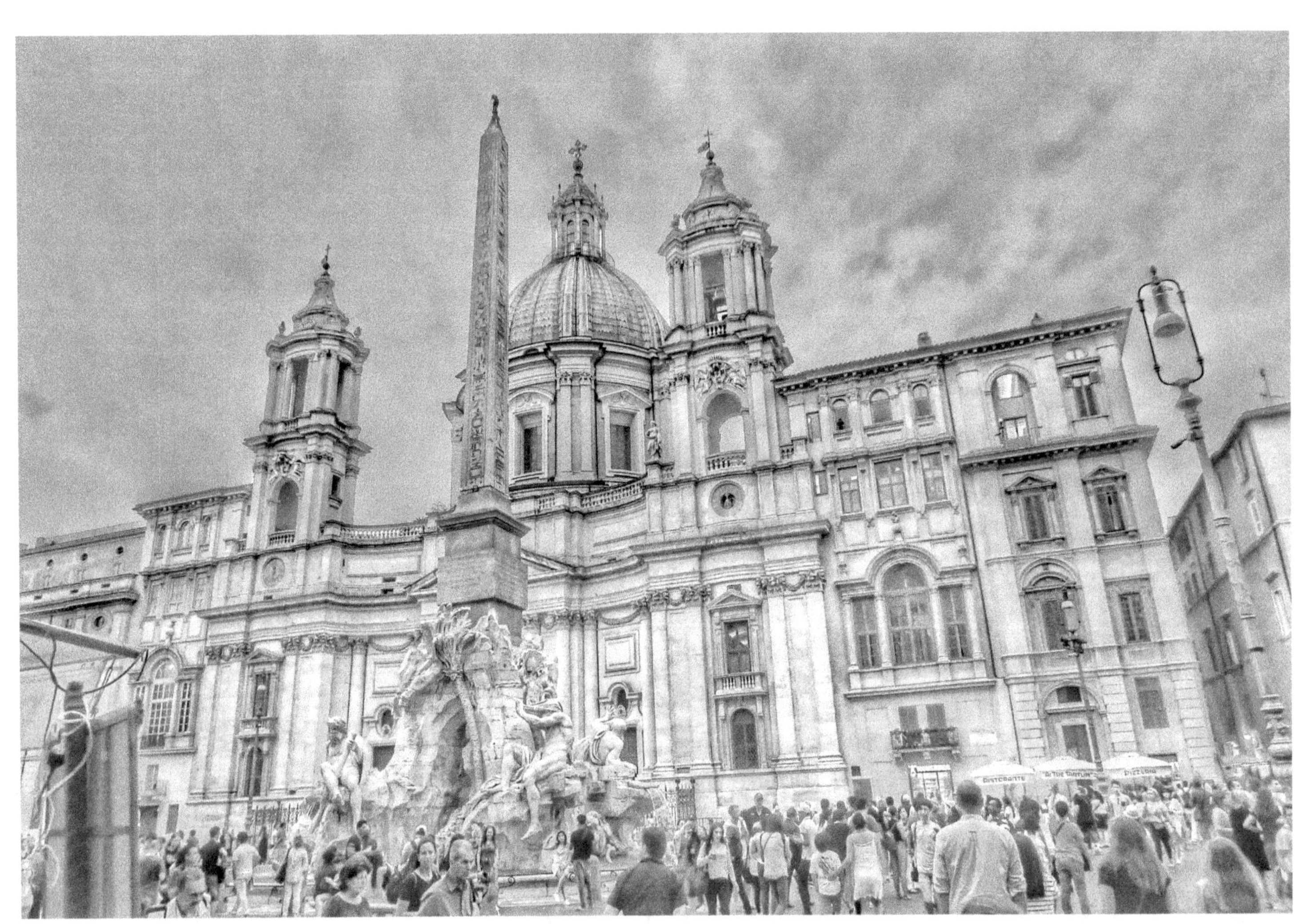

Piazza Navona

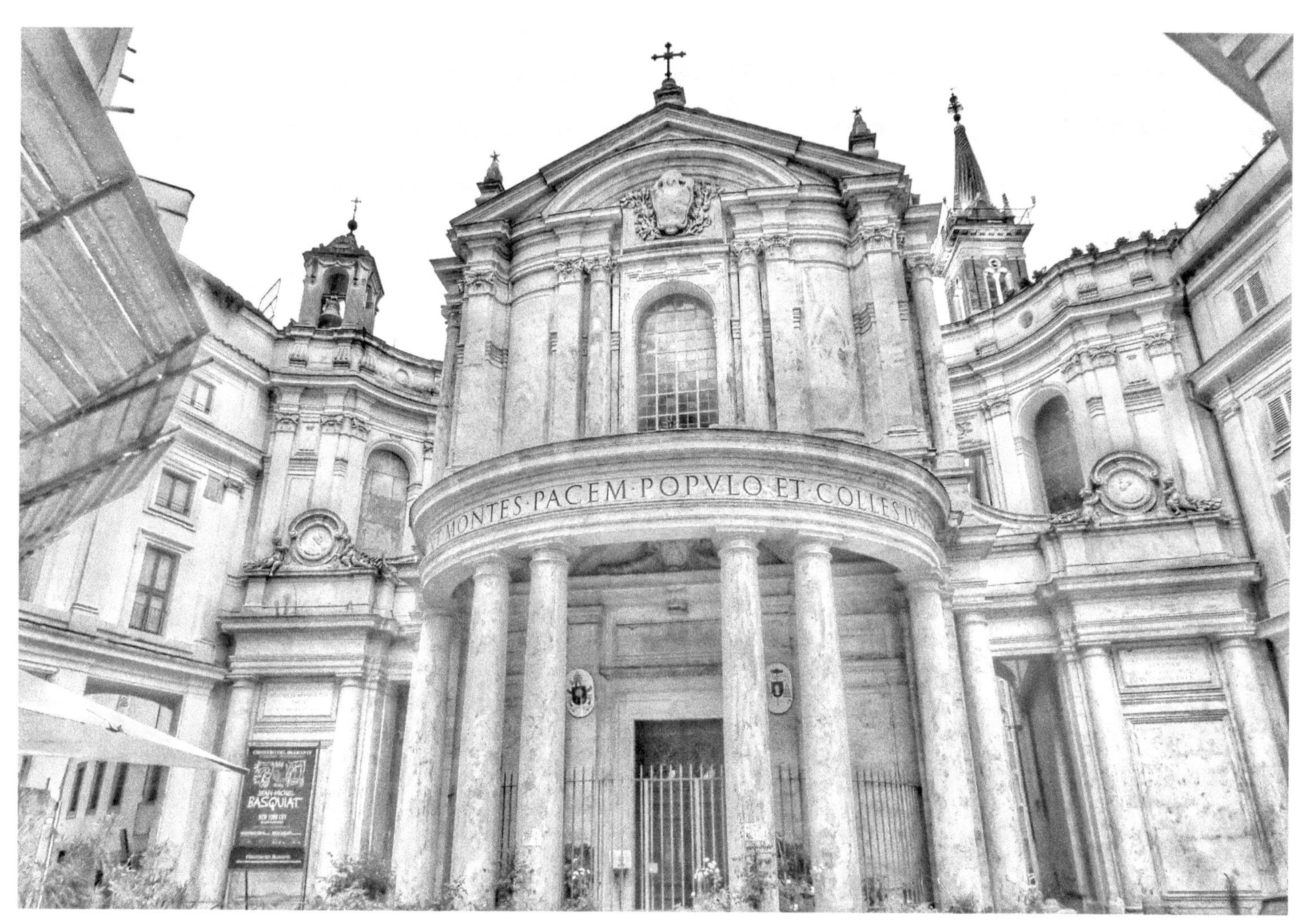

Via della Pace

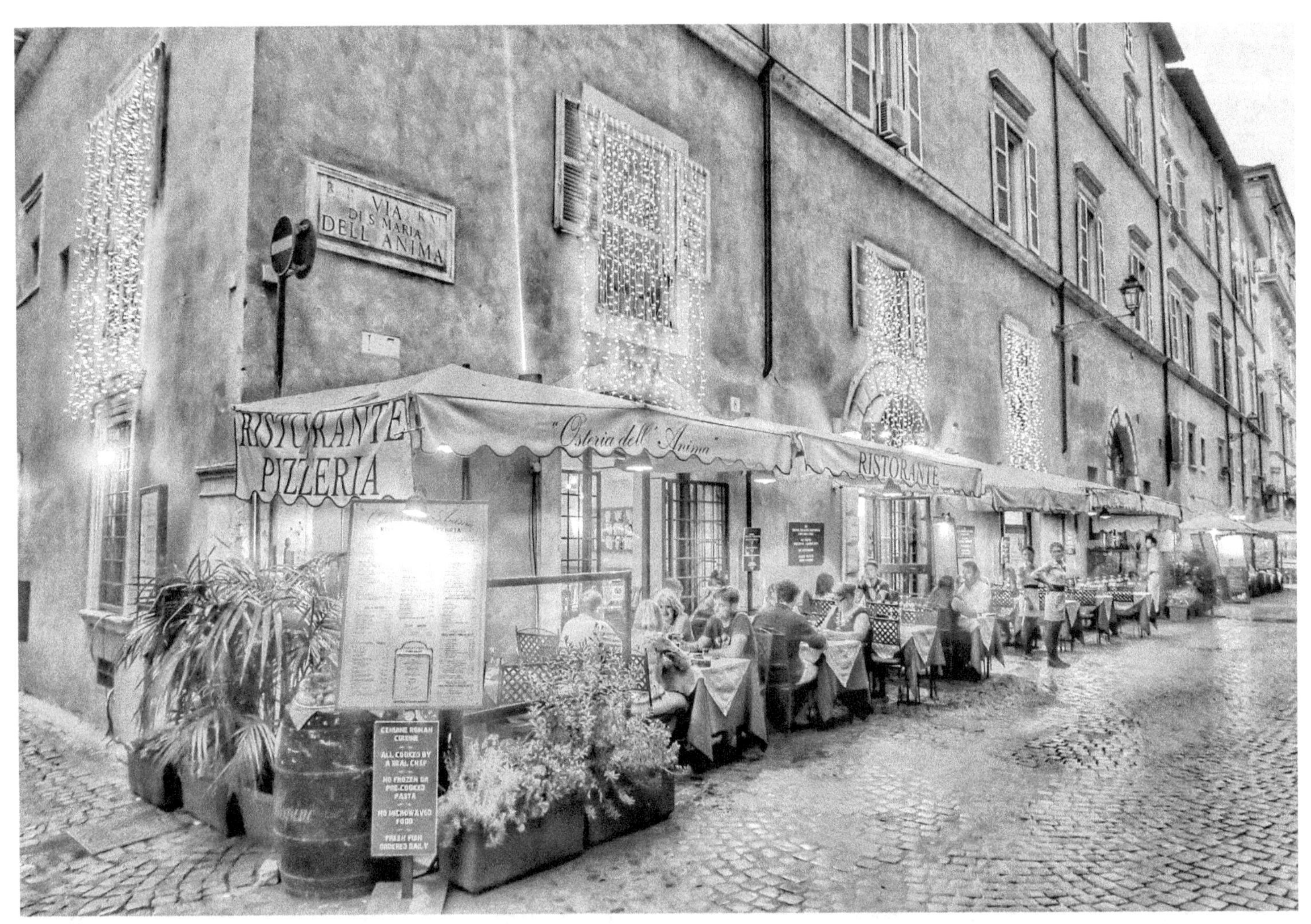

Via di Santa Maria dell'Anima

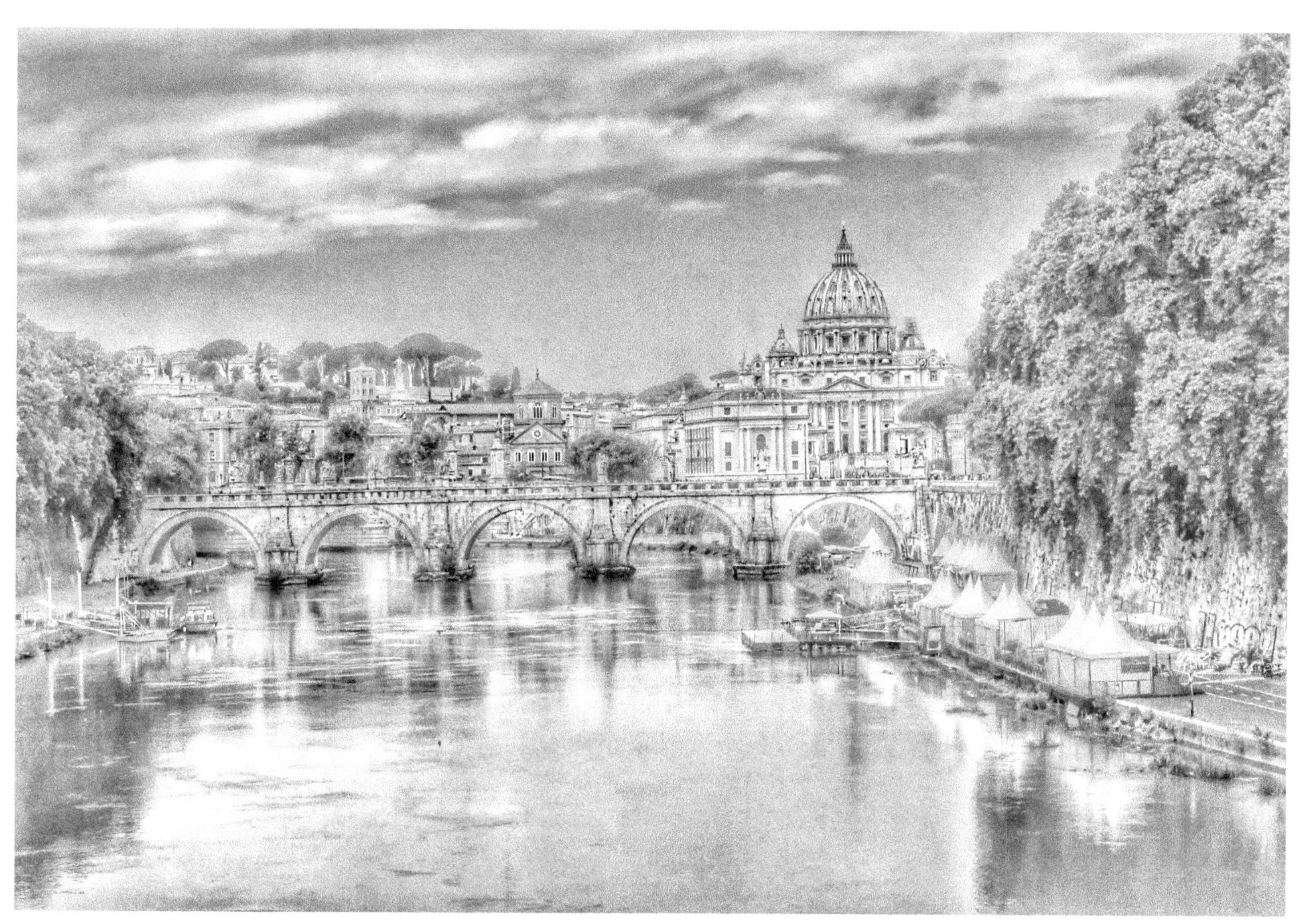

Ponte Umberto I

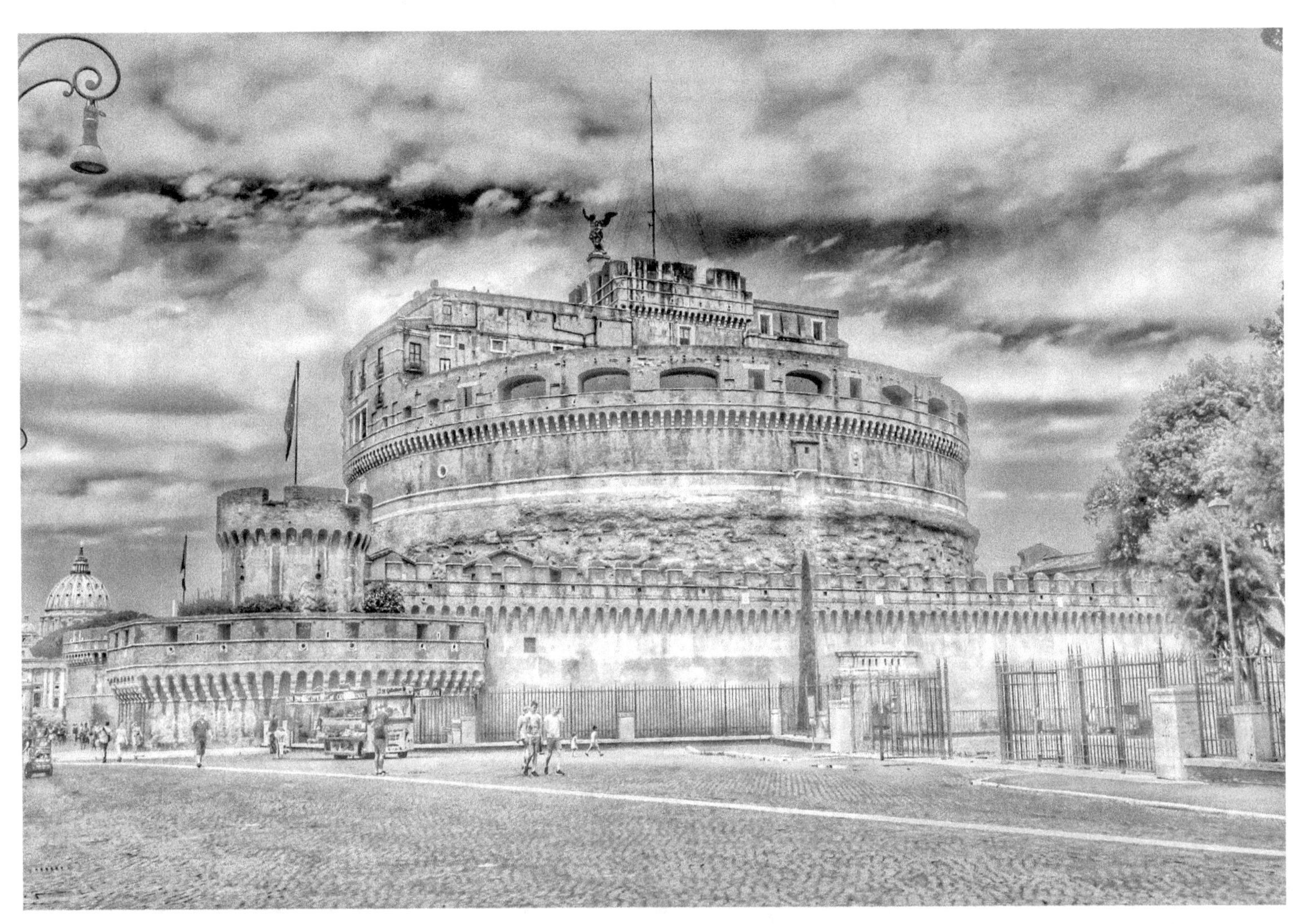

113

Piazza Adriana

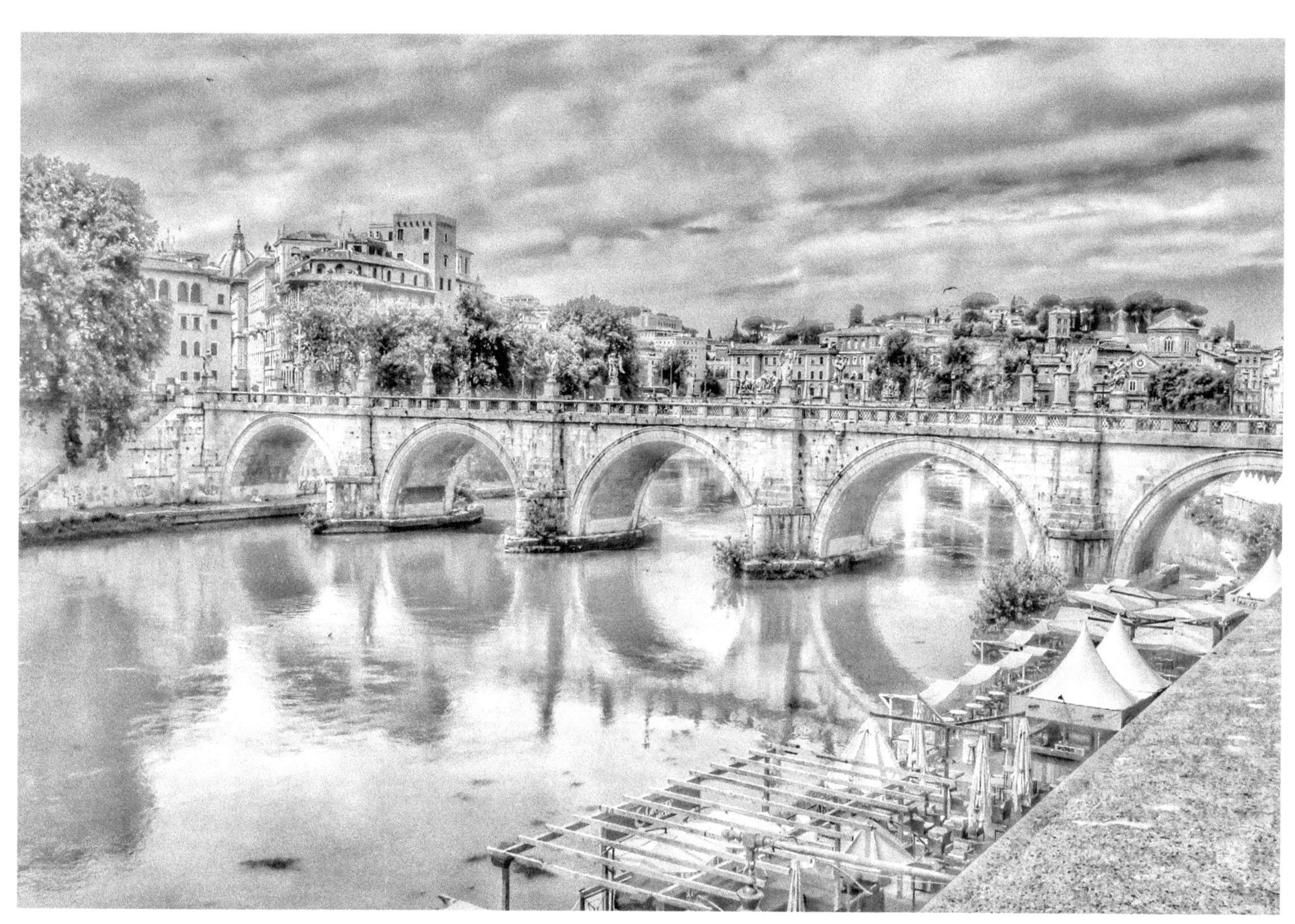

Piazza Adriana

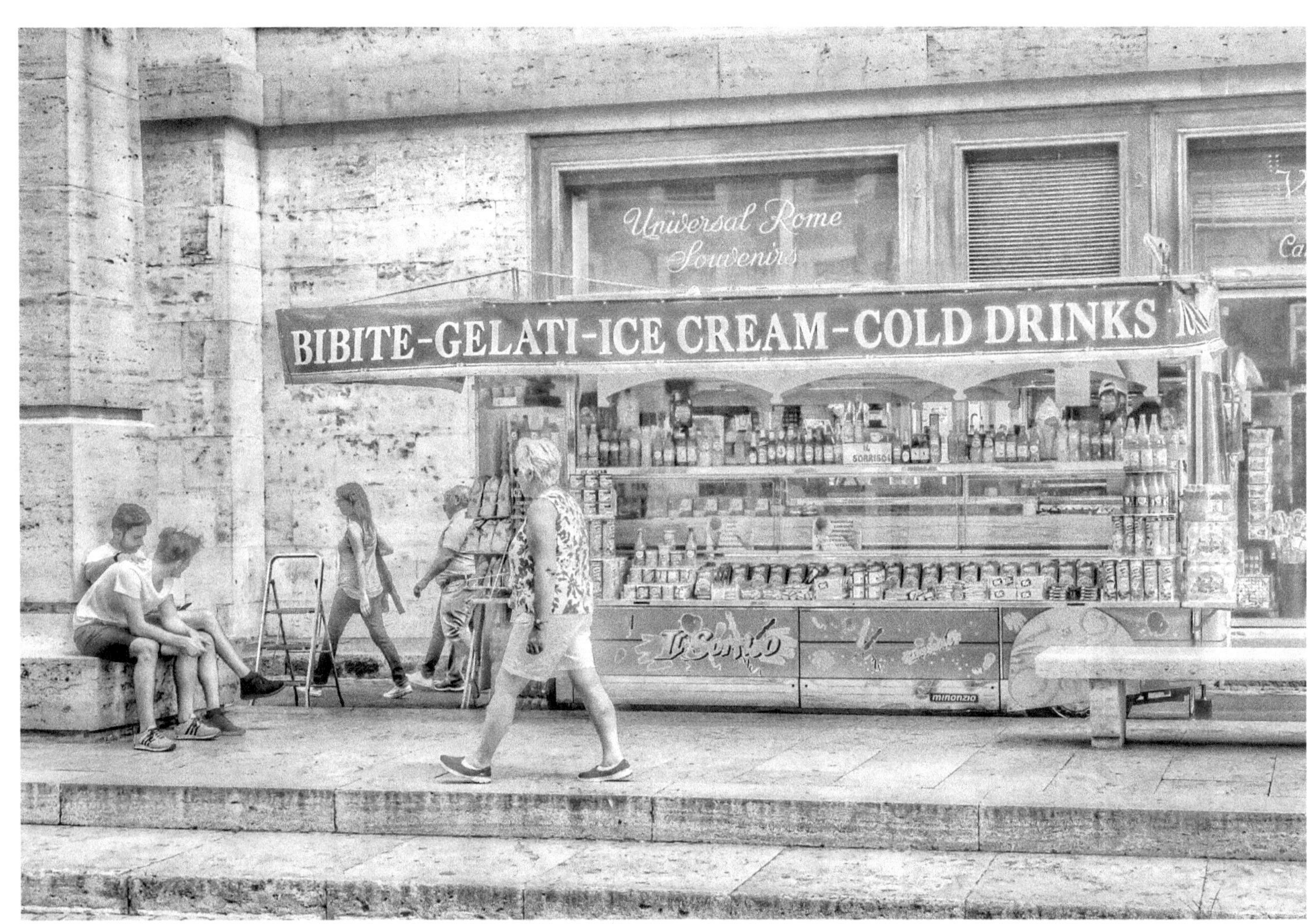

Via della Conciliazione

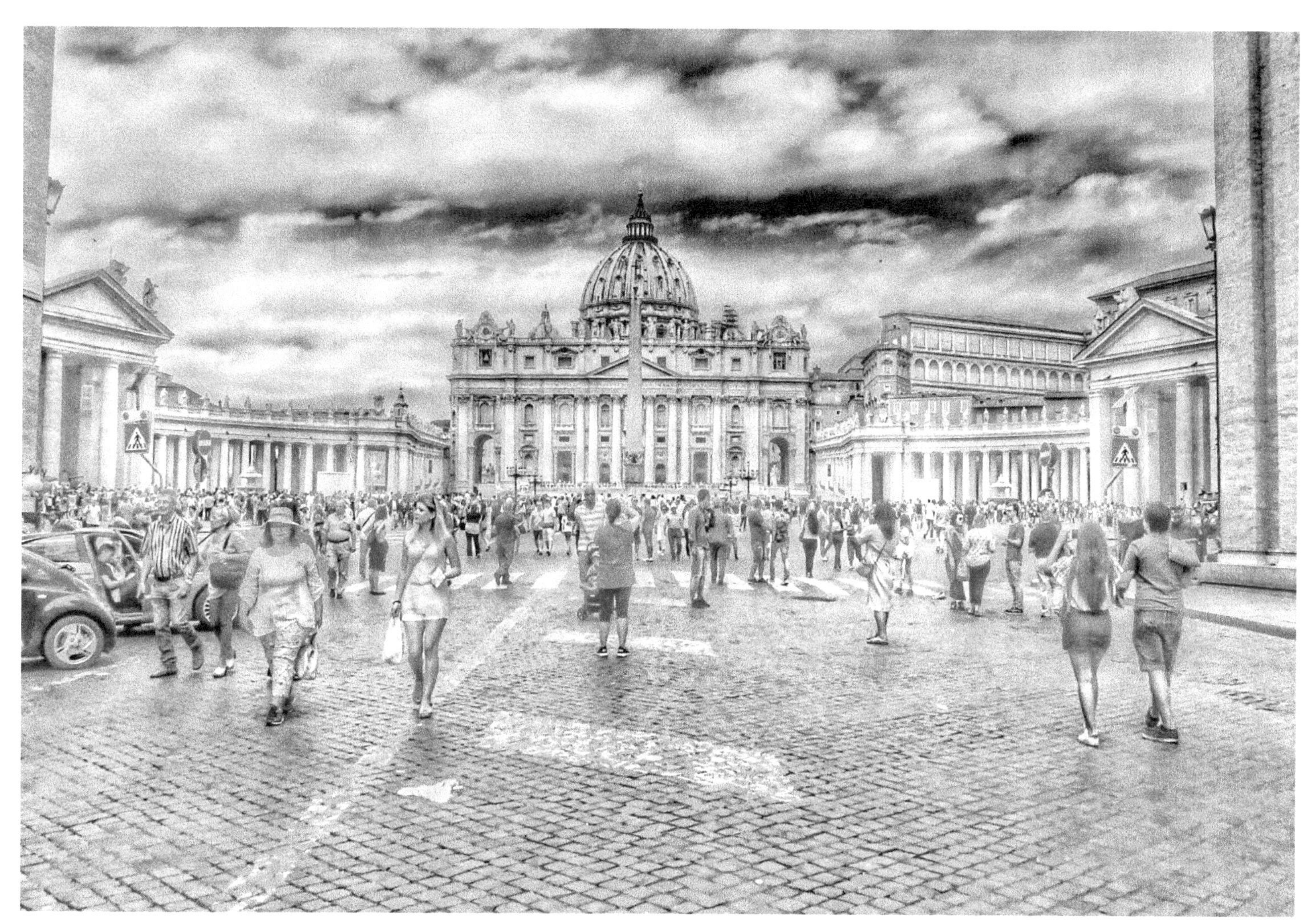

Via della Conciliazione

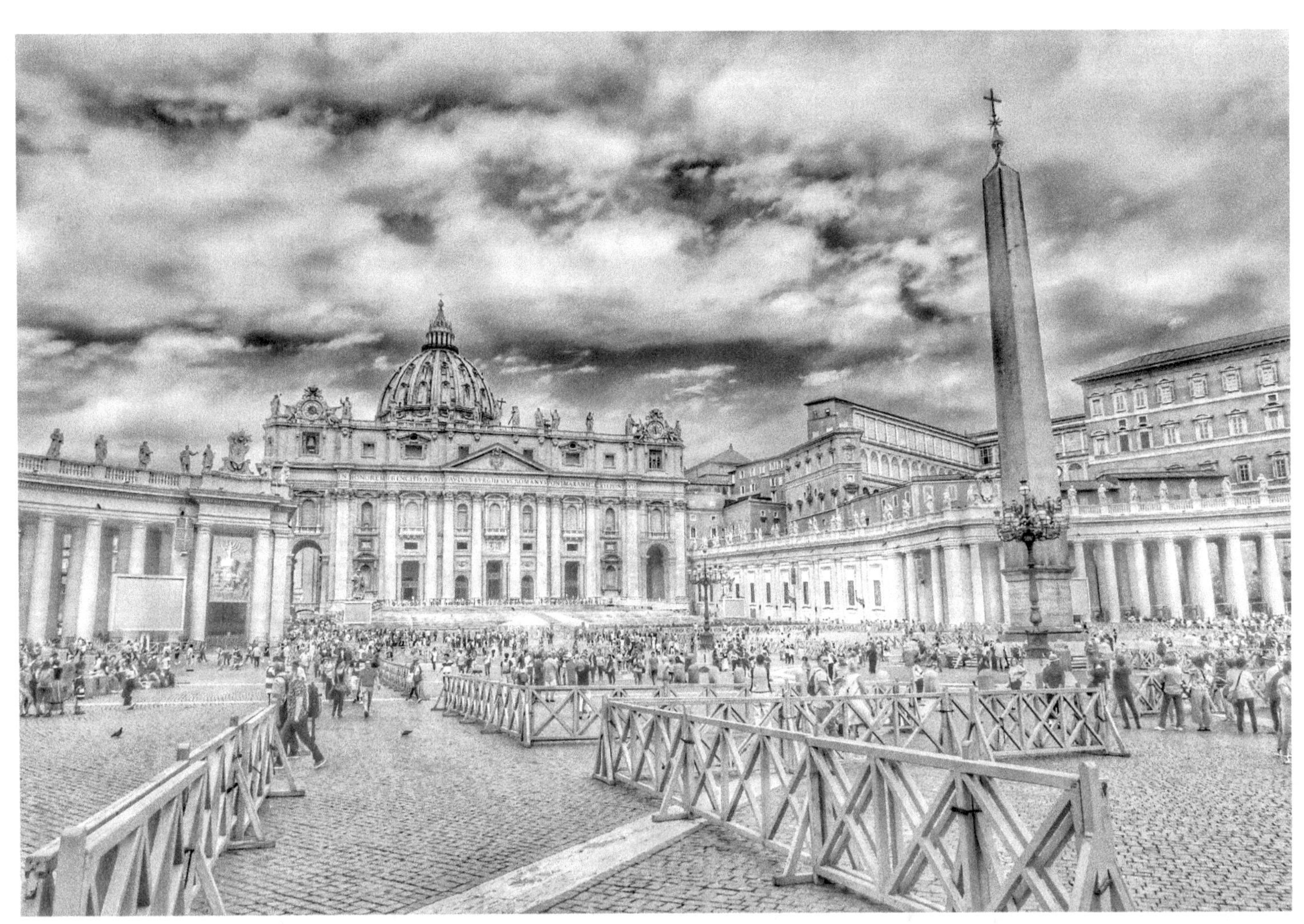

Piazza San Pietro

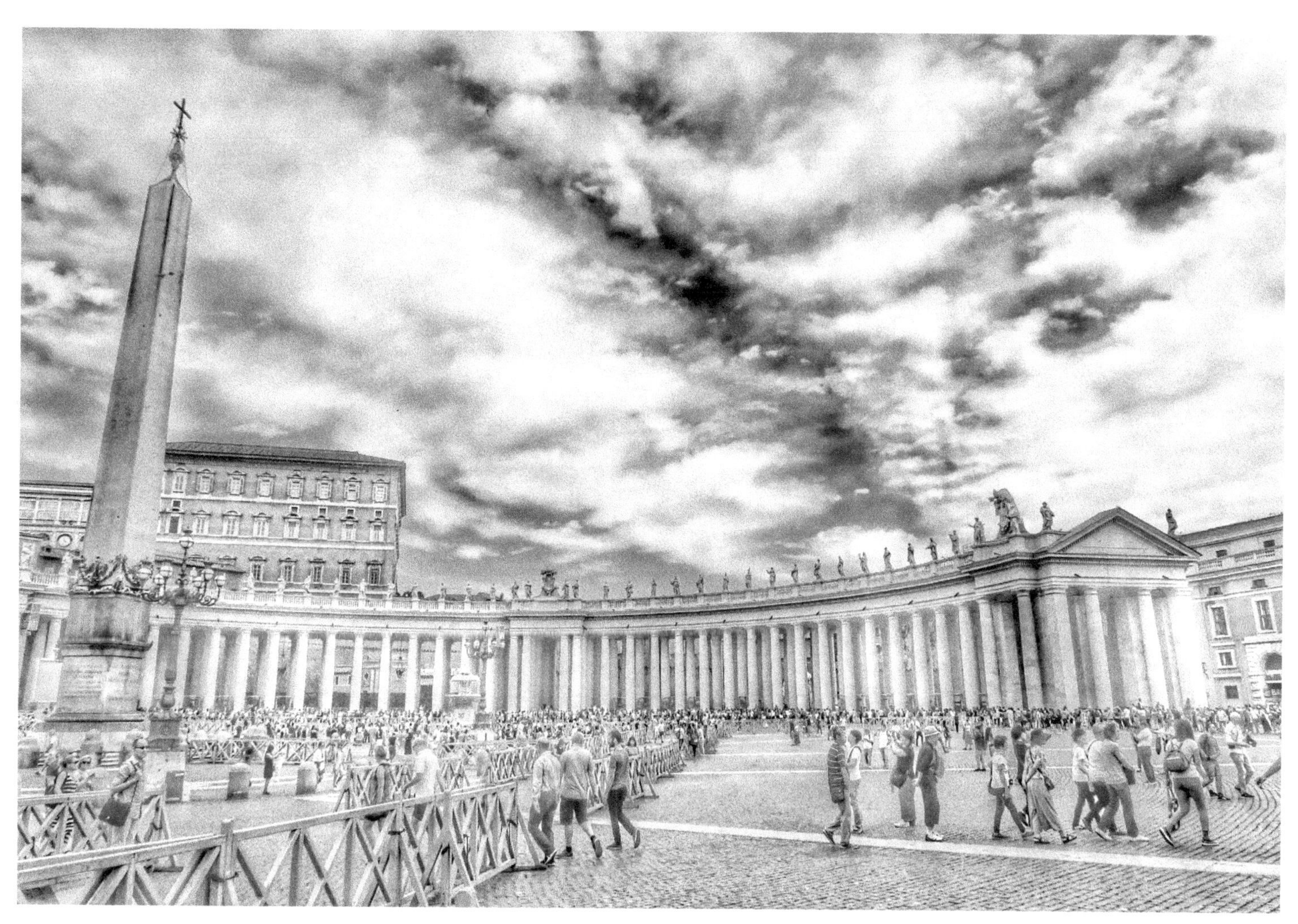

Piazza San Pietro

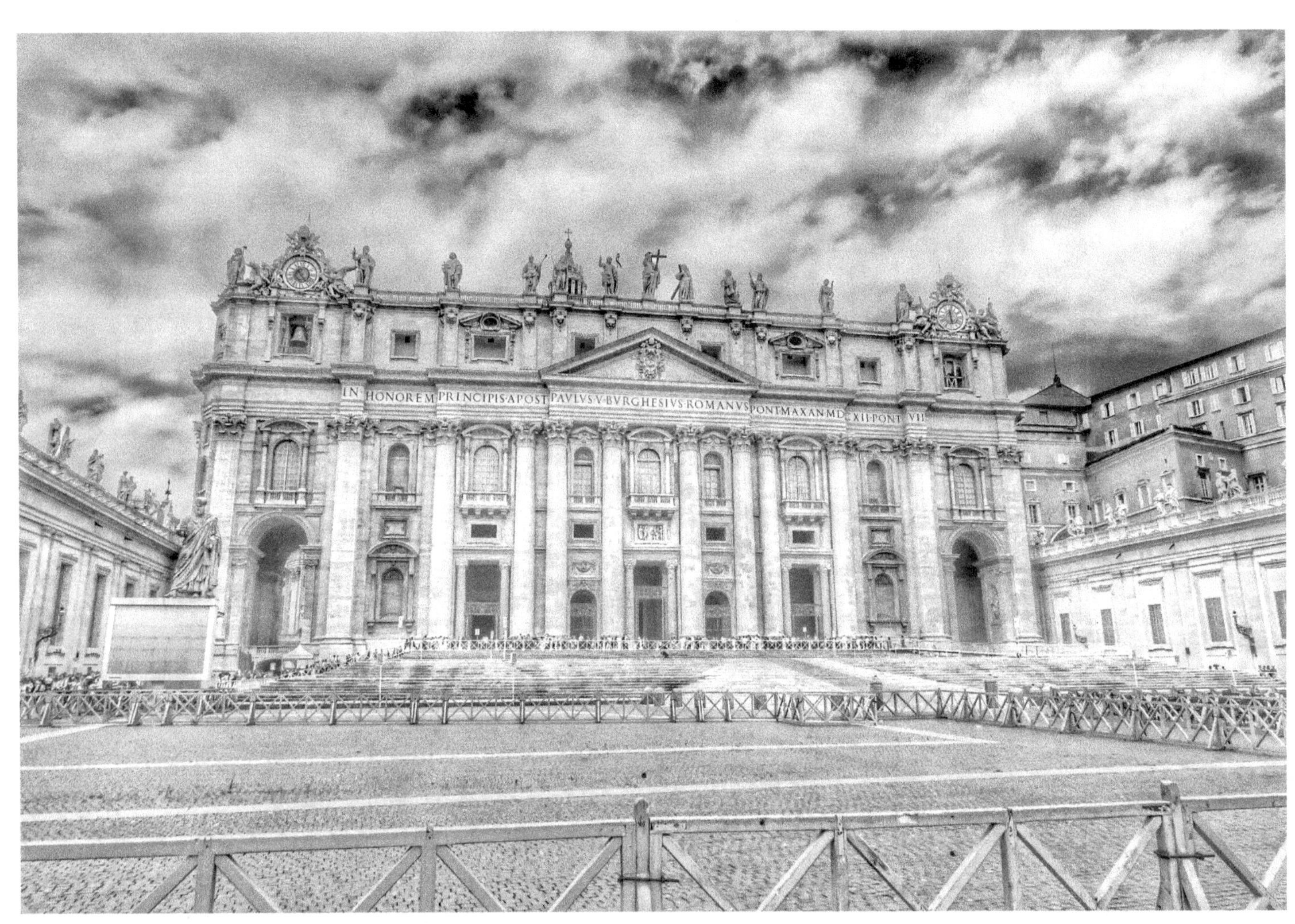

Piazza San Pietro

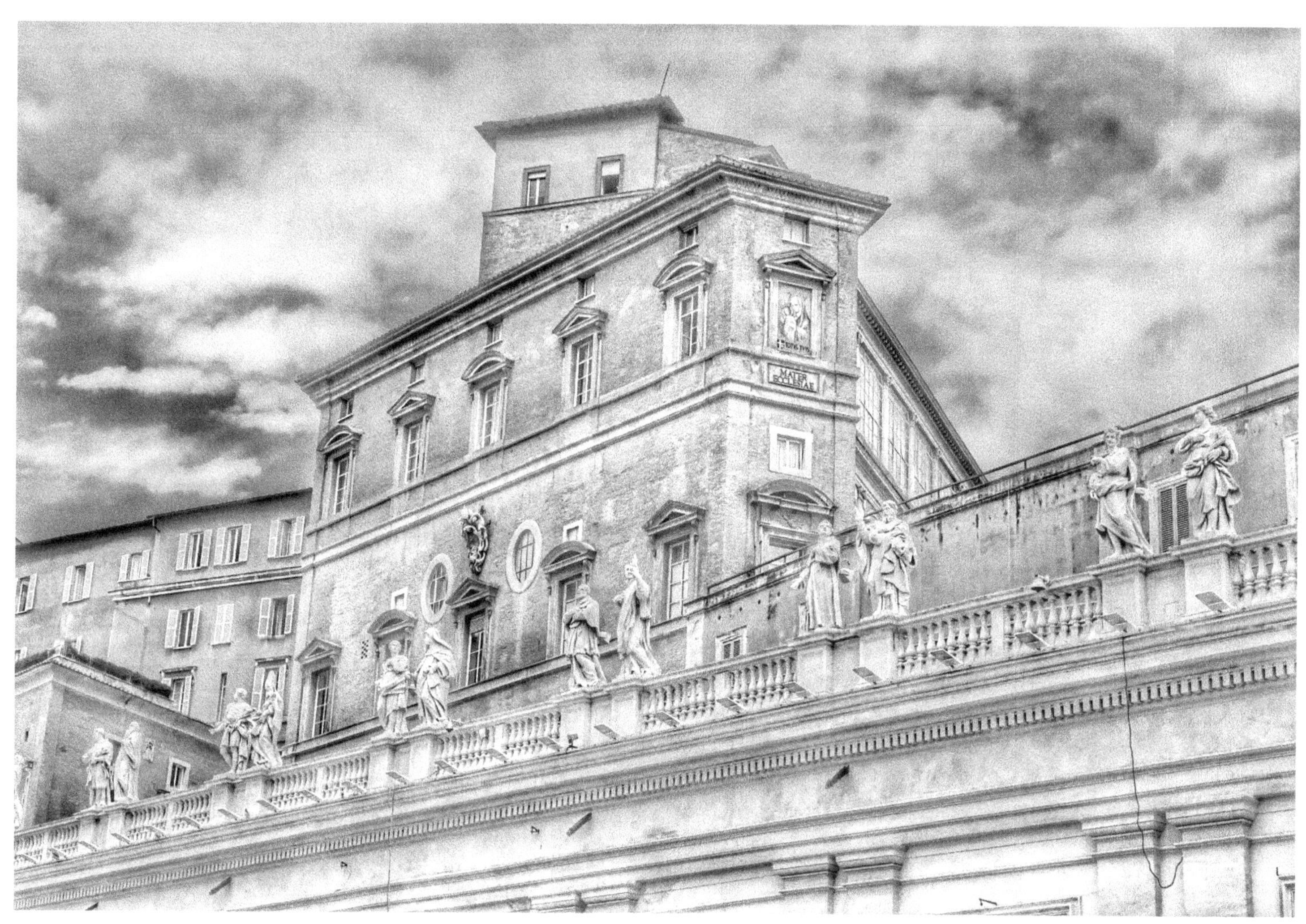

Piazza San Pietro

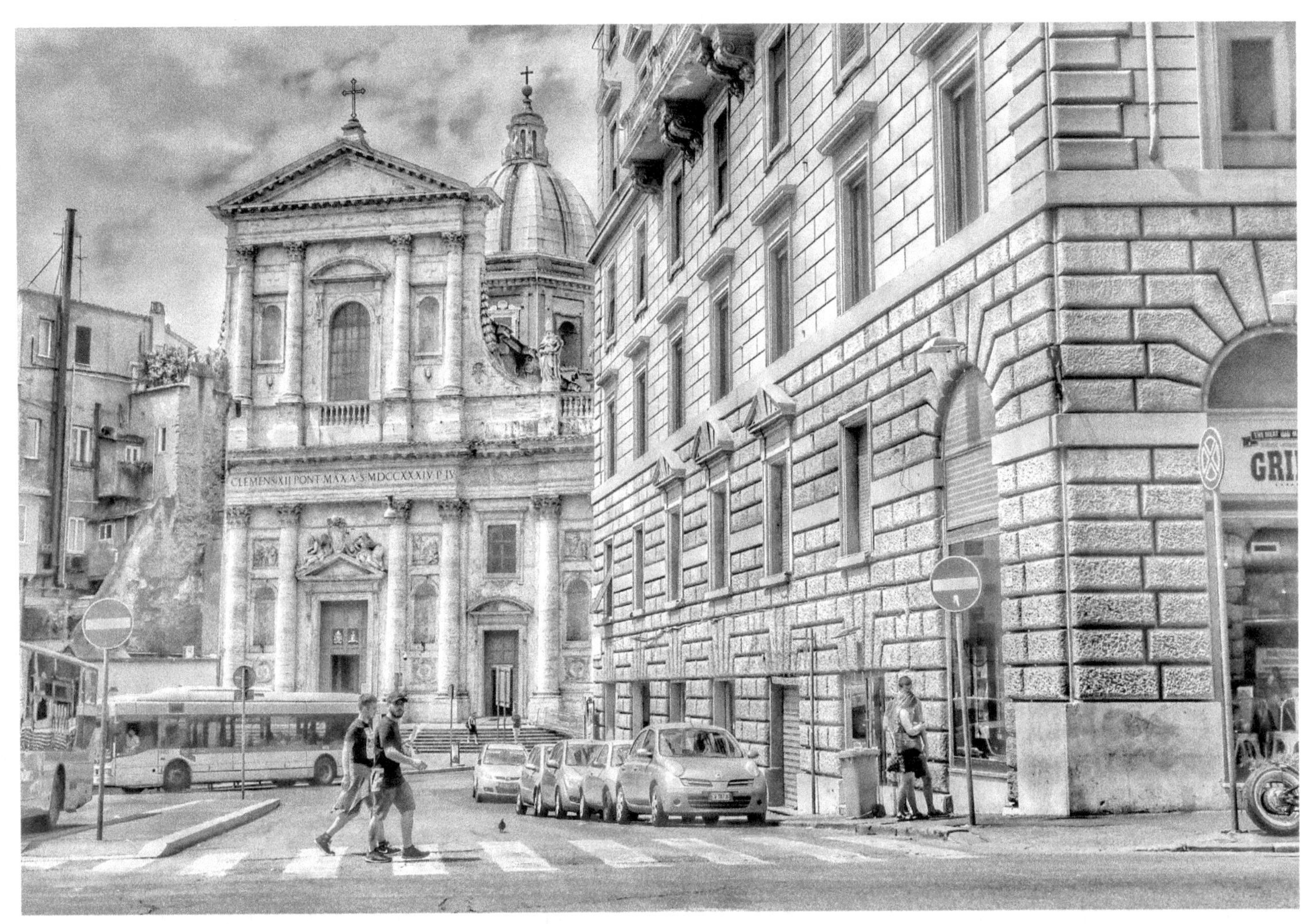

Corso Vittorio Emanuele II

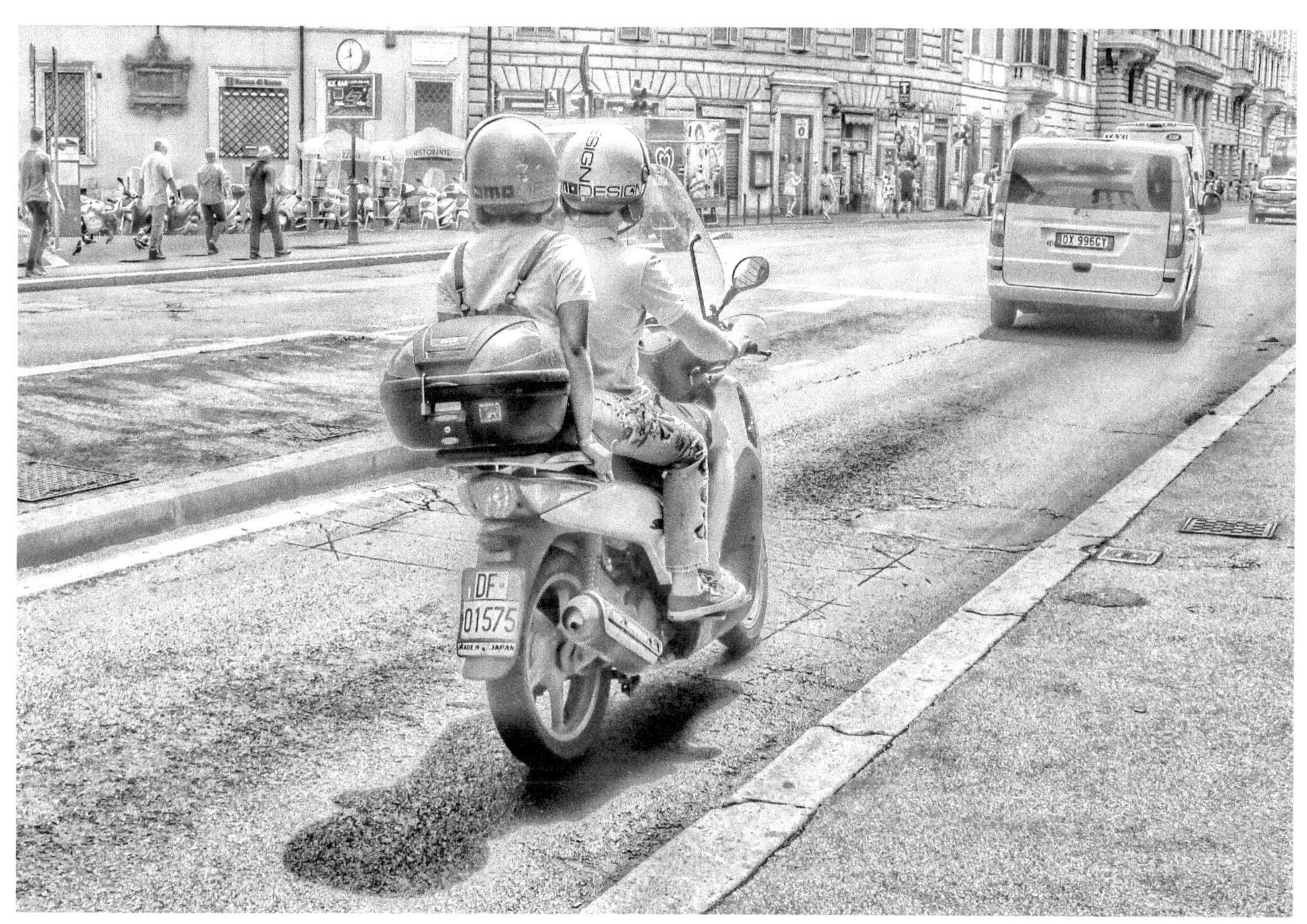

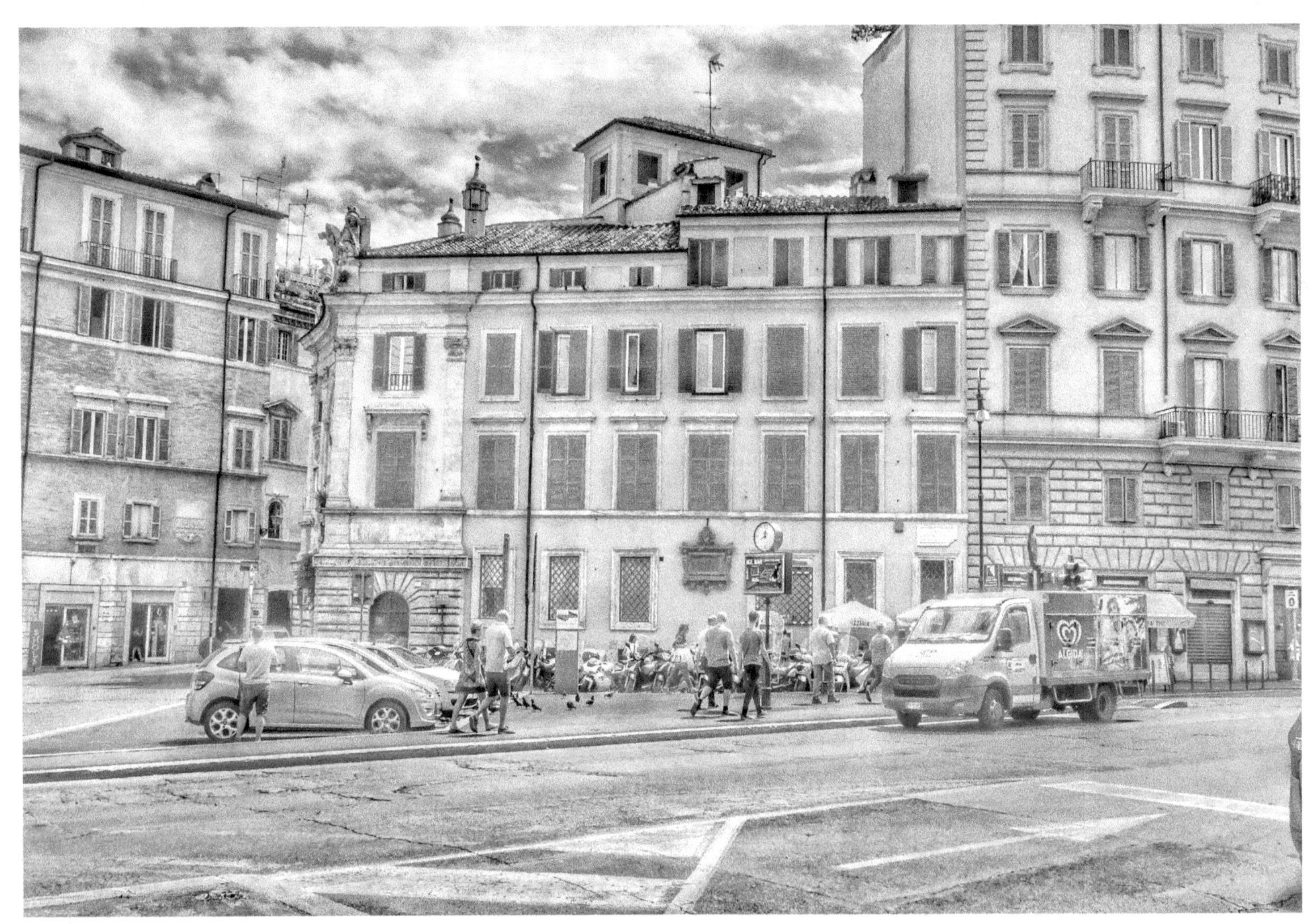

Corso Vittorio Emanuele II

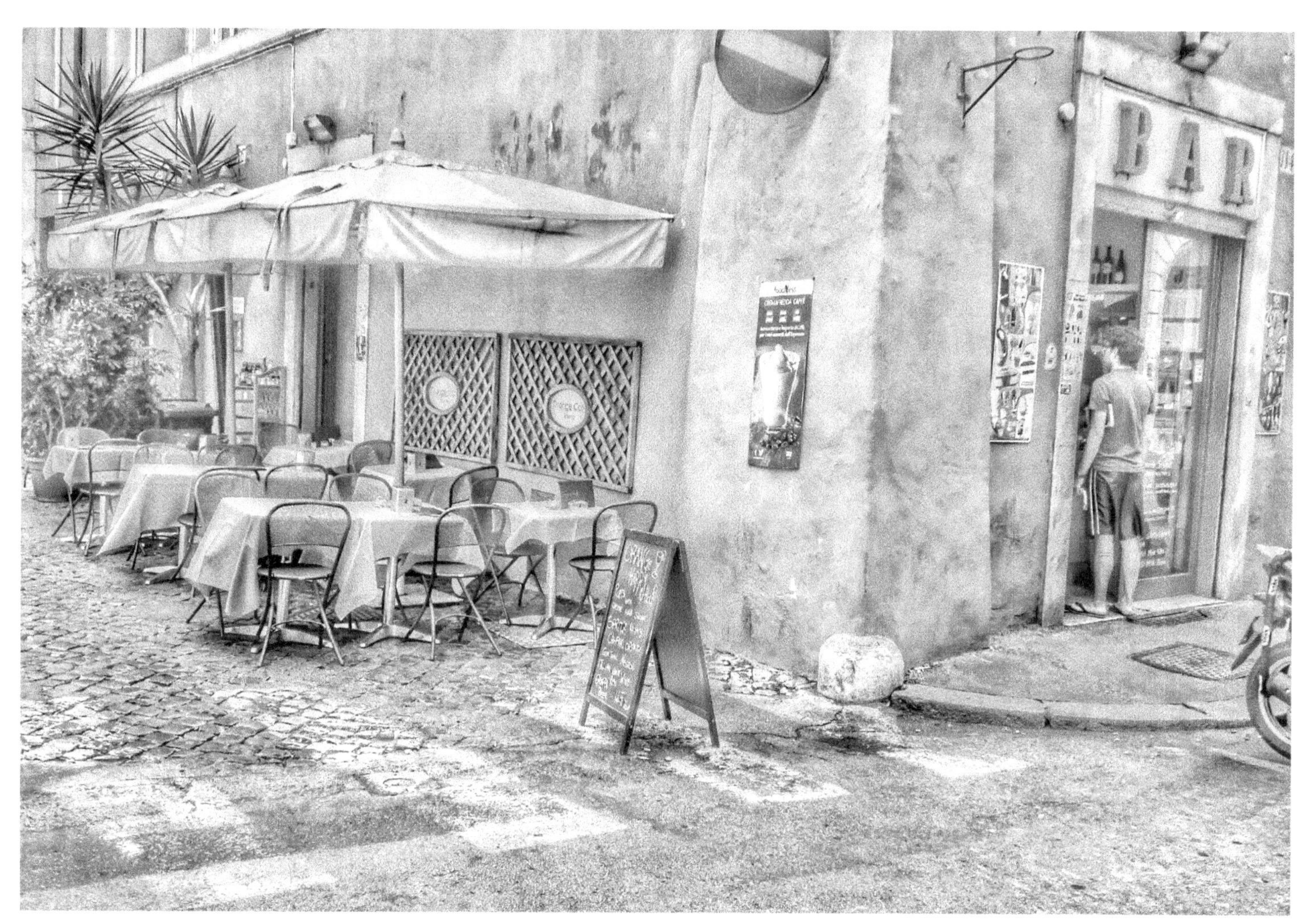

Corso Vittorio Emanuele II

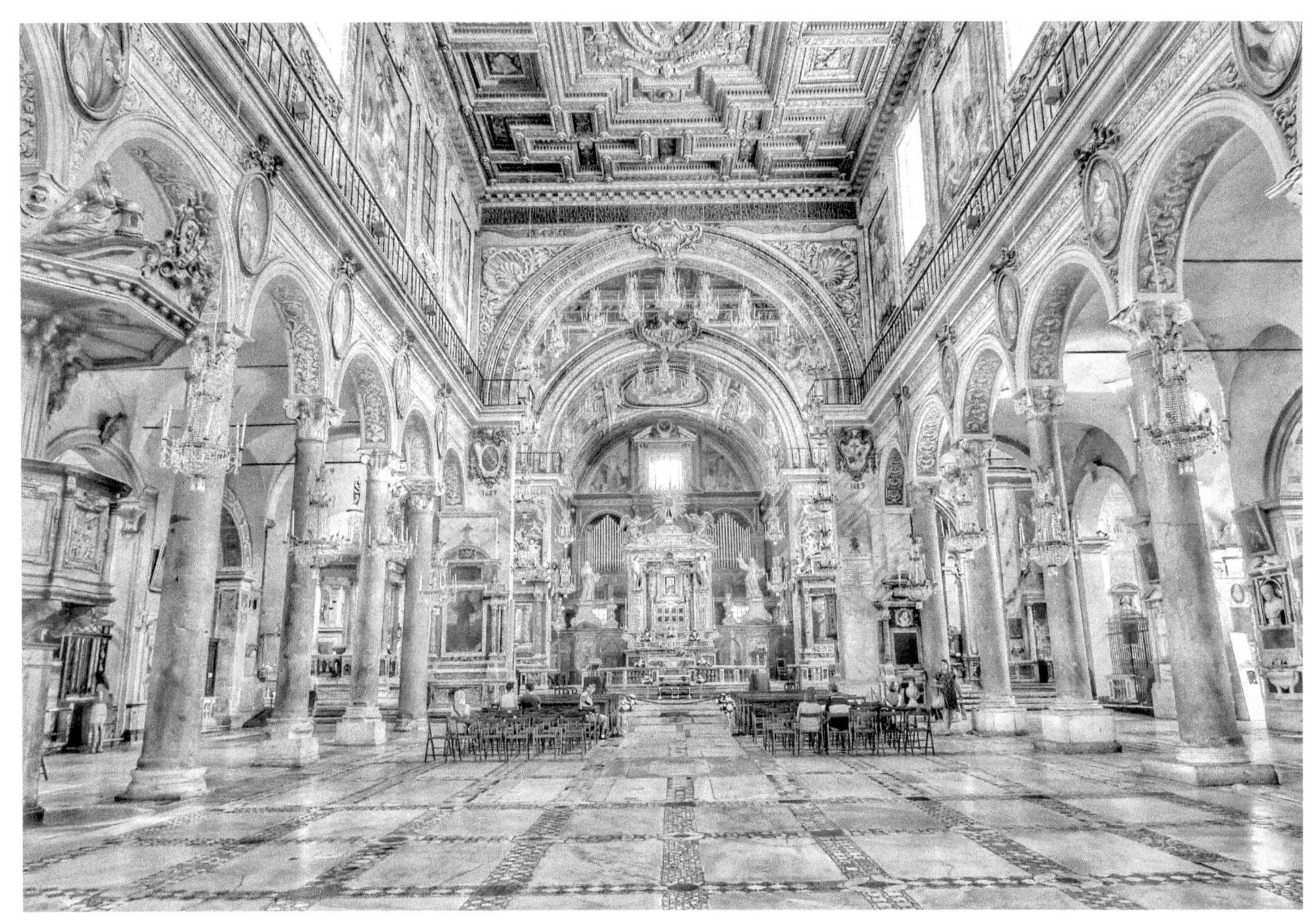

 Basilica di Santa Maria in Ara coeli

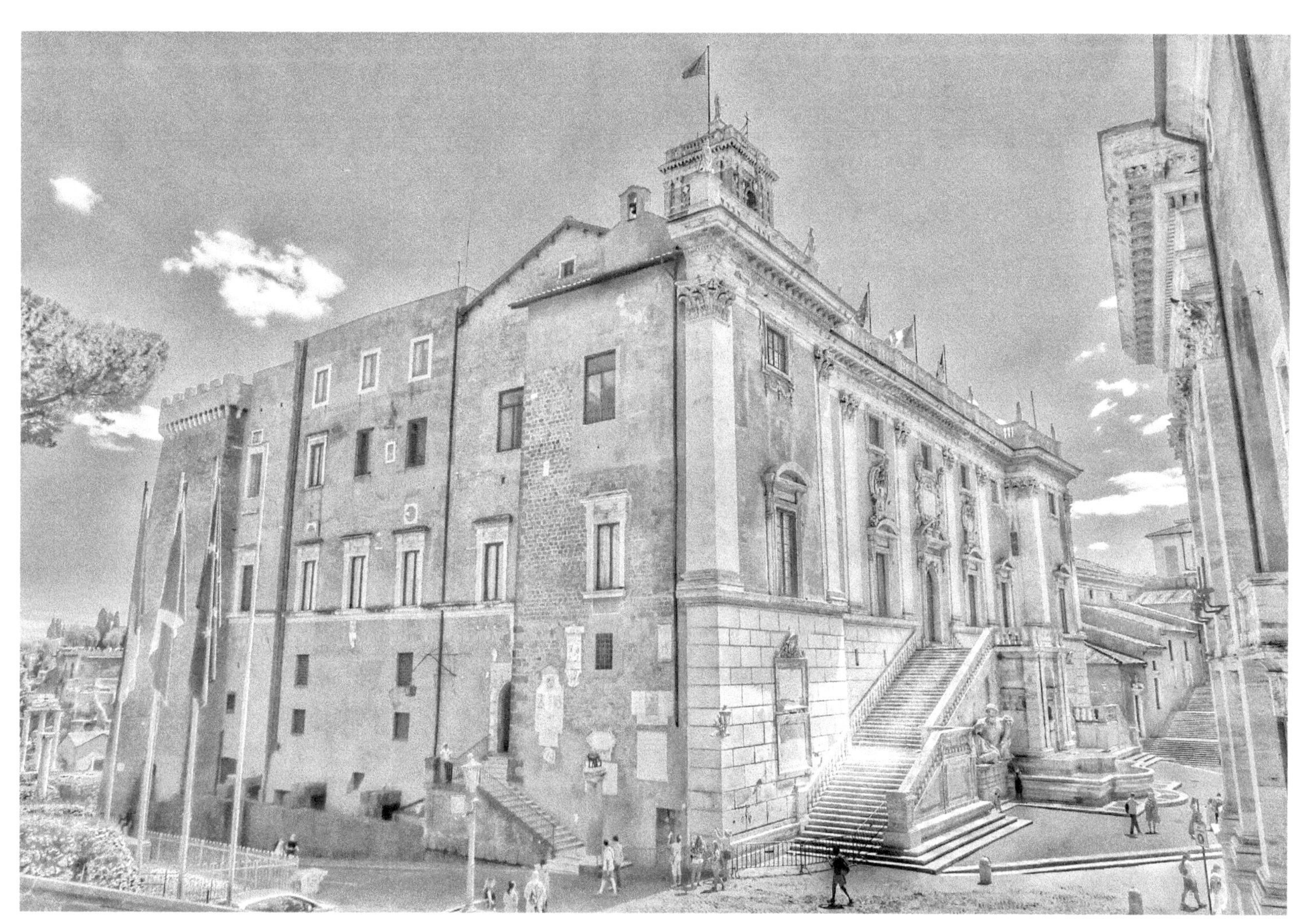

Basilica di Santa Maria in Ara coeli

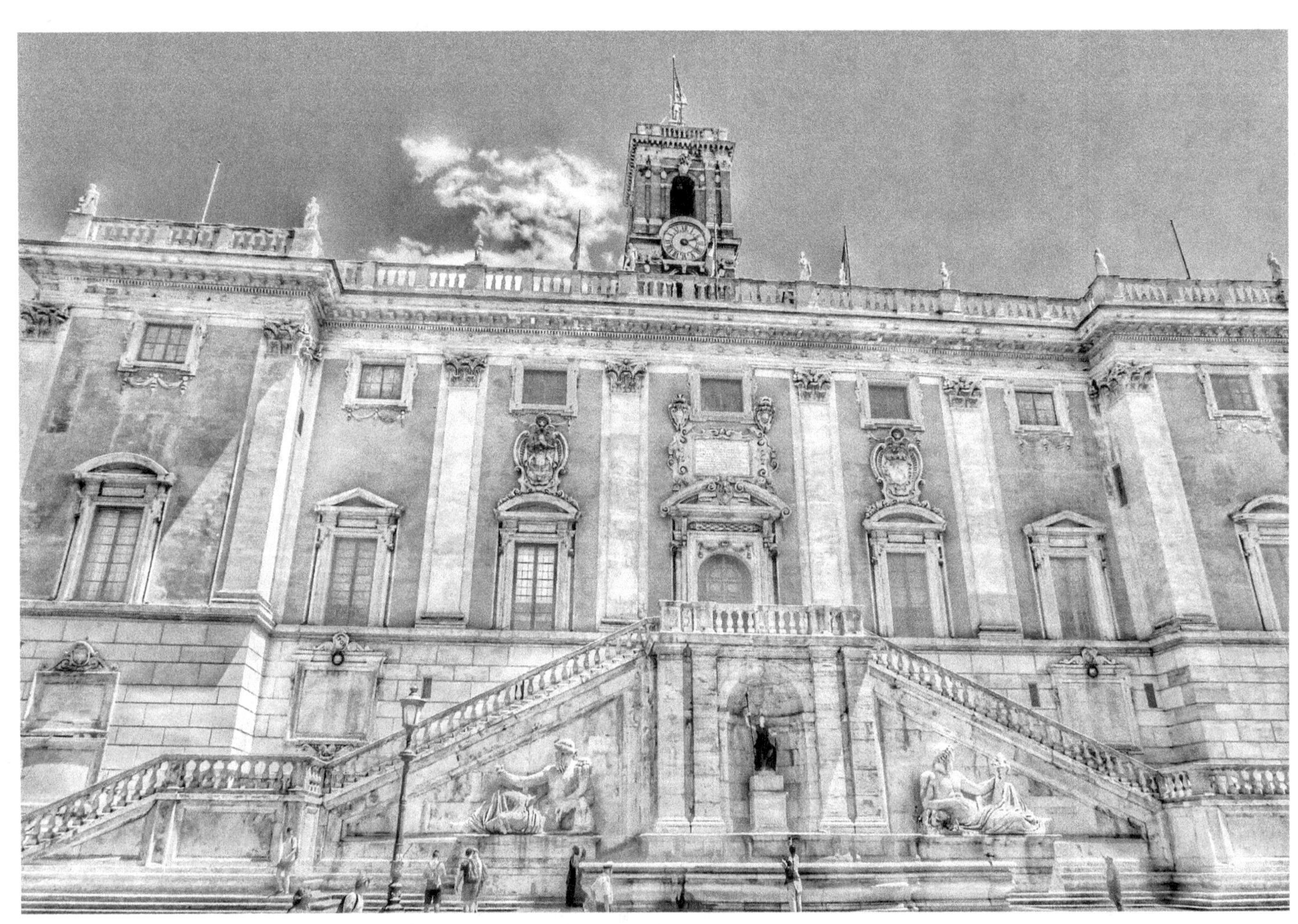

Musei Capitolini

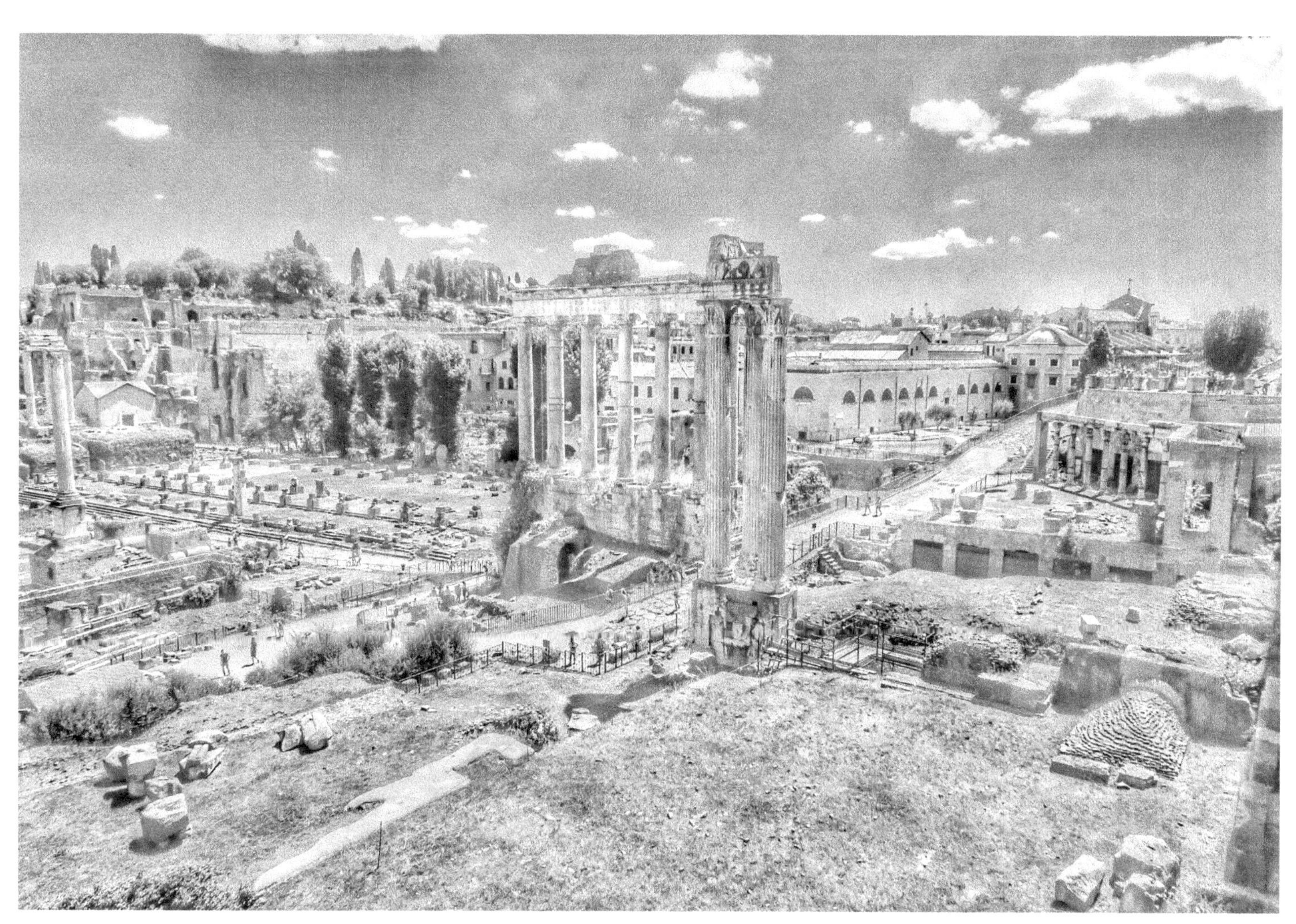

Tempio di Vespasiano e Tito

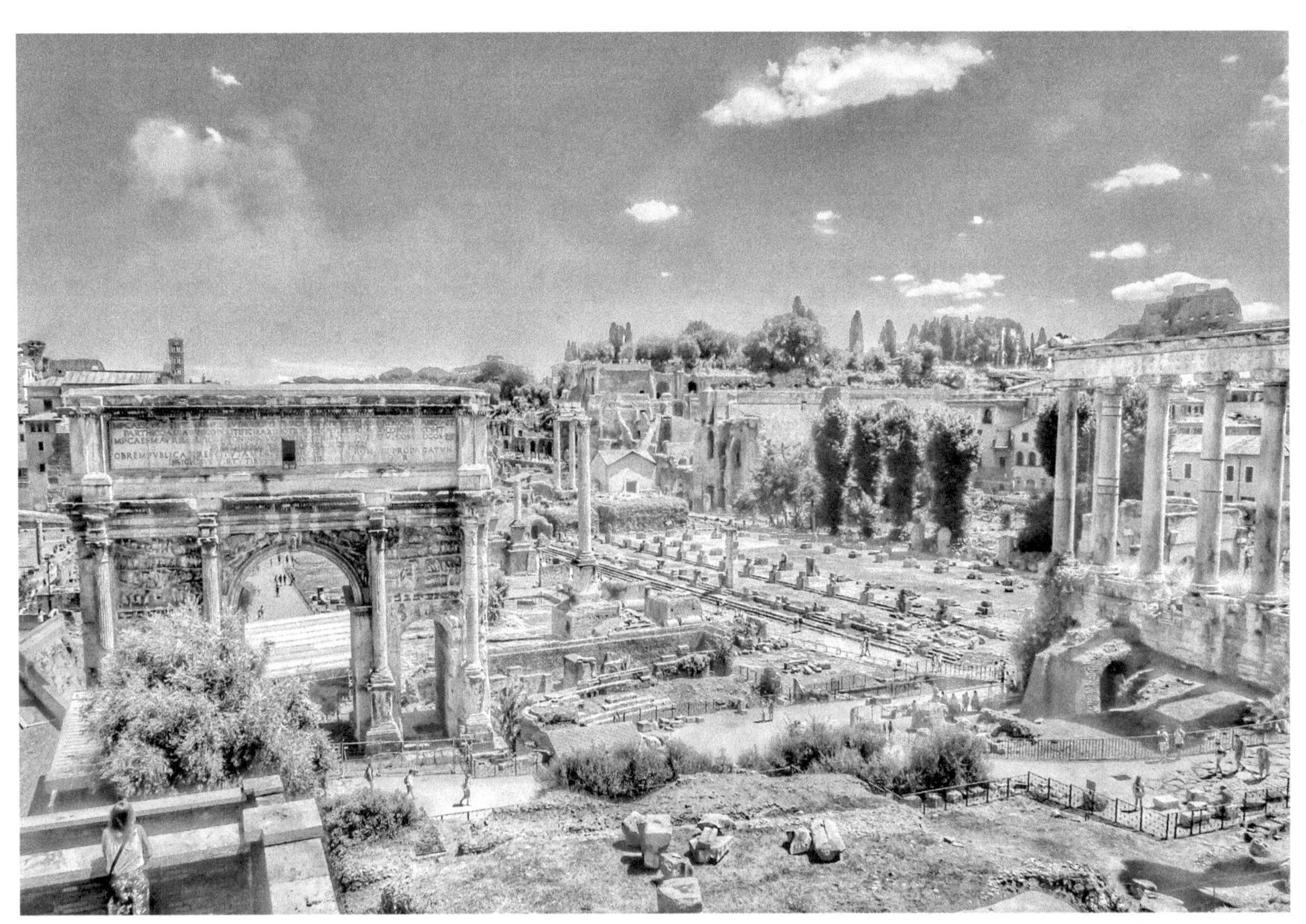

Tempio di Vespasiano e Tito

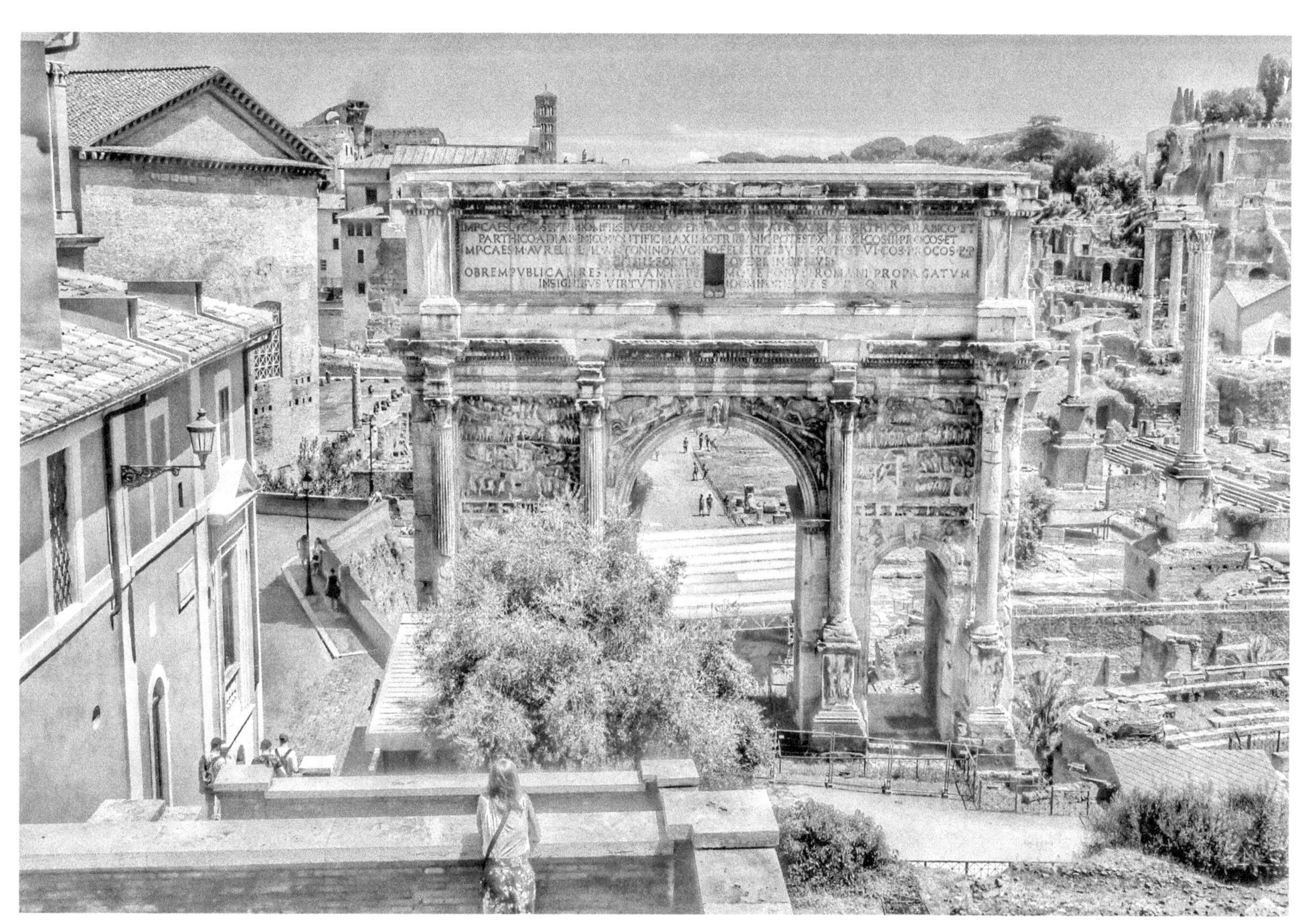

Arco di Settimio Severo

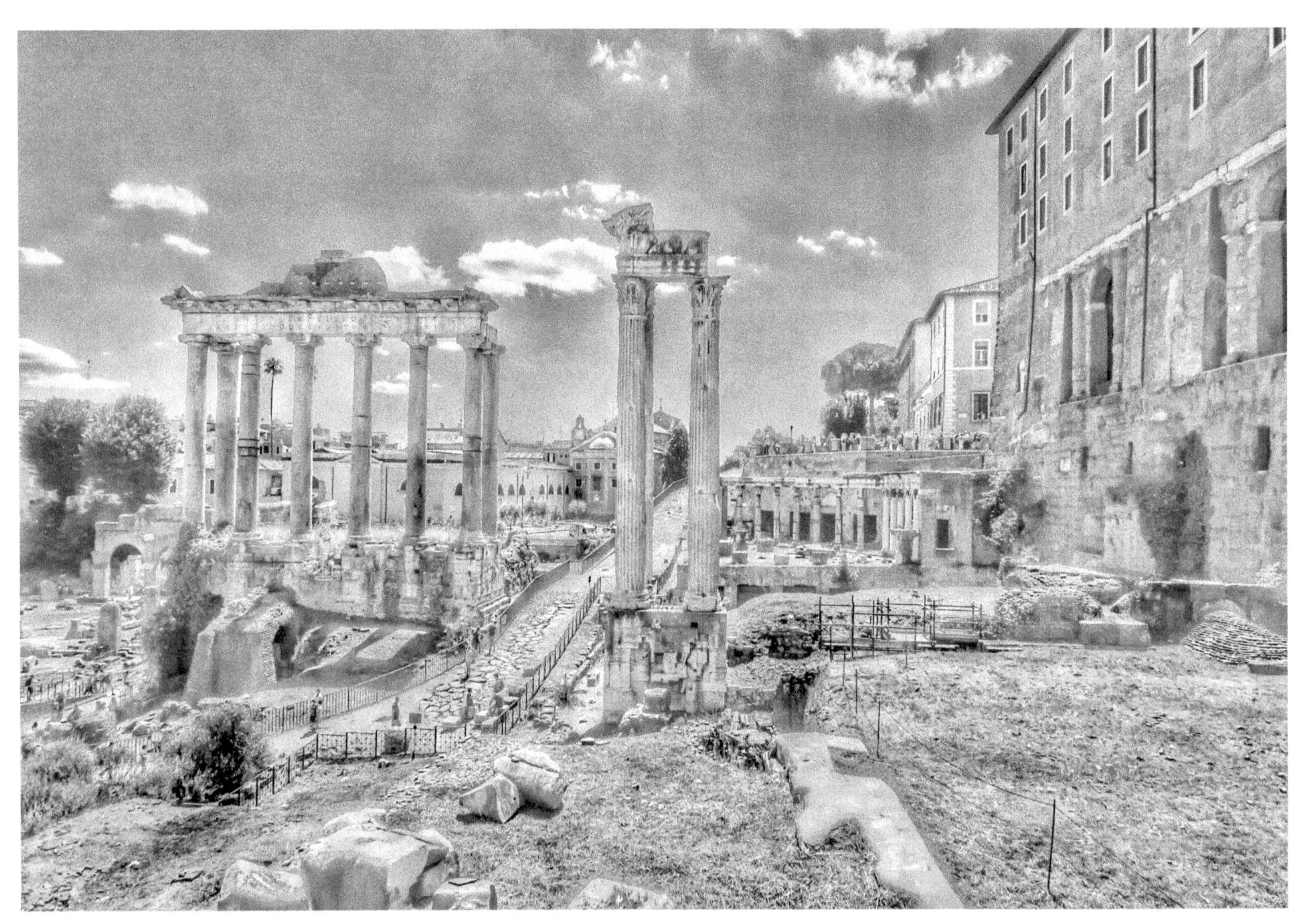

  Foro Romano

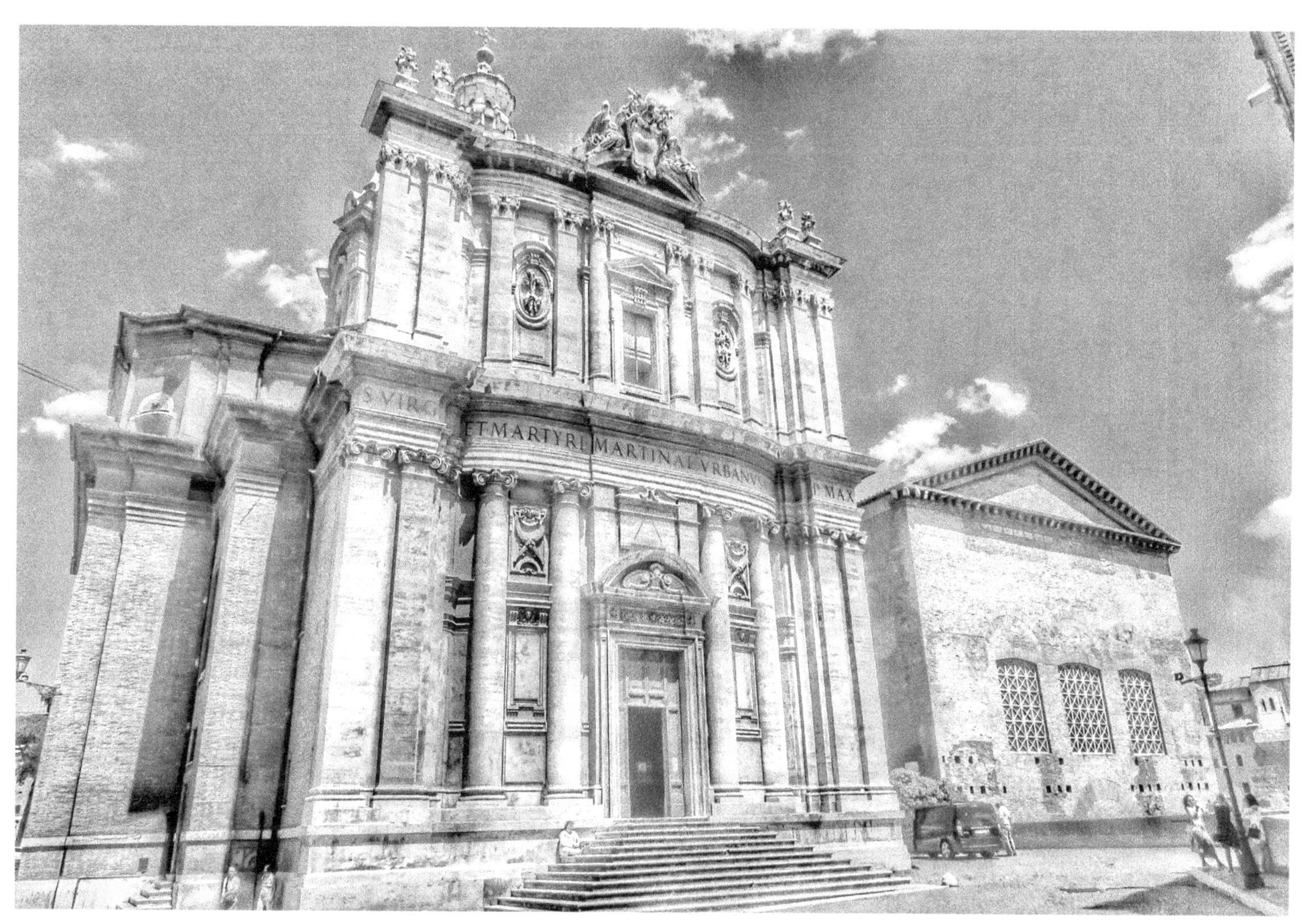

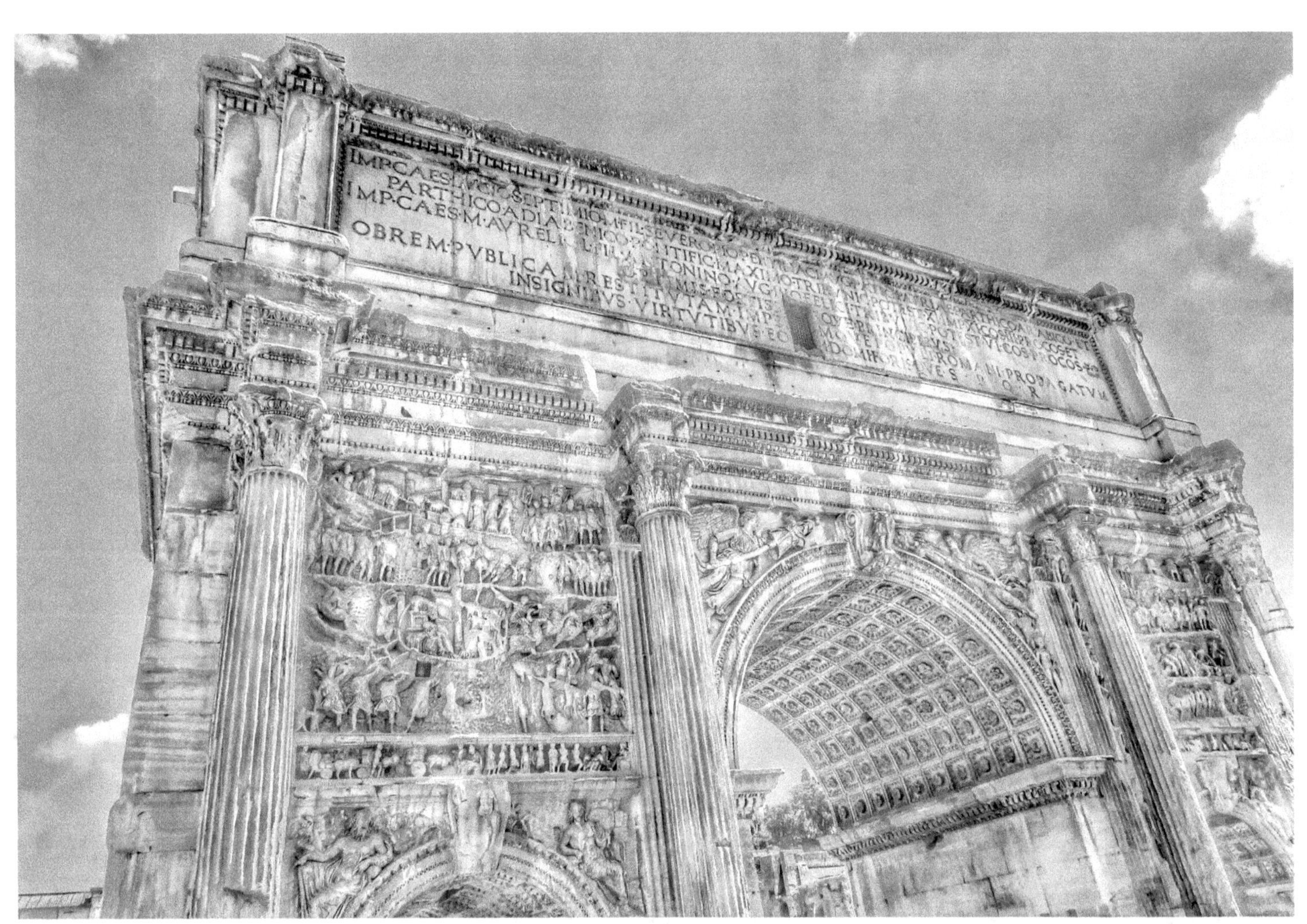

Foro Romano

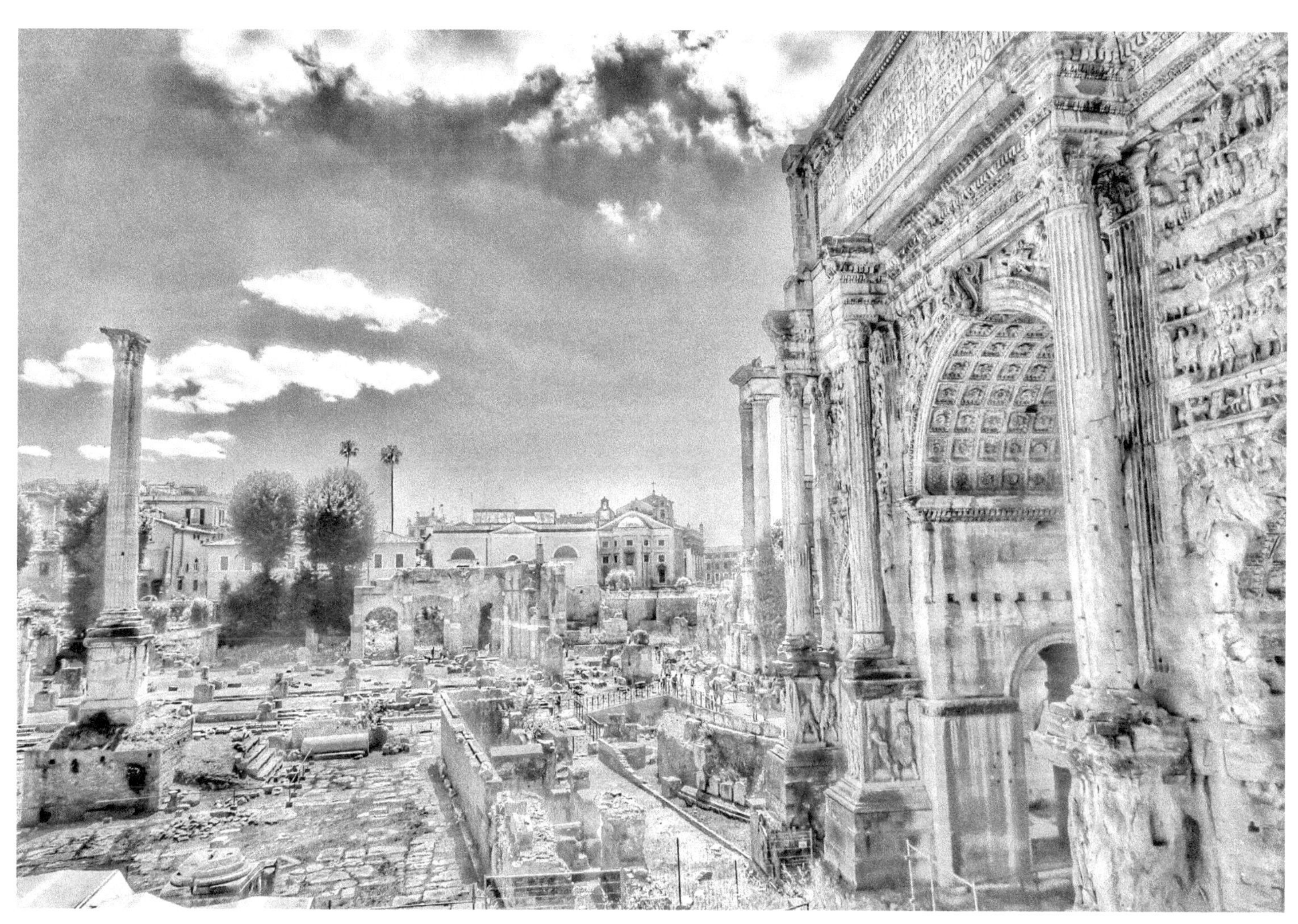

Foro Romano

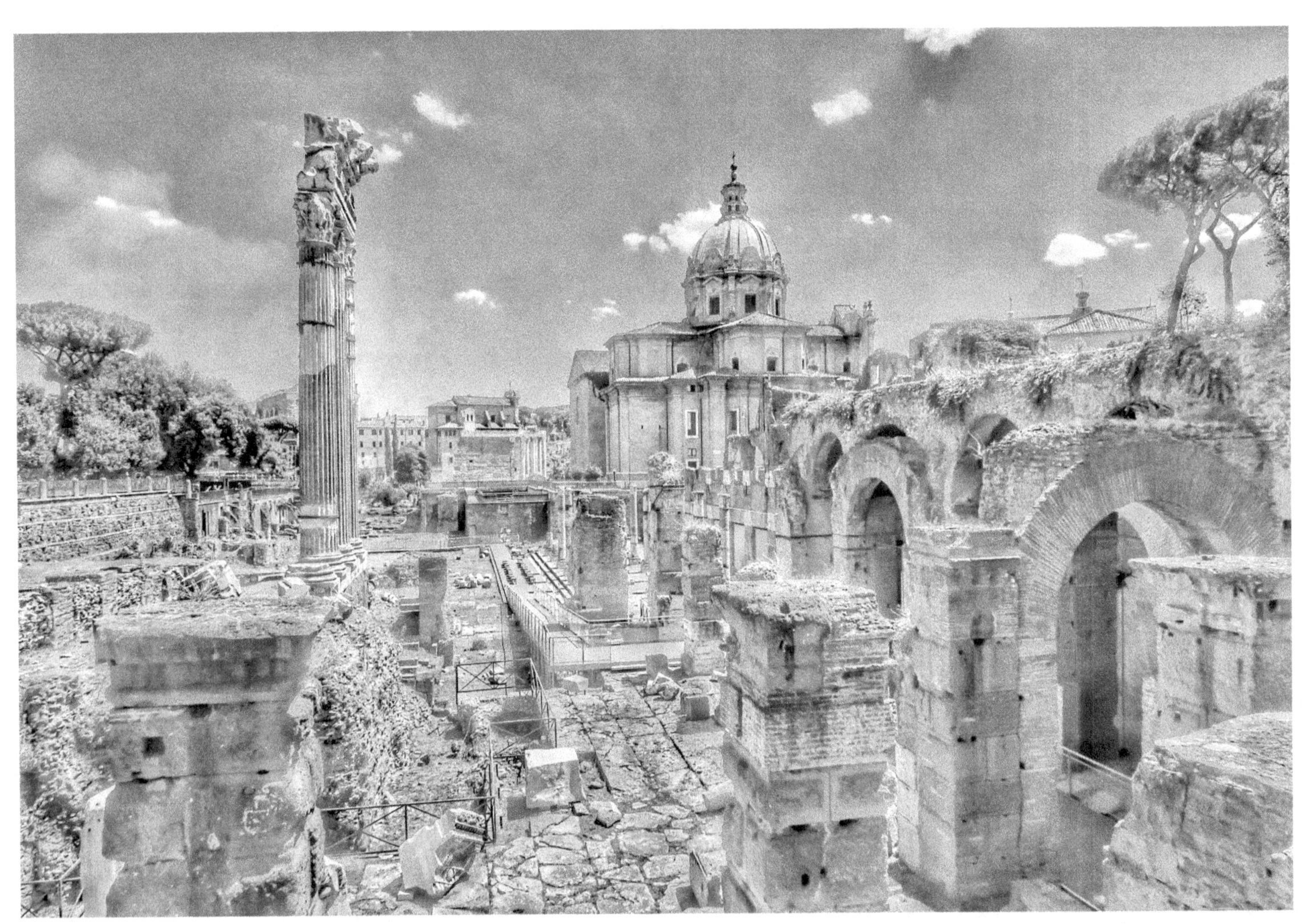

Foro Romano

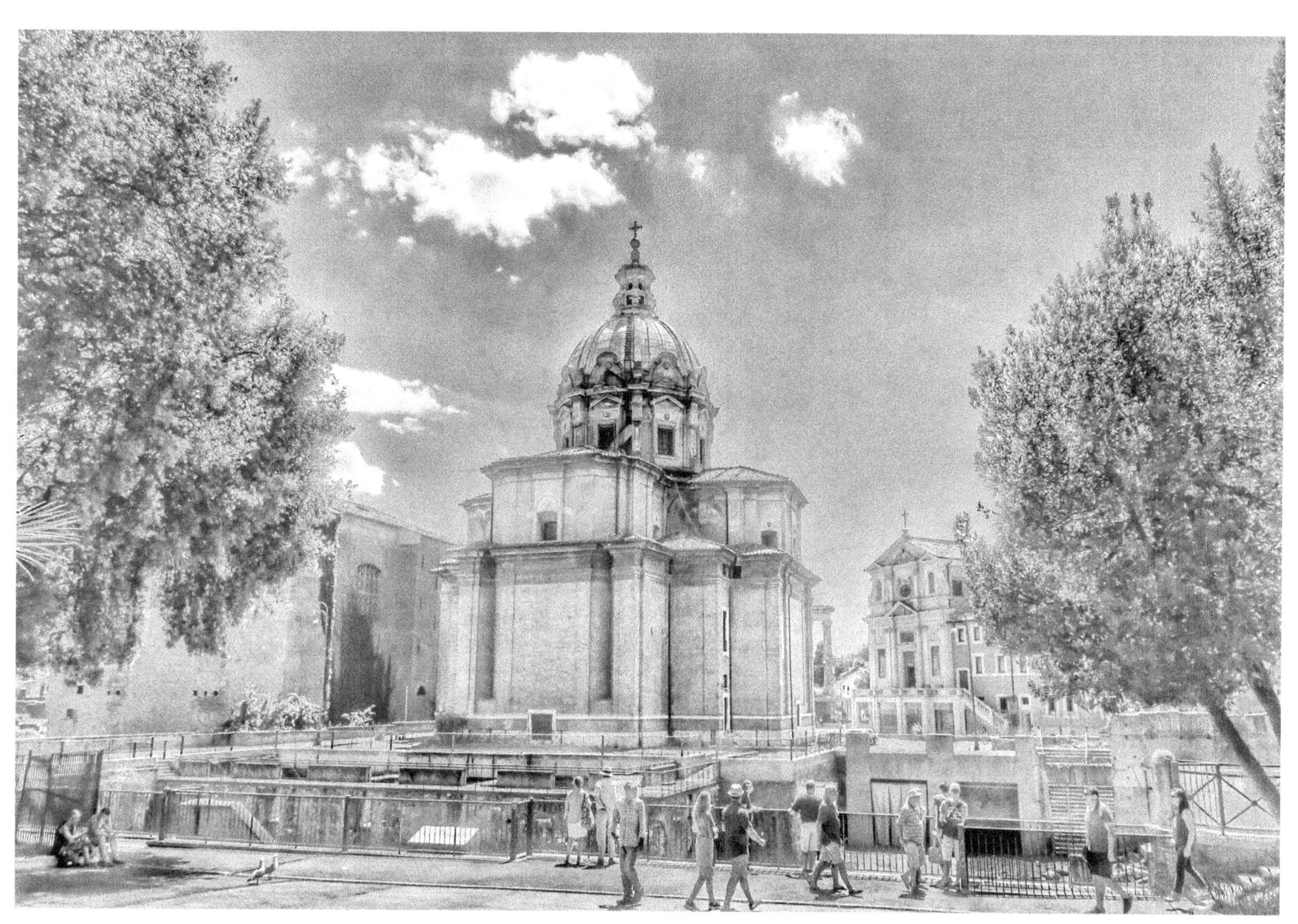

Foro Romano

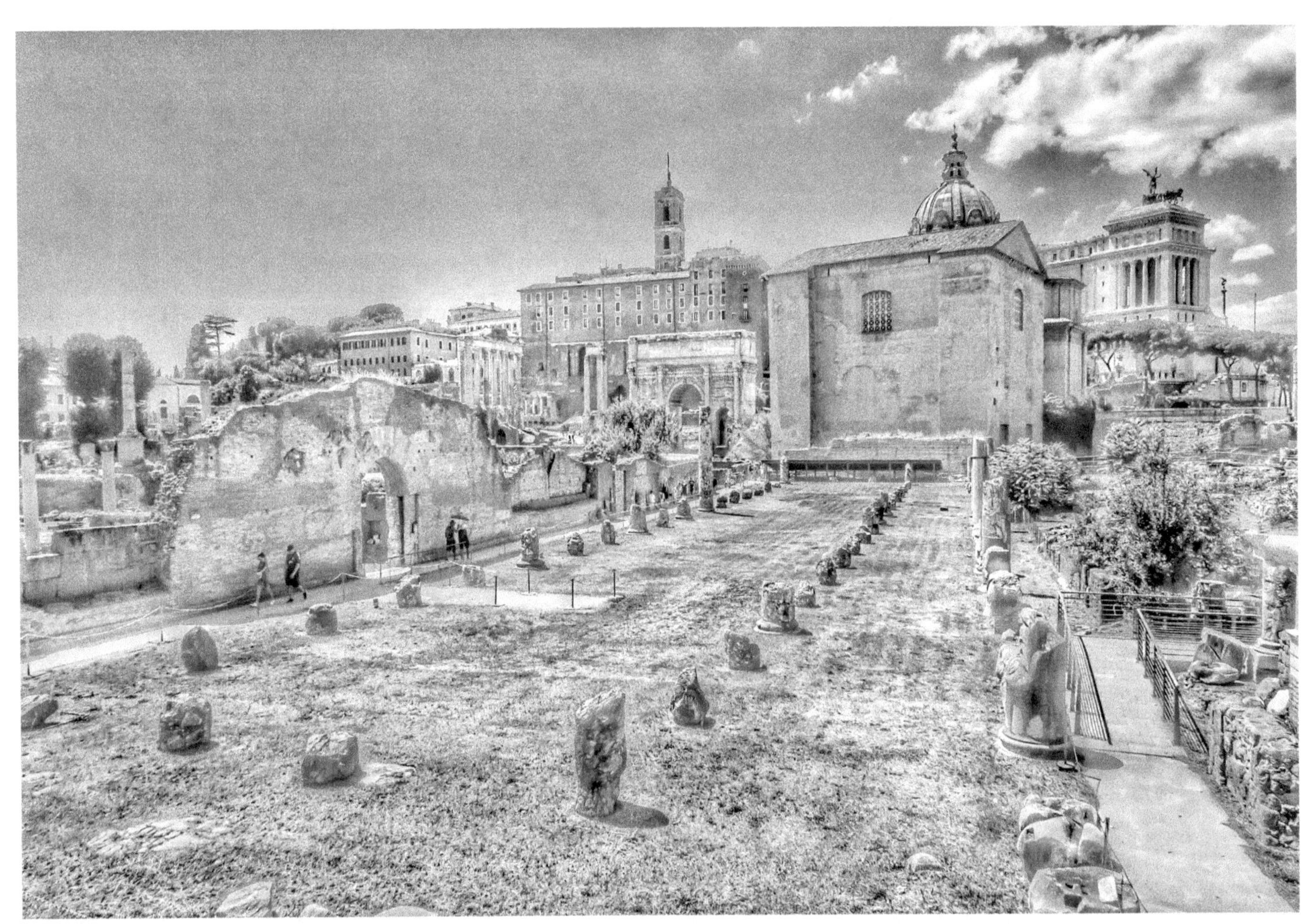

Foro Romano

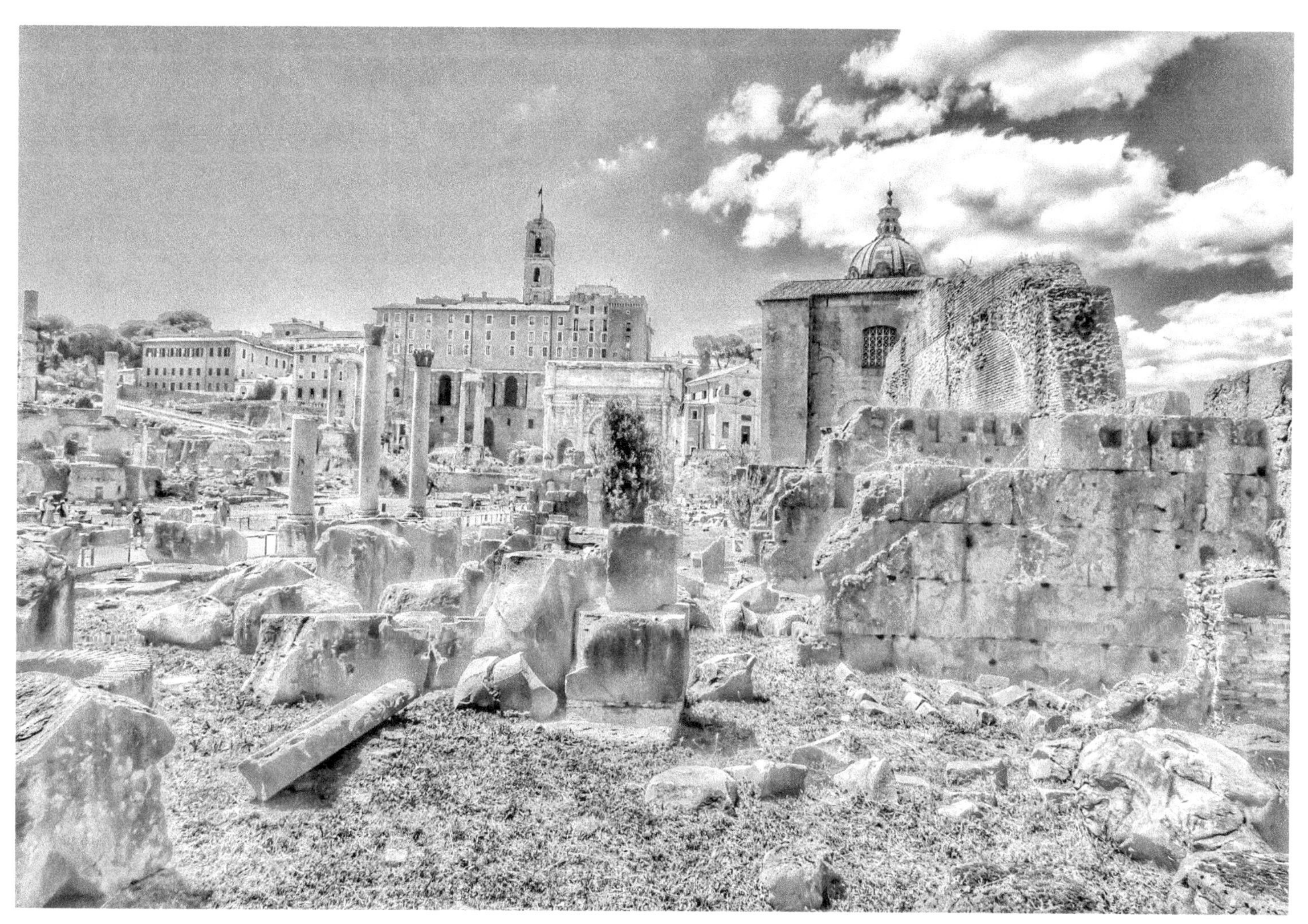

Foro Romano

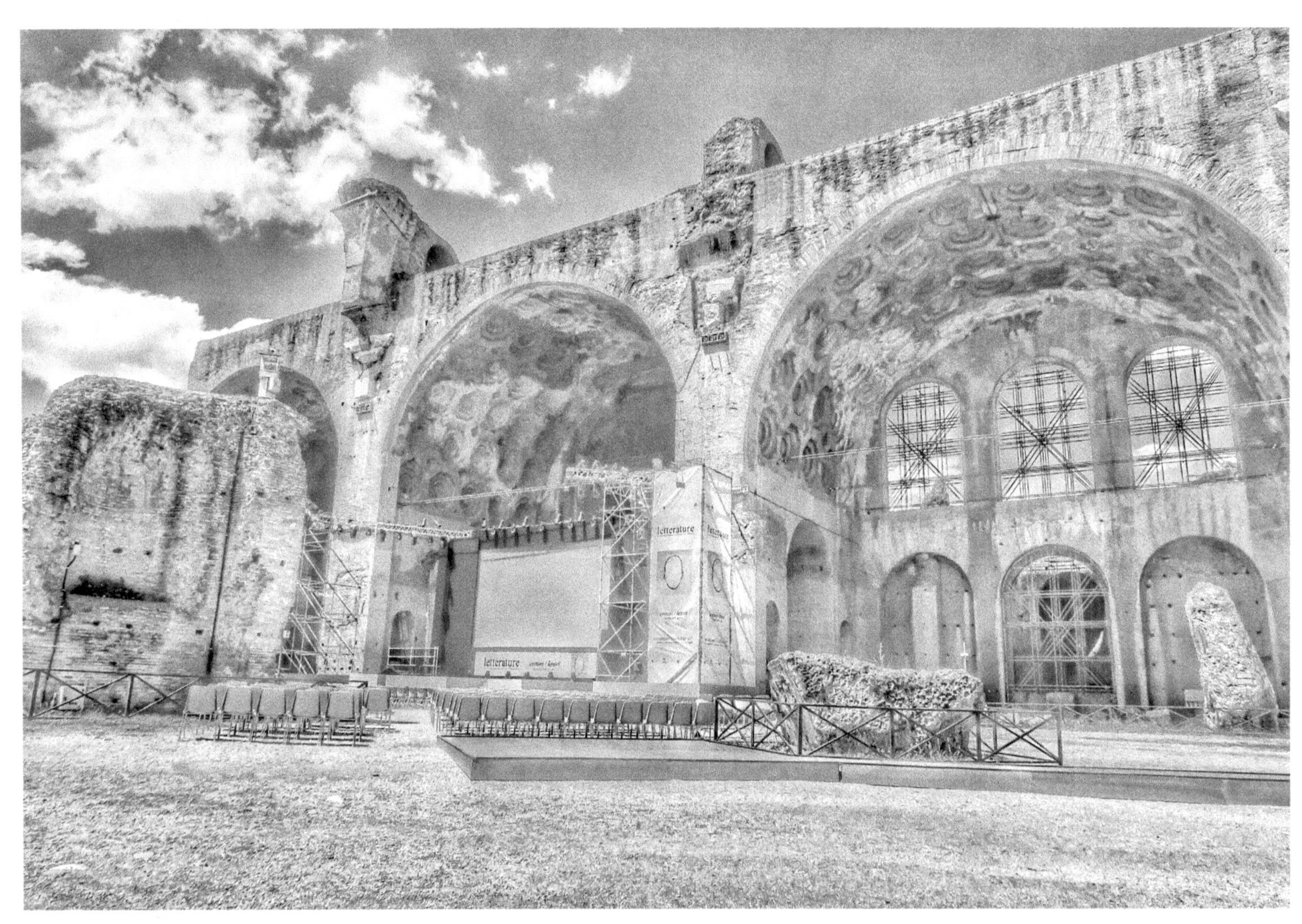

Il Tempio di Venere e Roma

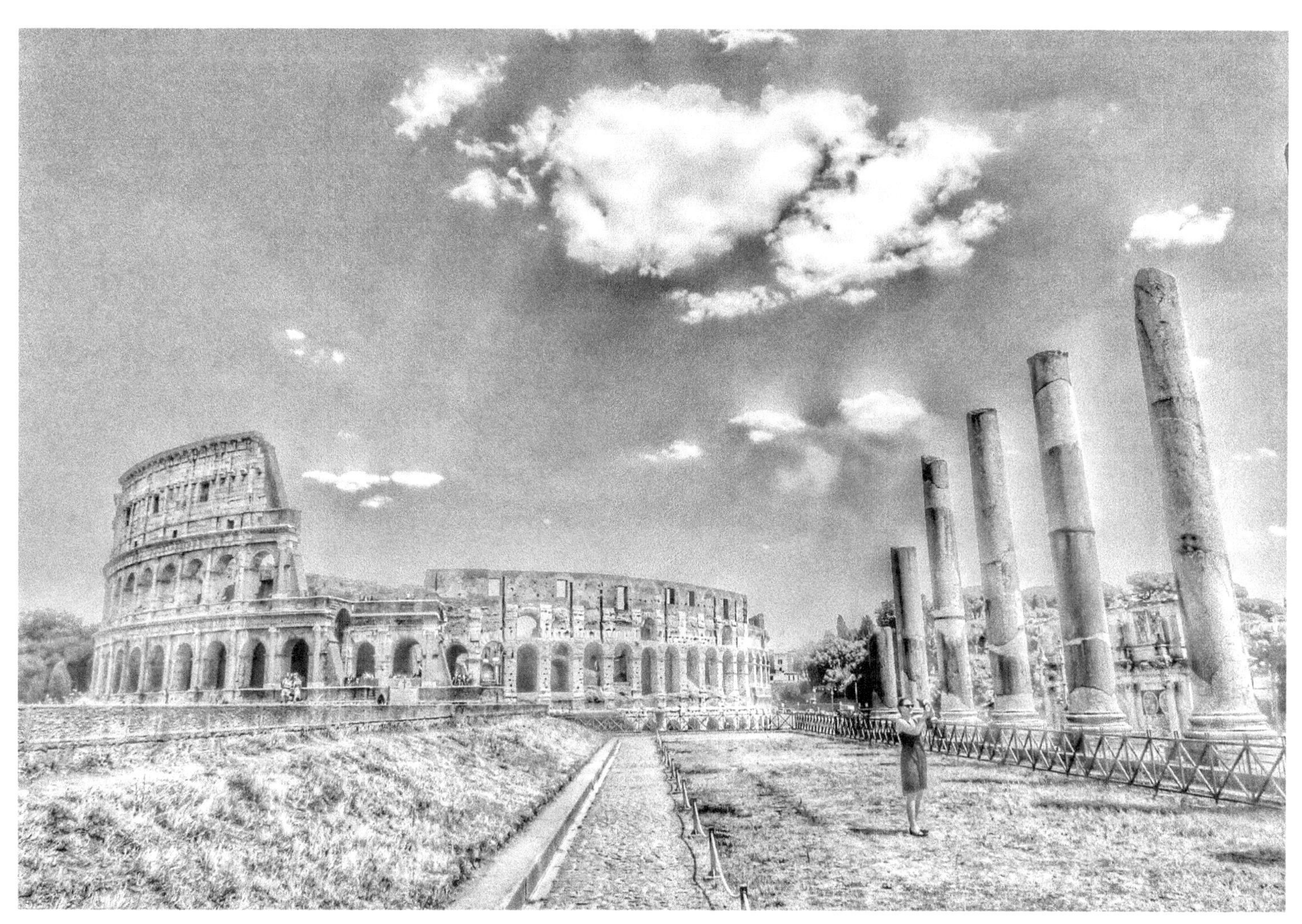

Via Sacra

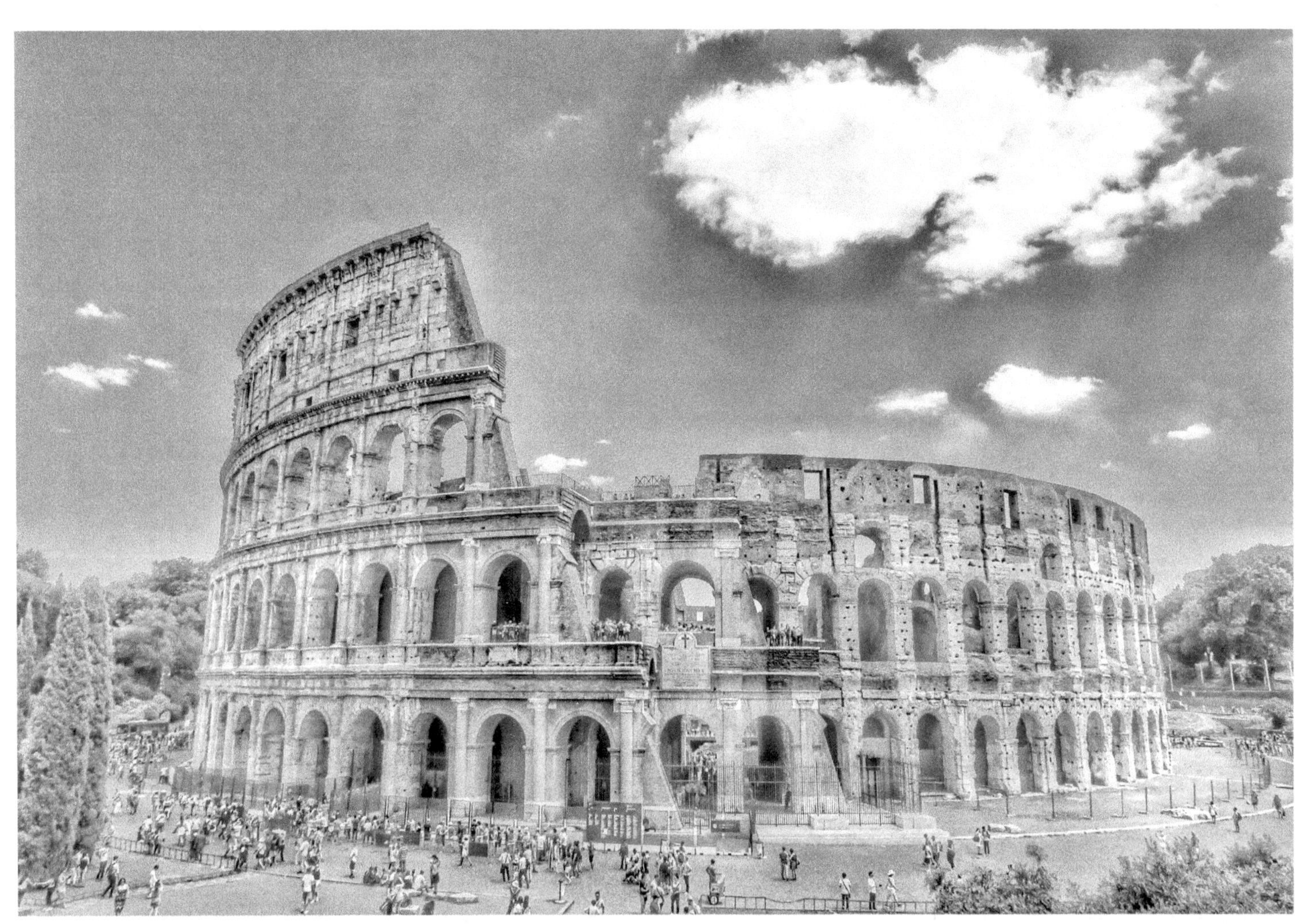

141   Piazza del Colosseo

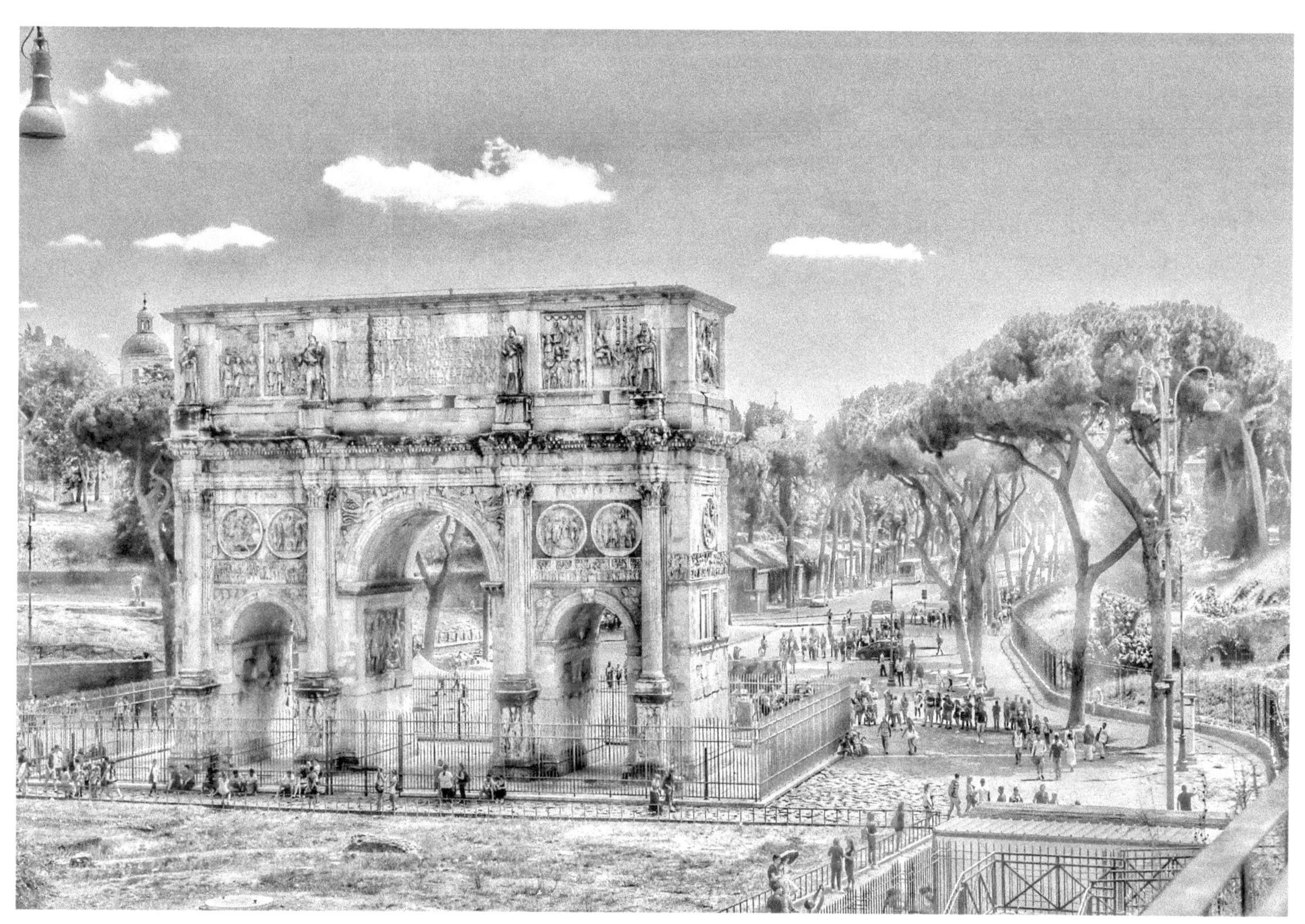

Foro Romano

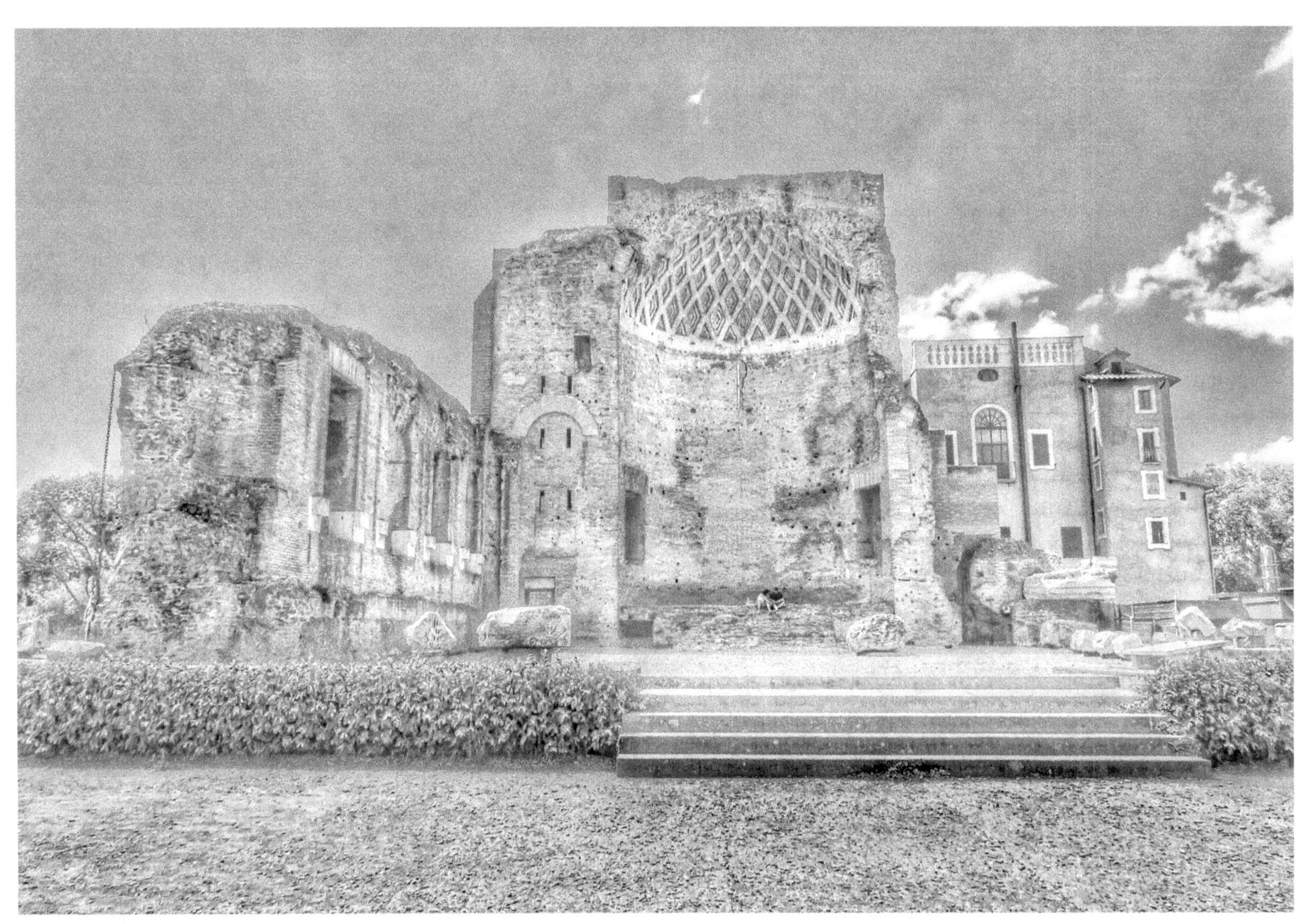

                                                    Foro Romano

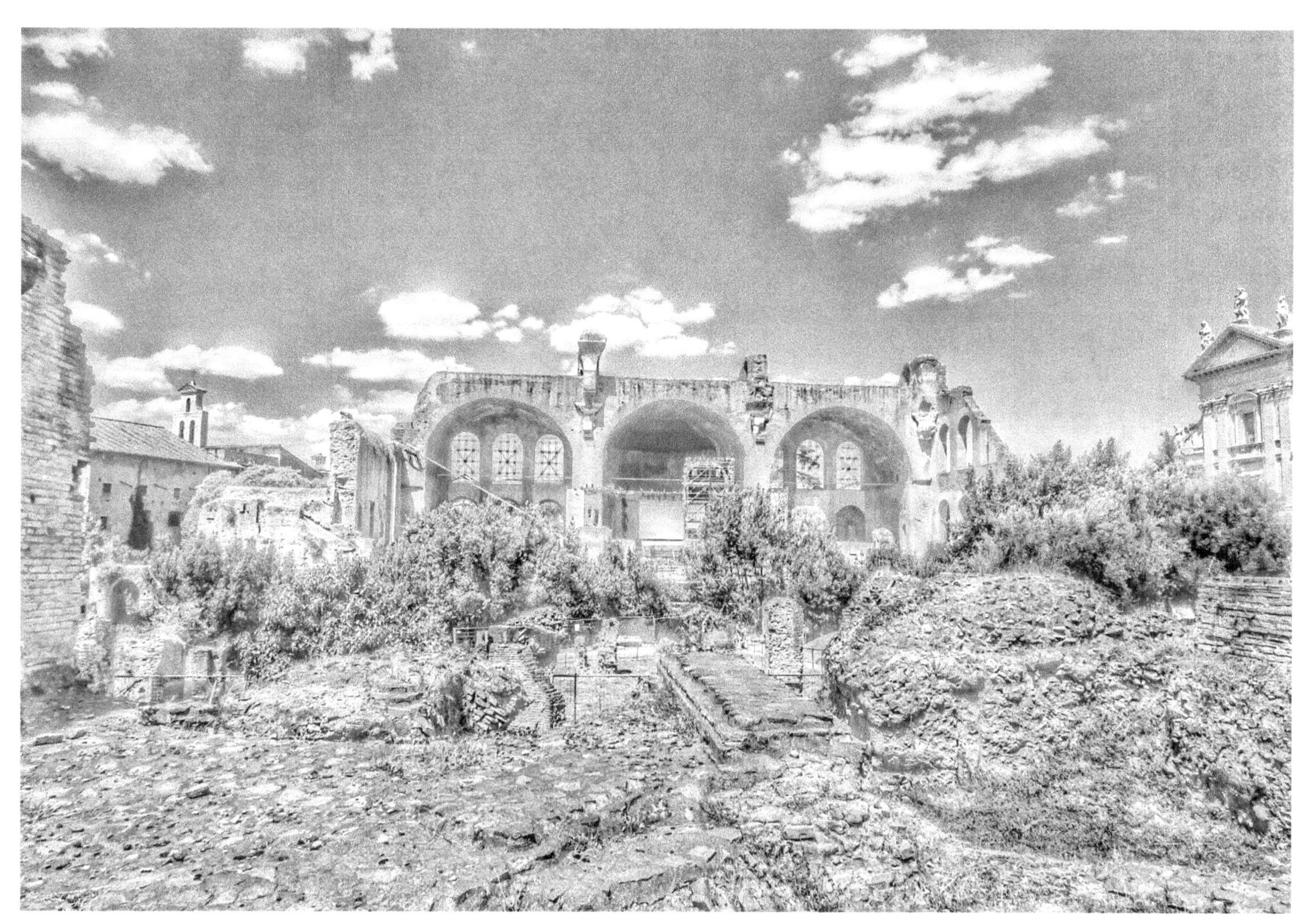

Foro Romano

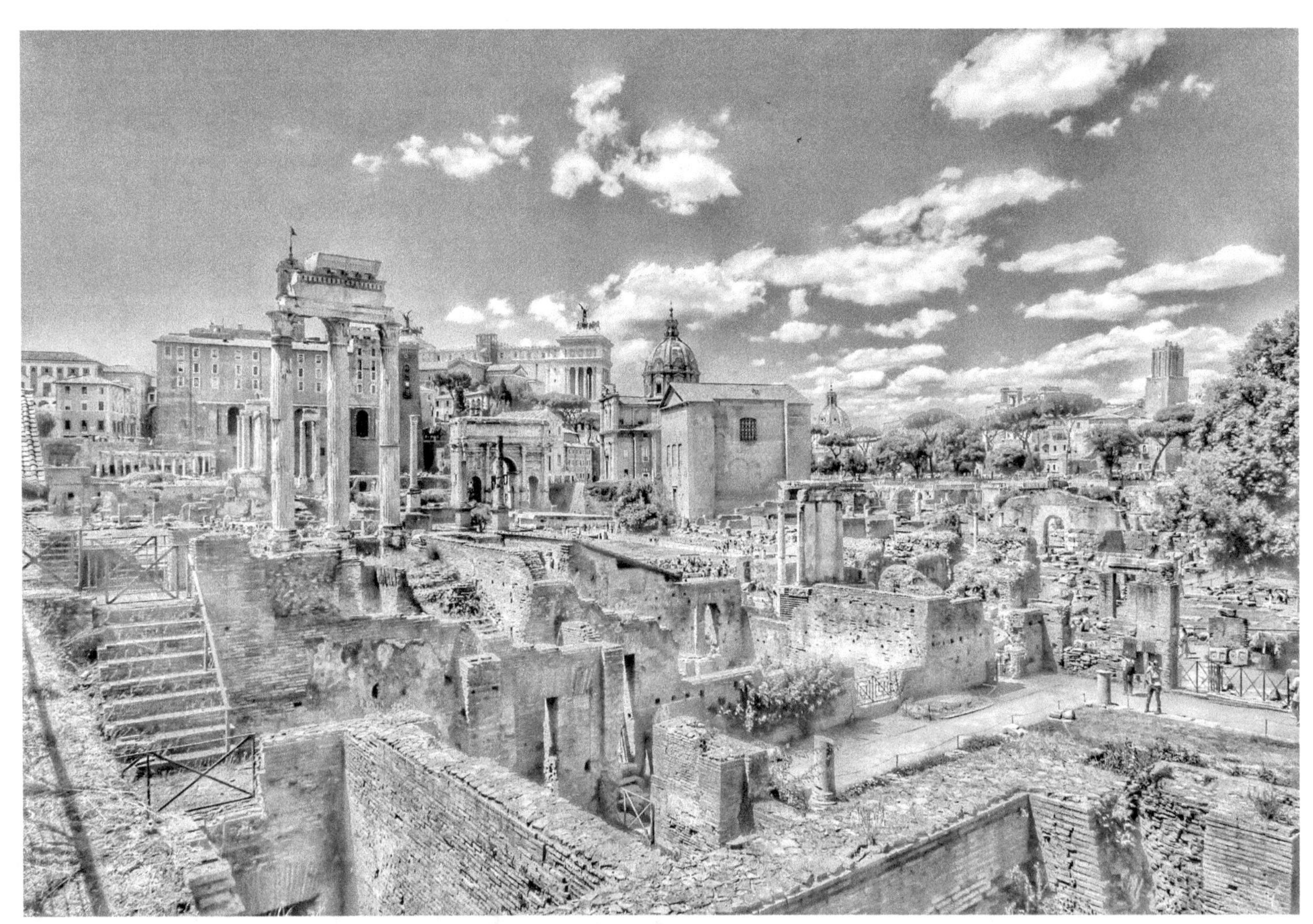

Foro Romano

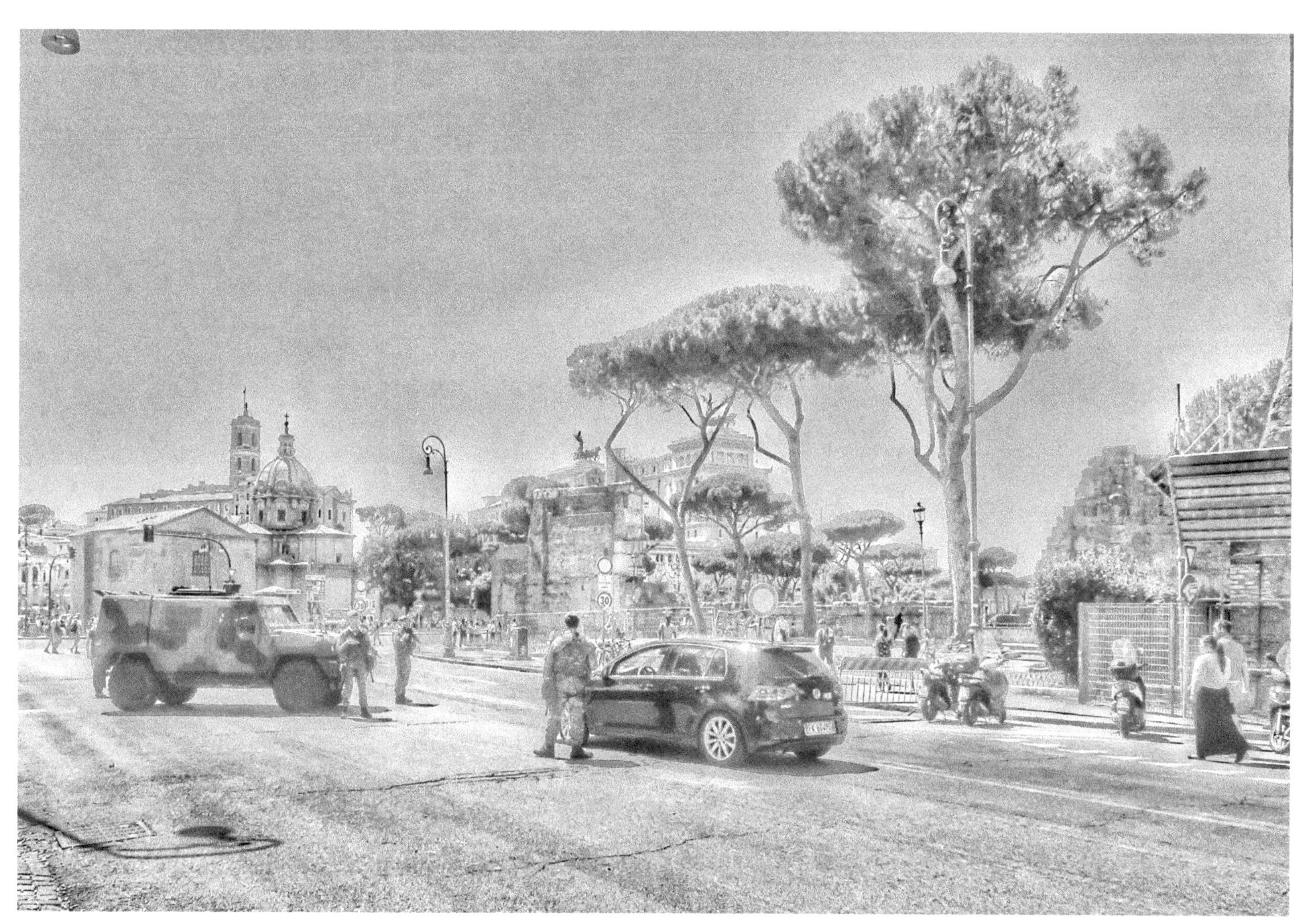

Via dei Fori Imperiali

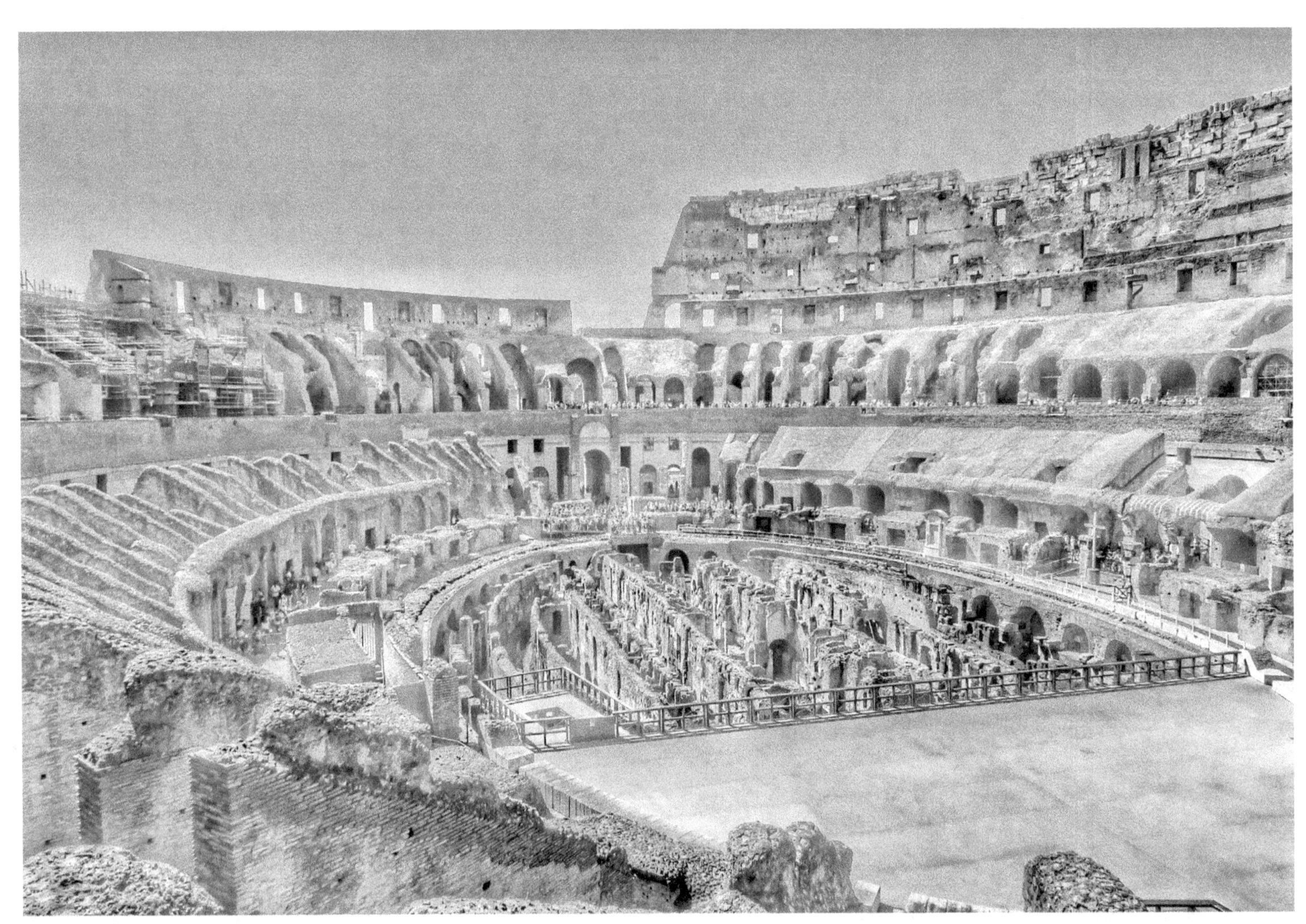

Colosseum

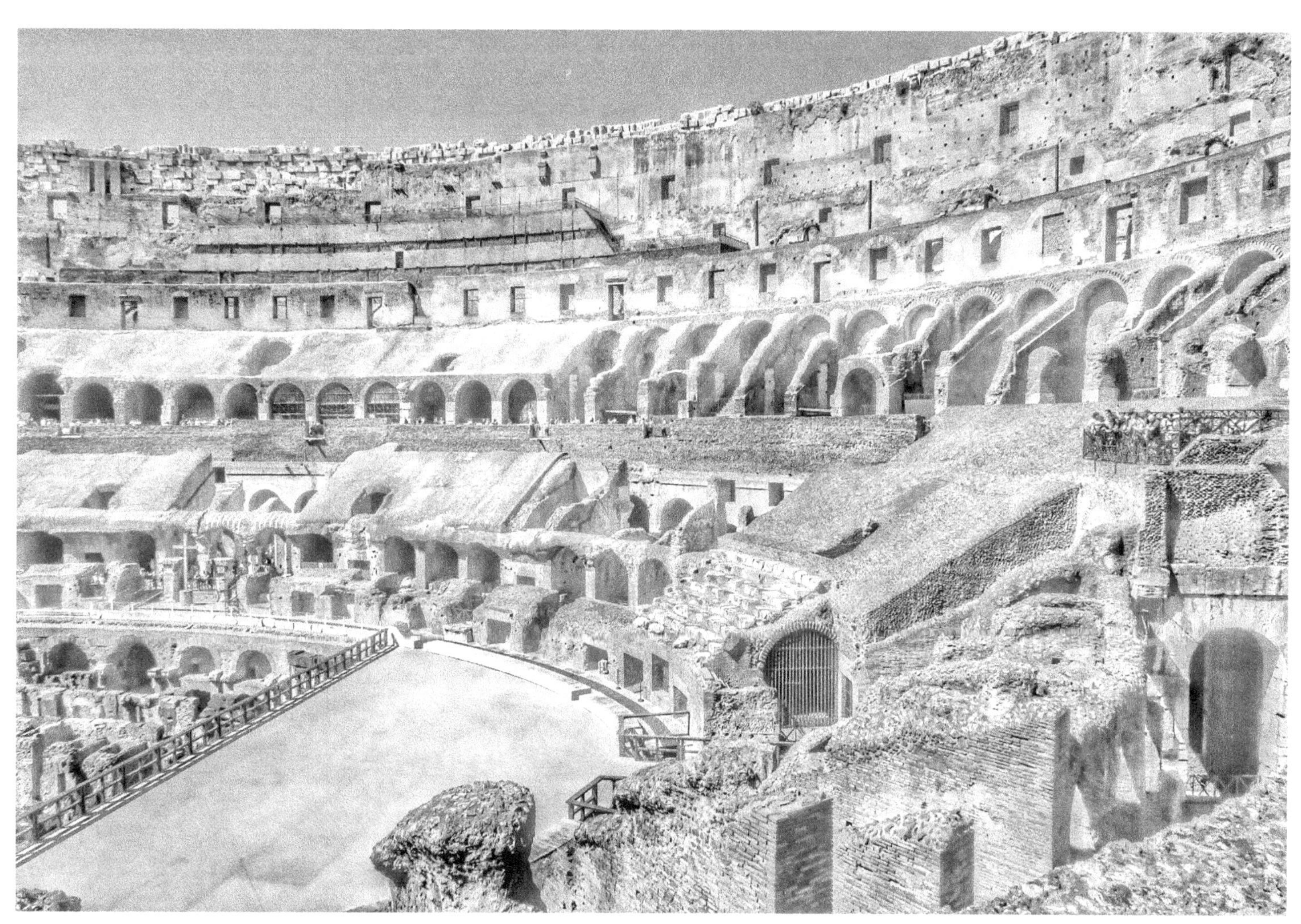

Colosseum

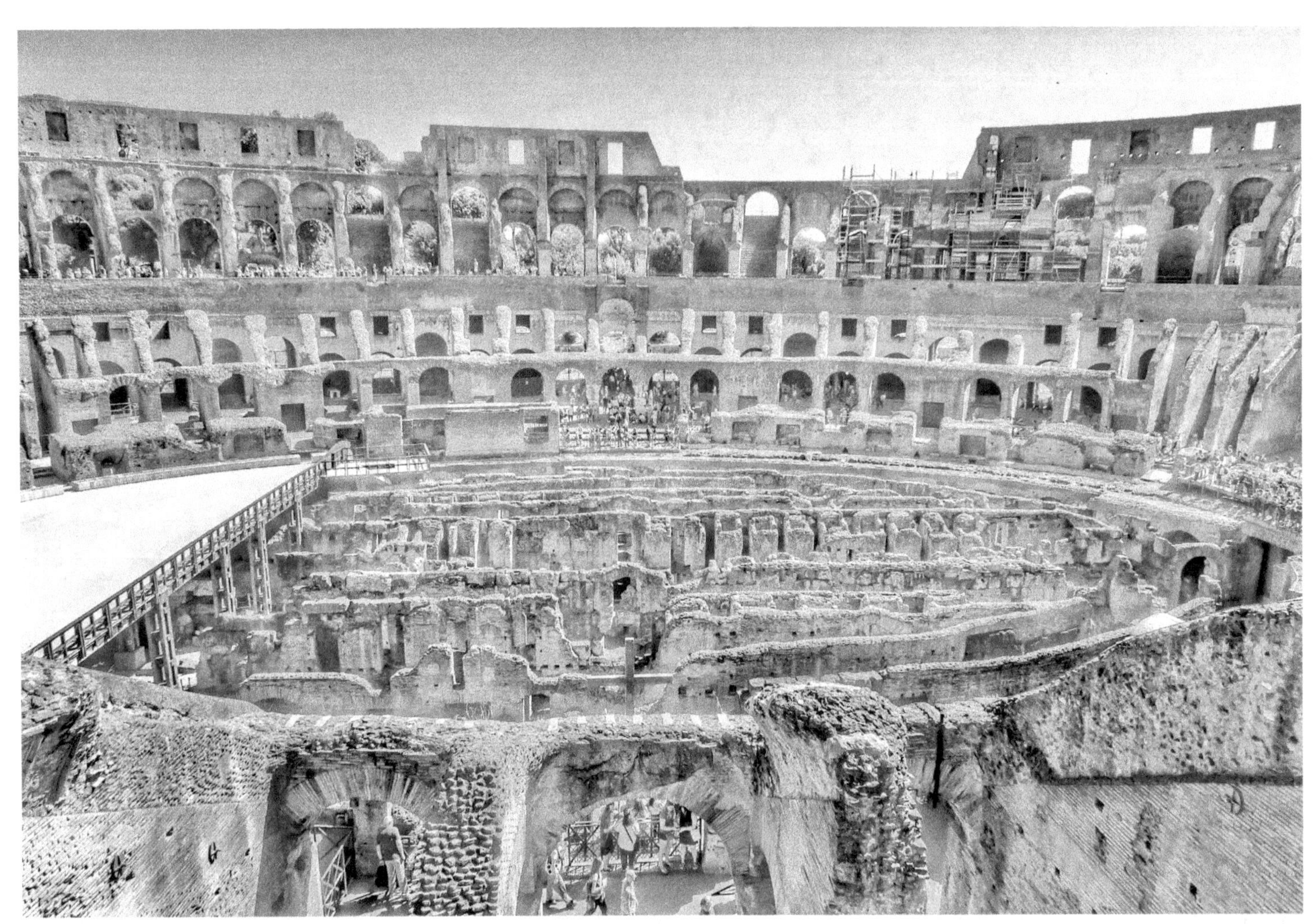

Colosseum

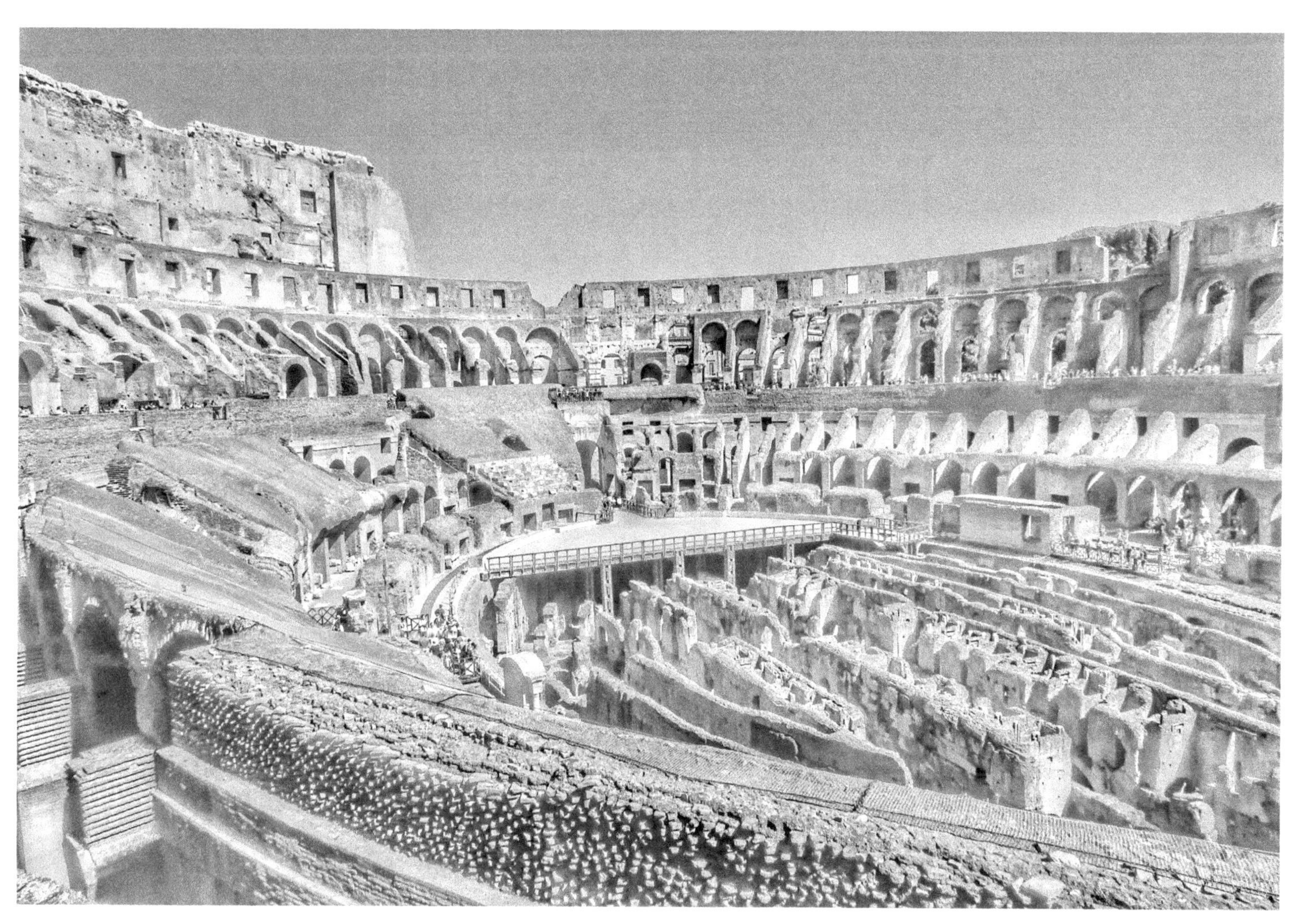

Colosseum

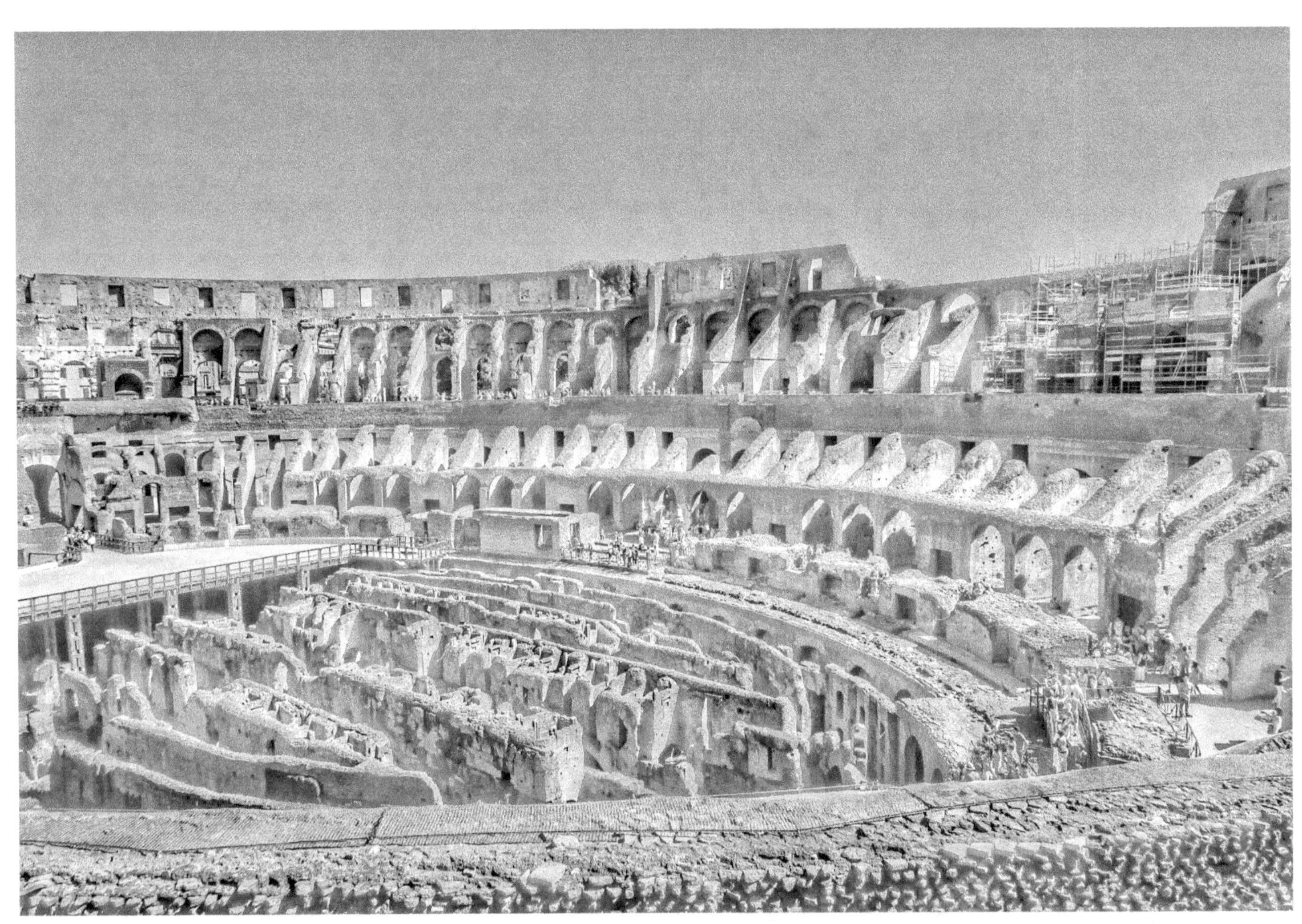

Colosseum

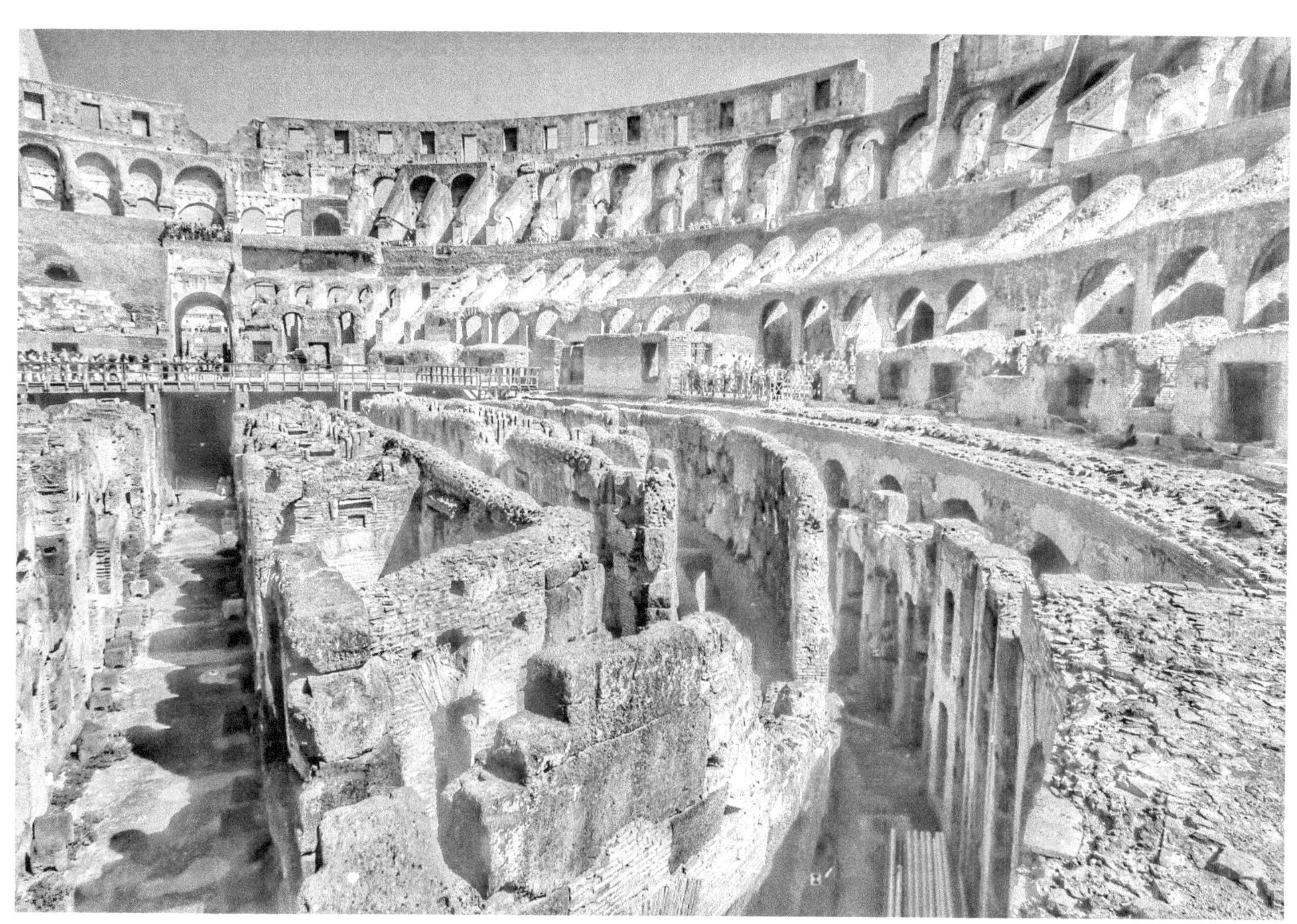

Colosseum

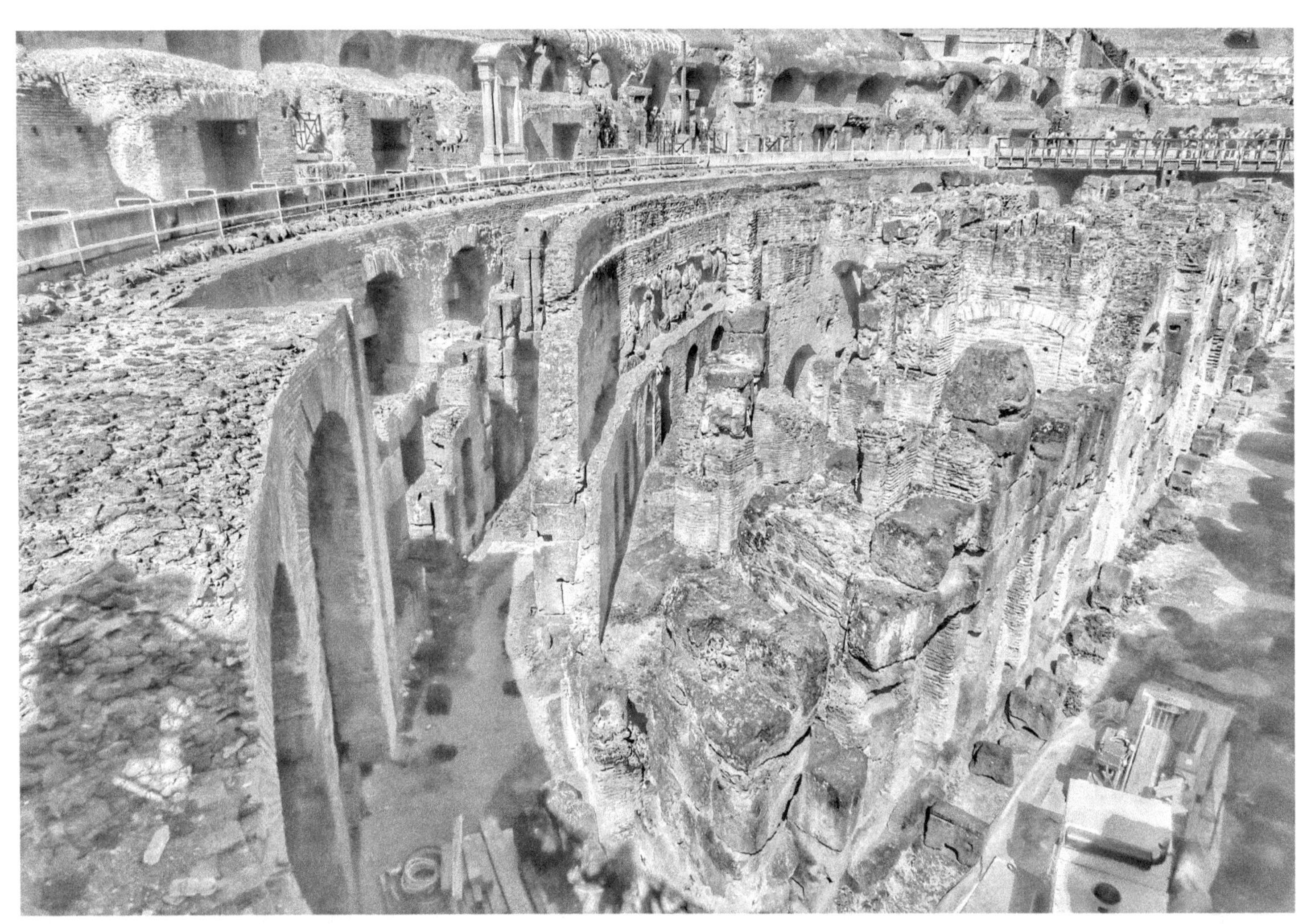

Colosseum

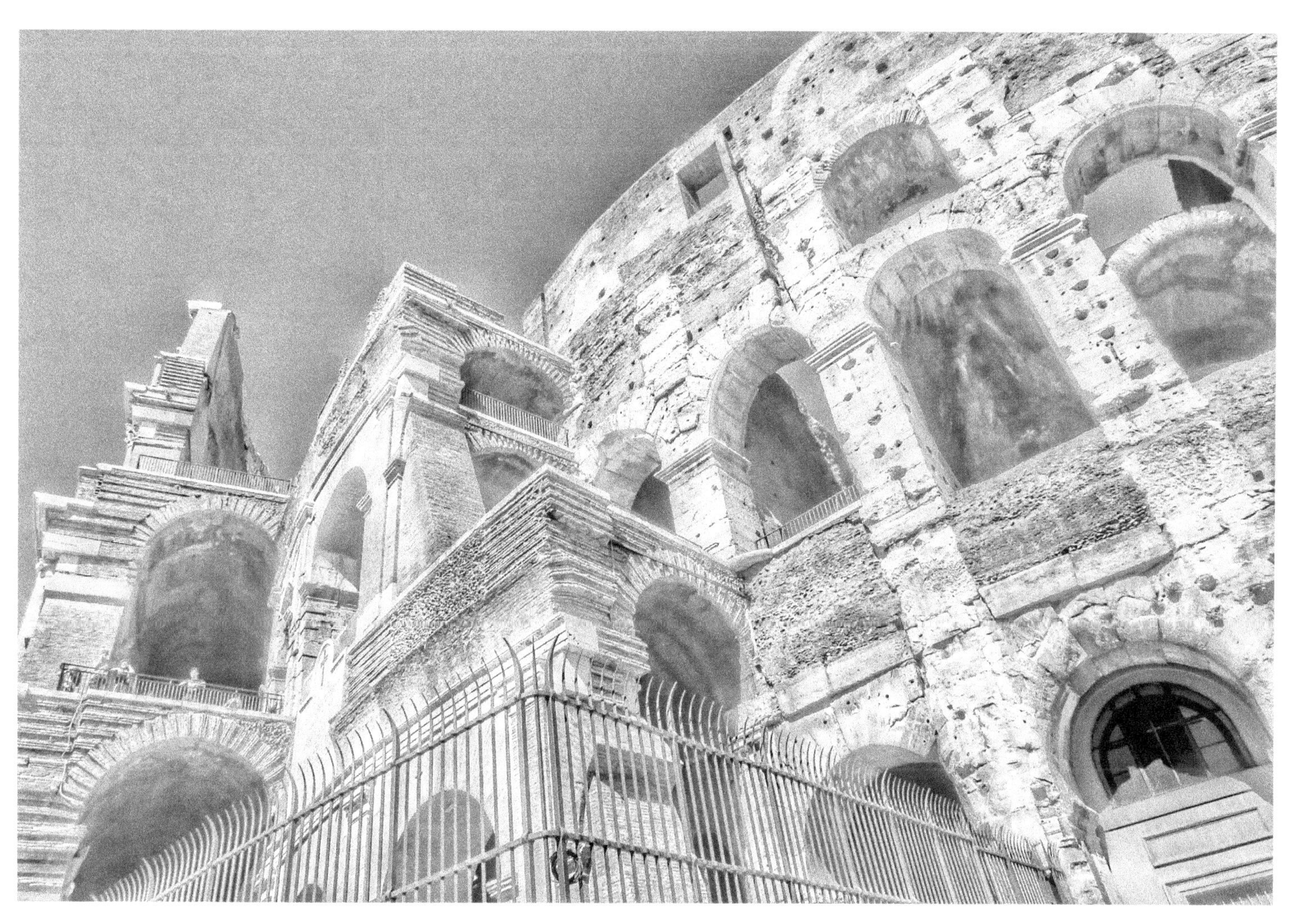

Colosseum

154

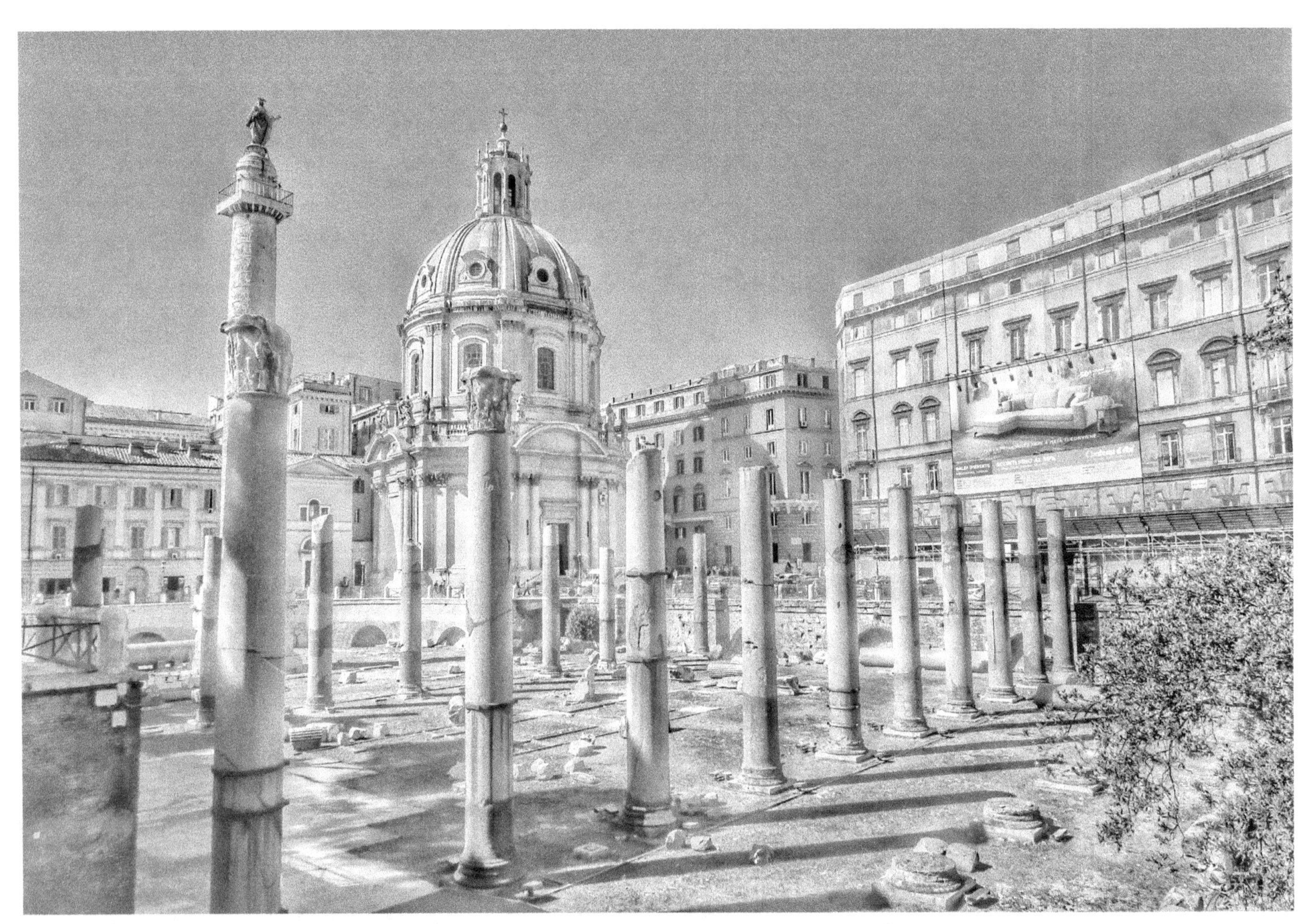

Foro Traiano

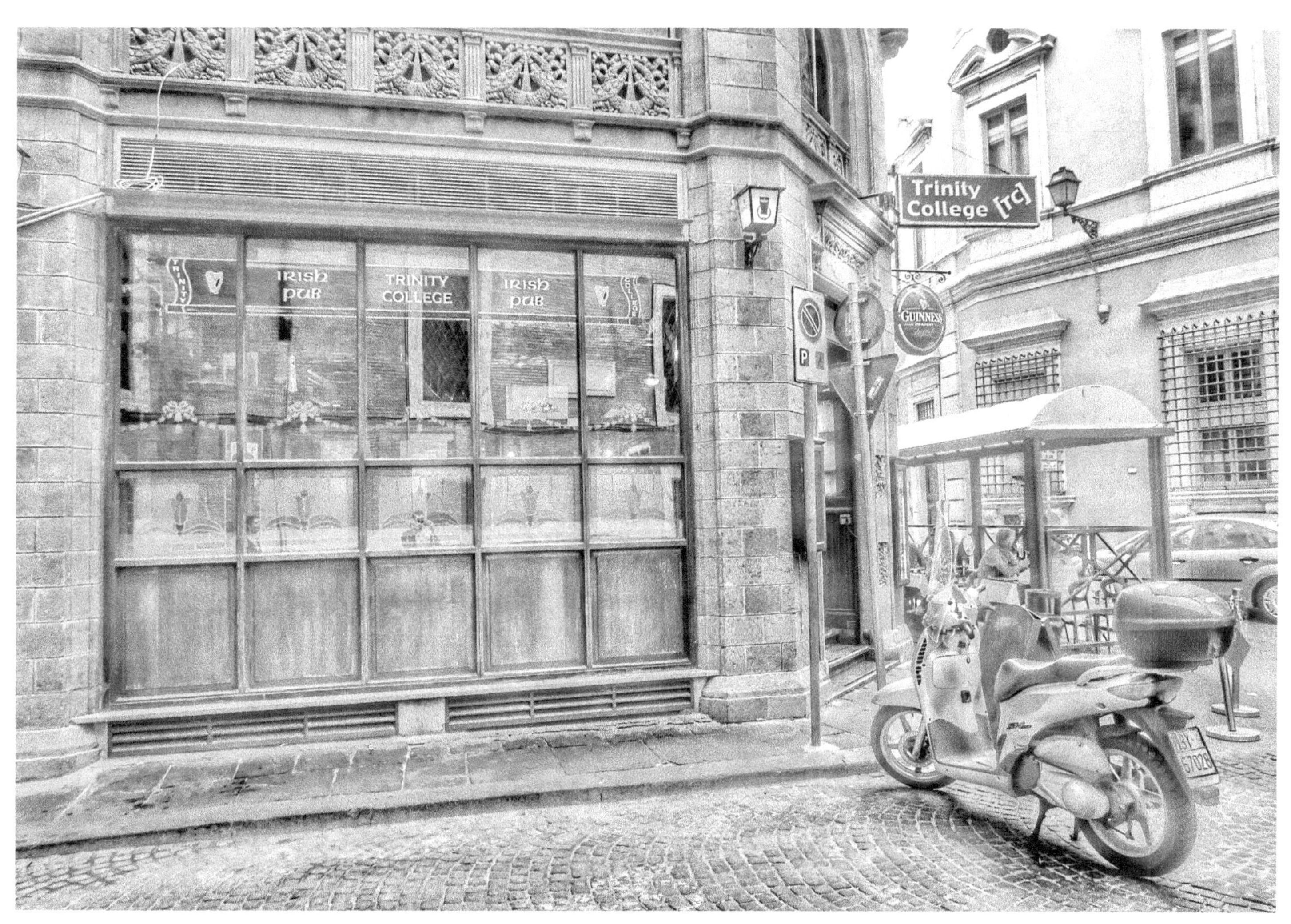

Via del Collegio Romano

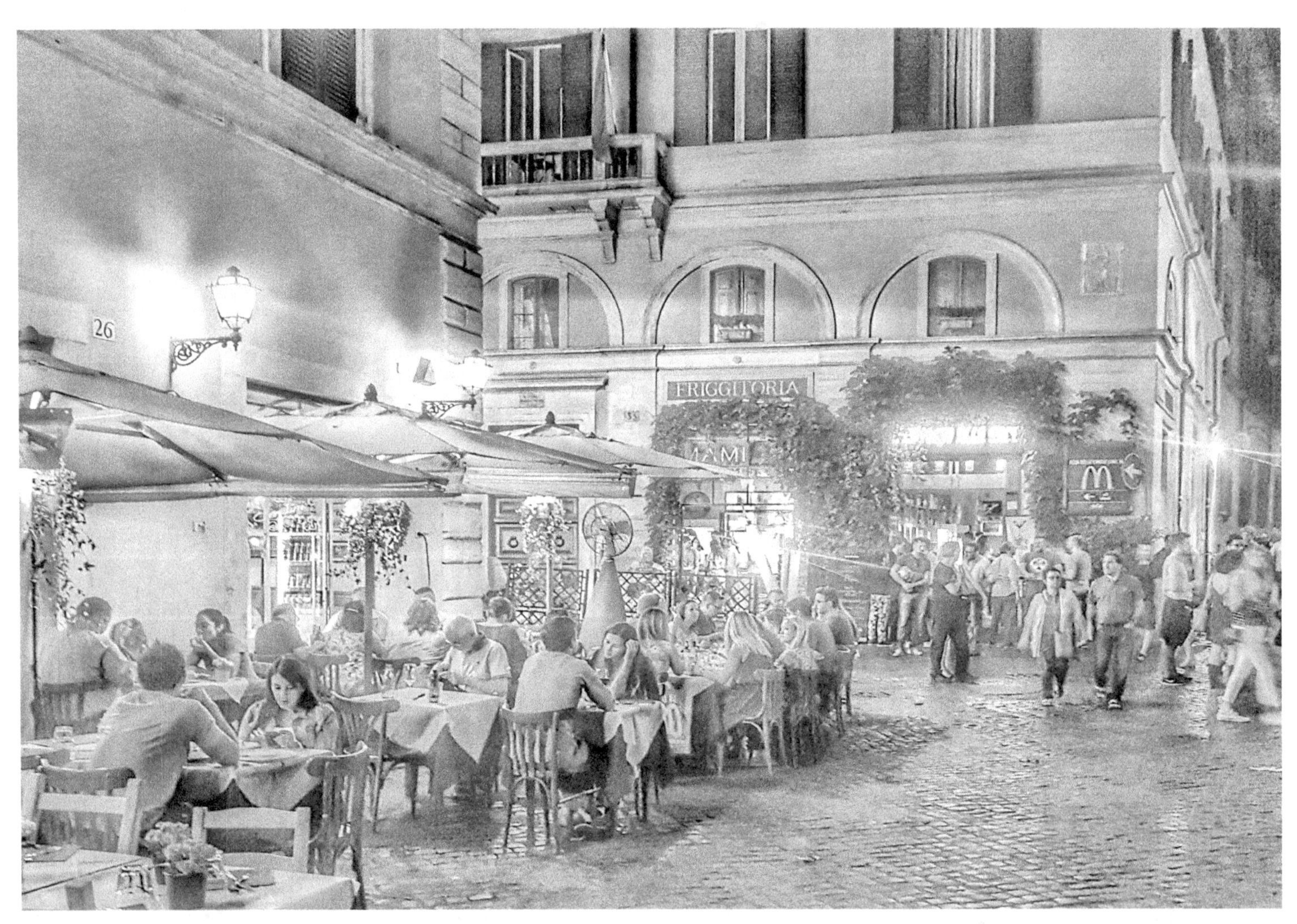

Via di Parione